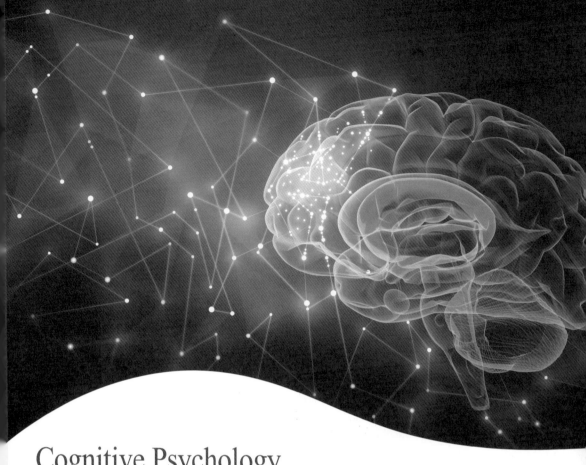

Cognitive Psychology

認知心理學

——理論與應用 | 第四版 |

鄭麗玉 —— 著

五南圖書出版公司 印行

再版序

　　時隔十二年，是早該修訂的時候，感謝五南讓我有機會再為此書的內容充實與更新！

　　此次修訂，除了補充說明過去過於簡略的部分，使讀者有更充分理解，也加進一些相關的新的研究發現，在內容的廣度和深度方面都有增加。由於認知發展的主題一直受到相當的重視，所以增加在第十一章，而除了簡介皮亞傑的理論，也簡介了其他相關理論，以及重要認知技能的發展，希望使本書涵蓋的主題更完整，也希望對讀者有更大的幫助。有些認知心理學的書會包括一章「認知的神經科學」，討論腦和神經細胞的結構與功能，這是認知的生理基礎，有其討論的必要性，但是想到這章是比較艱澀乏味的，加進來對於一般非心理系的學生幫助不大，而且徒然加深難度只會嚇退可能對認知心理學有興趣的學生。這樣從認知心理學獲益的學生可能反而少了，所以考慮再三，決定不增加這一章，只在本書有必要的部分略述大腦結構所扮演的角色，足以幫助讀者理解就夠了。

　　此修訂版的《認知心理學》，內容比過去的充實且稍深，但仍保持理論與應用兼顧的目標，不致太過艱深。新版我覺得比較心安，也希望對讀者有更大幫助！若仍有疏漏不盡之處，尚祈專家先進不吝指教！

　　最後，再感謝五南圖書的相關工作人員，使新版的《認知心理學》有更好的呈現！

鄭麗玉　謹識
2006年9月於嘉義大學

1

自　序

　　任教大學部的認知心理學幾年，一直為沒有合適的教科書所苦。認知心理學的興起雖然只有二、三十年，但已有非常豐富的研究成果及理論，是目前心理學界的主流。或許由於探討的主題是屬於內在的心理歷程，是看不到、觸摸不到的，因此有些理論難免較抽象、艱深或複雜。若認知心理學課程全為理論的介紹，對大學部學生來說，難免覺得太枯燥艱深。而其實認知心理學理論應用於許多領域的學習有相當的成果，對教師的教學和學生的學習都是非常有用的知識。因此大學部學生有必要修習這門課，尤其是師範院校的學生，因為修習認知心理學有助於自己的學習，也有助於將來的教學（知道如何有效幫助學生學習）。只是認知心理學課如何介紹「剛好」的理論（不是太多、太複雜，也不是太少、太簡單），能讓學生一窺認知心理學的堂奧，卻又不致迷失；並且兼顧應用面，能維持學生學習興趣，促進學習效果，是教材編寫者和教學者必須努力的。本書的編寫就是朝著這兩個目標，希望寫出適合大學生研習的認知心理學教科書。

　　由於認知心理學的中文書籍很少，這幾年筆者陸續發表一些有關認知心理學主題的文章，作為上課的教材。但是受限於發表的刊物，這些主題的介紹總覺不夠深入，作為教材也缺乏系統組織。因此我在本書中將這些文章作一些修正，加深加廣，並加入其他重要的主題，合成一本系統介紹認知心理學的書。然匆忙付梓，加上個人才疏學淺，疏漏之處難免，敬祈專

家先進不吝指教！

　　本書的完成，要感謝許多人。首先要感謝我的學生：黃麗妃、李國彰、林慶宗、陳雪嬌、蔡惠芳、柯伯儒、林如玉、王瑞壎、邱寶美、蔡易霖、趙文秀、李佳真、李慧玲、楊東榮、蔡昆庭、陳聰興、李正光、鍾瑞玉、陳志誠、吳俊廷等人的熱心幫忙謄稿，他們犧牲假期，從早抄寫到晚，實在令人感動。也感謝沈添鉦老師的幫忙蒐集資料，以及五南圖書的有關工作人員。最後則感謝父母的鼓勵和支持！

鄭麗玉

於嘉義師範學院

1993年3月

目 錄

第一章　緒　論

【本章內容細目】

本章首先介紹認知心理學的定義，讓讀者知道何謂認知心理學及認知心理學的內容或研究主題為何。再來略述認知心理學的歷史，讓讀者明瞭認知心理學的發展和演變，知道歷史上及近代有哪些影響認知心理學發展的因素。認知心理學有其獨特的蒐集資料的方法，在此介紹幾種，讓讀者知道認知心理學家使用的分析工具和方法，俾能了解為什麼認知心理學能探討不可見的**心智歷程和結構**。至此，讀者應能初步掌握認知心理學的內涵。接下來的兩節，本書的組織及如何閱讀本書，是引導讀者對本書內容的掌握，希望有助讀者對認知心理學的學習。

第一節　認知心理學的定義

「認知」簡單地說就是知識的獲得和使用，這牽涉兩個層面的問題：一是知識在我們記憶中是如何貯存的，以及貯存什麼的記憶內容問題；一是知識是如何被使用或處理的歷程問題。前者強調的是心智結構，後者強調的是心智歷程。這就是認知心理學研討的兩大方向，因此梅爾（Mayer, 1981）將認知心理學定義為：為了解人類行為，而對人類心智歷程及結構所作的科學分析。這個定義包含三個重要部分，以下簡略說明。

科學分析：認知心理學必須使用科學的方法研究。因為使用客觀，可以重複證驗的方法，所以不同人使用相同的程序也可以獲得相同的答案。這是非常重要的，否則像幾世紀前哲學家們對知識獲得的看法（參見下節的敘述），由於沒有科學方法作依據，以致眾說紛紜，難有定論。不過心智的歷程和結構是內隱的，我們無法直接觀察，只能由個體的行為來推斷。所以認知心理學家必須發明精確的分析工具來間接觀察心智的活動。通常他

們將心智活動分解成可以量化的小部分（詳見Mayer, 1981；或洪碧霞等譯，1984）。

心智歷程和結構（mental processes and structures）：認知心理學所探討的內容。如上所述，心智歷程探討的是我們在從事某工作時，如何使用或處理知識，而心智結構是我們如何貯存知識及貯存什麼知識於記憶。有的研究者偏好探討心智結構，有的偏好歷程，但是兩者同屬人類的心智活動，實為互補，很難劃分。因此，往往只是強調程度的不同。

了解人類行為：凡是心理學，最終目的都可說是了解人類行為。而認知心理學的目的是藉著精確分析內在的認知事件及知識，以期更加了解和預測人類行為。譬如我們分析數學解題的內在歷程，就是希望更能了解和預測為什麼有些孩子能順利解題，有些則不能。

以上是認知心理學的一般性定義。若根據認知心理學家所研討的主題，則是指對人類的記憶、知覺、語言、理解、推理、決策、思考、問題解決及學習……等的科學研究。

由於認知心理學的主要理論架構是**訊息處理模式**（information processing model），其視人類為主動的訊息處理者，探討人類憑感官接受訊息、貯存訊息以及提取、運用訊息等不同階段所發生的事，所以認知心理學也常被稱做訊息處理心理學。

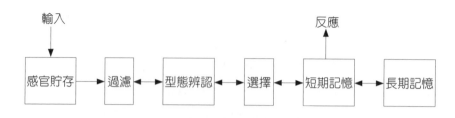

圖1-1　訊息處理模式的階段

註：取自Reed, S. K. (1988). *Cognition*: *Theory and applications* (p.5).
Pacific Grove, CA: Brooks/Cole.

　　圖1-1呈現了研究者最常包括在訊息處理模式中的幾個階段。在此簡單說明，讓讀者有個概念，在以後的章節中將各自詳加敘述。來自環境中的訊息，經由感官記錄器接收，作短暫的貯存，稱為感官貯存或感官記憶。此階段保留訊息的原始形式一至兩秒鐘，供個體辨認。若訊息沒有引起個體的注意，則很快消失，被後面的訊息所取代。

　　過濾和選擇階段是有關注意力的兩種理論。過濾的理論是認為注意力像過濾器，限制了一次可辨認的訊息量，其發生在型態辨認階段之前。選擇的理論是認為所有的訊息都被辨認，只是某些重要的訊息才被注意（或被選擇）作進一步處理，進入下一階段的記憶。此兩種理論視情況各有其正確性，故皆加以列出。

　　型態辨認（pattern recognition）階段是指我們認出進入的訊息是什麼。譬如我們辨認出訊息是一個「狗」字，是字母a，是一隻貓等等。當我們辨認的是熟悉的訊息，我們是在使用先前貯存在記憶中的知識。當我們無法辨認某訊息時，我們可能就必須貯存此新訊息於記憶中。

　　記憶可分為短期記憶、長期記憶兩個階段。訊息經過個體注意後，轉入短期記憶。短期記憶的特性是維持的時間很短，而且

容量有限。譬如：打電話時，我們記一個不熟悉的電話號碼直到撥完電話，假如沒有複述（rehearsal），我們會很快忘記那個號碼。還有大部分的人可以記住七個數字的號碼，卻很不容易記住十個數字的號碼。長期記憶是一般所說的記憶。訊息經過複述或與舊有記憶發生關聯，而進入長期記憶。長期記憶的容量無限，且具有相當的永久性。

雖然像決策和問題解決等高層次的認知技能並不在上述的訊息處理模式中占一階段，但它們卻和這些階段息息相關。例如：短期記憶的有限容量深深影響一個人決策或問題解決的能力。所以，事實上許多認知心理學的研究主題皆不脫訊息處理模式的範疇。

第二節　認知心理學的歷史

認知心理學的興起，距今雖不過三、四十年，但是其根源淵遠流長，可溯至古希臘哲學時代。因此，要談認知心理學的歷史必須從哲學的源頭開始說起。而自從科學心理學誕生後，也並不是一開始就摒棄認知心理學。所以，為什麼認知心理學遲至三、四十年前才開始發展？又什麼因素促使認知心理學興起的呢？以下分三個階段敘述：哲學的源頭、科學心理學的誕生及流變、認知心理學的興起。

一、哲學的源頭

早在古希臘時代，哲學家柏拉圖（Plato，西元前428-348）、亞里斯多德（Aristotle，西元前384-322）就對人類的認知感到興趣，他們討論知識的本質和由來、記憶和思考等

問題。柏拉圖認為人類記憶的形成是由知覺對事物的直接翻版（Reynolds & Flagg, 1983）。雖然證諸我們的經驗，這種說法有待商榷，但是在某些現代理論中（例如：對句子的逐字記憶，第八章）仍可見其影子。亞里斯多德不同意柏拉圖的說法，認為知識的獲得應經由三個法則：相近、相似、對比（Reynolds & Flagg, 1983）。一起發生的事件（相近）在記憶中應聯結在一起，還有被視為非常相似或非常不同的也應該有關聯。這三個結構法則流傳至今未變。

柏拉圖和亞里斯多德對於知識獲得有不同的看法，柏拉圖是屬於**理性主義者**（rationalist），主張經由邏輯分析獲得知識；亞里斯多德則屬於**經驗主義者**（empiricist），相信經由經驗和觀察而獲得知識（Sternberg, 2003）。由於這些討論基本上是哲學的，影響所及，引發了幾世紀來的論戰。在十七、十八世紀，以笛卡爾（René Descartes, 1596-1650）為首的**理性主義**（rationalism）對洛克（John Locke, 1632-1704）的**經驗主義**（empiricism）之論辯最激烈。笛卡爾贊成柏拉圖的看法，認為使用內省、反思的方法去發現真理要優於實證的方法，因此理性主義者主張知識來自先天心靈結構。洛克則同意亞里斯多德的實證觀察之重要，因為經驗主義者認為嬰兒出生時心靈一片空白（tabula rasa: "blank slate"），其後所有的知識來自學習或經驗。到十八世紀，德國哲學家康德（Immanuel Kant, 1724-1804）整合理性主義和經驗主義的觀點，認為心靈和經驗都是知識的來源（Haberlandt, 1997; Sternberg, 2003）。心靈提供知識的結構，經驗則提供填滿心靈結構的事實；沒有經驗的心靈是空的，而沒有心靈的經驗是盲目的（Haberlandt, 1997）。

康德雖然整合理性主義與經驗主義，但論辯仍持續下去。身

為哲學家，康德雖然不像認知心理學家那樣重視心智歷程，但他的看法深深影響認知心理學家的思考。演變至今日，這些結構對歷程，或先天對學習的論辯正是認知心理學探討的主要內容（心智結構對心智歷程）。所以，雖然認知心理學的興起，從奈塞（Ulric Neisser）於1967年出版第一本《認知心理學》的教科書開始，到今天才短短幾十年，但是從哲學的「舊理念演變到認知心理學的新名稱，其間關係是新瓶裝進了舊酒；認知心理學的研究，不是創新，而是復甦。」（張春興，1988，頁19）。

二、科學心理學的誕生及流變

㈠結構主義對功能主義

哲學的論辯持續了幾個世紀，竟然一直沒有人嘗試以科學的方法來了解人類的認知。直到1879年，馮德（Wilhelm Wundt, 1883-1920）在德國的萊比錫大學創立第一個心理實驗室，正式以有系統的科學實驗法研究並分析人類的意識，所以一般公認他是科學心理學的始祖，而1879年為科學心理學的開始。馮德創立的心理學派稱為**結構主義**（structuralism），因為他們研究人類的心智內容或結構。所以，馮德的心理學可說是認知心理學，而他也強烈主張以科學的方法研究，只可惜他使用的方法——內省法，備受後來研究者的批評。內省法是讓高度受過訓練的受試者，在從事某工作時，報告其意識內容，亦即腦子裡發生的種種。然而即使受試者受過嚴格訓練，仍然有些心智內容或活動無法訴諸語言，況且一個人很難同時做好兩件相關的事（亦即思考自己的思考）。更嚴重的批評是內省法不夠嚴謹客觀，因為受試者報告自己的內在歷程是相當主觀的經驗；同時各個實驗室之間

的研究結果，因為使用不同形式的內省法，無法加以比較。而客觀與重複驗證是科學的本質，因此在美國引起強烈的反動。

相對於結構主義，在美國有一派心理學家強調思考歷程的研究重於思考內容，那就是**功能主義**（functionalism）。功能主義者主張要了解人類的心智和行為需重視心智功能，重視心智是如何及為什麼運作來適應環境的歷程，而不應像結構主義只探討心智結構。由於功能主義者認為可以使用任何方法來回答研究者的問題，所以很自然受**實用主義**（pragmatism）影響（Sternberg, 2003）。實用主義者主張知識的有效性是看其是否有用，所以他們關心的不只是知識的獲得，而且是可以應用該知識來做什麼。例如：實用主義者相信研究學習和記憶的重要，有部分原因是因為它可以幫助我們改進兒童在校的表現。

從功能主義到實用主義的代表人物是詹姆斯（William James, 1842-1910）和杜威（John Dewey, 1859-1952）。詹姆斯對於注意力、意識、知覺及記憶的研究，杜威對於思考及學校教育的實用取向，深深影響後來的認知心理學家。認知心理學家至今仍爭辯不已的議題是：研究的價值到底是應該考量其對日常應用的即刻有用性，或者是其對了解人類認知的深刻洞察（Sternberg, 2003）？

(二)從聯結主義到行為主義

聯結主義（associationism）和功能主義一樣，與其說是個心理學派，不如說是個有影響的思想方式。聯結主義者主要在探討事件間或概念間如何在心智上形成聯結而導致學習，如前文所說的相近、相似、對比的聯結法則（Sternberg, 2003）。

在十九世紀末，艾賓豪斯（Hermann Ebbinghaus, 1850-1909）

是聯結主義的代表人物（Sternberg, 2003）。他觀察研究自己的心智歷程，但使用比馮德內省法較有力的技巧（例如：計算自己的錯誤和記錄自己的反應時間等）。經由自我觀察，艾賓豪斯研究人們如何透過複述（rehearsal）來學習和記憶材料。他發現經常複述會牢固記憶中的心智聯結，而且分散練習的效果要優於集中練習的效果。他也是第一位使用無意義音節（例如：bul, gof）研究記憶的人，雖然他的研究在當時沒有受到很大的重視，但對日後認知心理學家研究記憶有很大的影響。

另一位重要的聯結主義者是桑代克（Edward L. Thorndike, 1874-1949）（Sternberg, 2003）。他的研究方向和艾賓豪斯不同。他是第一位以實驗方法研究動物學習行為的人。他利用「貓的迷籠實驗」，發現學習是在刺激（迷籠）和反應（踩踏板）之間形成聯結的過程，而聯結的產生端視該反應是否能產生滿意的後果（出籠取食）。假如某一反應能產生滿意的後果，個體就會不斷重複該反應。桑代克因而提出**效果律**（law of effect），意指一個刺激是否能引起所期待的反應，決定於該反應是否對個體有效果（即個體是否得到酬賞）。他的研究奠定了日後史基納操作制約學習的理論基礎，可說是操作制約的前身。

桑代克研究的是自主性的（voluntary）學習，但和他同時代的有些研究者研究的卻是非自主性的（involuntary）學習行為，例如：俄國的生理學家巴夫洛夫（Ivan Pavlov, 1849-1936）。巴夫洛夫原在做狗吃食物分泌唾液的研究，卻意外發現**古典制約**（classical conditioning）的學習現象。鈴聲和食物一起出現，幾次以後，狗聽到鈴聲，即使沒有食物，也會不由自主的分泌唾液。鈴聲和食物的聯結，再形成鈴聲和唾液分泌的聯結。巴夫洛夫的研究奠定了**行為主義**（behaviorism）學派發展的基石。行

為主義可說是一種極端的聯結主義，強調環境中的刺激和可觀察的行為（即反應）之間的聯結（Sternberg, 2003）。

華生（John Watson, 1878-1958）是美國第一位將巴夫洛夫的發現應用於人類學習的心理學家。他利用古典制約的學習原理，讓巨響伴隨白鼠出現，幾次以後，小孩看到白鼠（沒有巨響）不由自主地產生害怕的反應。華生的實驗成功地證實了人的很多情緒反應（或行為）是透過古典制約學習而來。他因此引領了行為主義的發展，人稱「行為主義之父」。行為主義從1920年代起逐漸成為美國心理學界的主流。稍後，另一位行為主義的大將，史基納（B. F. Skinner, 1904-1990）擴展桑代克的研究，提出**操作制約**（operant conditioning）──行為的強化或減弱決定於行為之後是否得到增強或處罰。他主張大部分的人類行為是經由操作制約學習而來。

華生和史基納都代表極端的行為主義。他們強烈反對結構學派的研究方法和內容，主張使用嚴謹而控制細密的研究方法。他們因此強調外在可以觀察得到的行為，完全摒棄內在歷程和結構的探討，因為那是觀察不到，而且無法用科學方法控制的。行為主義強調嚴謹的科學方法是正確的，但若完全把心智歷程排除在心理學研究之外就太極端了。人的行為畢竟不能單純的以刺激─反應的聯結來解釋。因此在盛行三十年之後，漸趨式微。

㈢完形心理學

在行為主義盛行於美國的同時，在歐洲也興起另一股反對結構主義的勢力，那就是**完形心理學**（gestalt psychology）。完形心理學和行為主義不同，其主要研究是知覺與意識，視心智歷程和結構為心理學的內涵。它也和行為學派一樣企圖使用比內省

法更嚴謹的科學方法，只可惜在當時仍然缺乏嚴謹的科學分析工具，所以最後也無法發展出精確的理論和方法；再加上歐洲納粹的嚴酷影響，完形心理學終告結束（Mayer, 1981）。

完形心理學雖未能持續發展，但知覺方面的研究，對心理學界有很大貢獻，為後來認知心理學的發展奠下基礎，因此有許多心理學家將完形心理學視為認知心理學的先驅。

1950年代，心理學界開始起了變化。極端的行為主義受到質疑和批評。沒有「心」的心理學，如何能真正解釋或了解人類的行為？許多行為主義者紛紛修正立場，接受刺激與反應間的中介歷程為心理學的研究主題，因此被稱為**新行為主義**（neo-behaviorism）。除了行為主義者開始改變，有三股來自心理學界外的力量，是促使現代認知心理學發展的最主要因素。以下加以說明。

三、認知心理學的興起

在行為主義盛行三十年後，心理學家厭倦了這種貧乏的學習公式，亟思有所突破。而正巧此時心理學界外的三股新的勢力給予心理學家新的希望和啟示，他們重新對人類的高層次心智歷程感到興趣，因為他們可以新的方式和技巧來看待老問題。這三股勢力就是：**電腦科學**（computer science）、**訊息理論**（information theory）和**語言學**（linguistics）（Reynolds & Flagg, 1983）。

(一)電腦科學

電腦的發明和發展給人類帶來了新的紀元。電腦能快速地做許多人類做的事情，例如：學習、貯存、操作訊息及使用語

言、解決問題、推理……等，那麼電腦的內在程式是否就如人類的內在歷程和結構？這激發了心理學界重新研究人類內在歷程和結構的興趣。還有電腦企圖模擬人腦功能所發展的**人工智慧**（Artificial Intelligence, AI），更是需要探索人類處理訊息的運作歷程。這更給了心理學家了解人類心智運作的一扇窗戶。

(二)訊息理論

訊息理論原是通訊科學的一支，探討的是訊息的產生、轉換和接收，提供了一種分析訊息處理的抽象方式。心理學家從中借得一些術語和概念，例如：訊息流（information flow）、信號（signal）、過濾器（filter）……等。

(三)語言學

在語言學的領域中，也有一股勢力反對以制約學習解釋人類的語言行為，那就是瓊斯基（Noam Chomsky）的「語言天賦說」。瓊斯基認為人類具有先天的語言能力結構（LAD，參見第九章），不須刻意學習，就能獲得語言。他在1957年出版了《語法結構》（Syntactic Structures）一書，給語言行為提供了認知的分析（參見第八章）。如此開啟了心理學家探討人類先天功能的可能性。

除了上述三大因素，有些心理學家（例如：Mayer, 1981；張春興，1988）認為皮亞傑（Jean Piaget）的認知發展論也是影響認知心理學興起的因素之一。

由於這些因素的共同影響，從1950年代開始，心理學家重新注重內在歷程與結構的研究，認知心理學就快速地發展起來。到了1967年，已經累積相當多的研究，供奈塞（Ulric Neisser）

出版第一本名為《認知心理學》的教科書，從此認知心理學正式誕生。到1970年，第一本名為《認知心理學》的期刊出版，認知心理學已漸成為心理學的主流。許多心理學的分支都受認知學派的影響，紛紛探討內在認知歷程，例如：實驗心理學、發展心理學、人格心理學……等。稍後更出現一個新的領域——**認知科學**（cognitive science），嘗試整合心理學、哲學、語言學、神經科學以及人工智慧等領域的研究。

回顧心理學的歷史，馮德的結構學派和完形心理學派都想要探討人類的心智歷程和結構，只可惜缺乏精確的工具和方法，以致失敗。如今認知心理學回到心理學的起點，重新面對舊問題，由於具備了更好的工具和分析方法，已經能更滿意地回答一些問題。我們不知它是否能完全成功，但讓我們期待！

第三節　認知心理學的方法

認知心理學家通常使用實徵法（empirical approach）來探究認知的功能，但在資料的蒐集有其獨特的方法。這裡介紹幾種較常使用的方法：

一、反應時間

認知心理學家測量受試者對呈現的刺激的**反應時間**（reaction times），來推斷心智的運作。例如：測量認字的閾值（thresholds：能引起反應的最小物理能量）或速度，研究者使用速示器（tachistoscope）註1-1或電腦以極短的時間（通常是釐

註1-1 速示器是一種特殊裝置的儀器，認知心理學家研究人們在很短時間內所能看到的刺激，皆使用速示器呈現。通常時間短至釐秒，也有毫秒。現在的心理學家則有的使用電腦呈現。

秒）呈現刺激字，然後逐次增長呈現時間，測量受試者在什麼時間辨認出該字。如第三章句子脈絡效果的實驗，有脈絡的字比沒有脈絡的字容易辨認（在較短時間辨認出來），因此推斷句子脈絡會影響單字的辨認。另一種情況是，呈現刺激字，然後測量受試者需多少時間作出正確反應，如第二章史初普效應（Stroop effect）（或認字自動化）的實驗。

二、錯誤型態分析

藉著分析**錯誤型態**（patterns of errors），認知心理學家進而推斷認知的歷程。例如：有人想說「a current argument」，卻說成「an arrent curgument」。分析其錯誤，可以發現「current」的第一個音節和「argument」的第一個音節對調，因此可推斷我們是以音節來組成字。而且「a」變成「an」，可見我們是在音節組成後，才決定不定冠詞的發音（引自Best, 1999）。

三、口語報告

口語報告（verbal reports）是受試者在從事某工作之前、之間、或之後所作的報告（Gagné, Yekovich, & Yekovich, 1993）。這是過去內省法心理學家所使用的方法，如前所述，這種方法有許多缺點，受到很大批評，因此大部分美國心理學家超過半世紀之久不太願意使用受試者的報告。不過，在1980年，艾瑞克森和賽門（Ericsson & Simon, 1980）提出一個口語報告的理論，區別在什麼情境之下的口語報告是可靠的和有效的。他們的理論指出，口語報告就像任何的認知工作一樣，會對我們有限的注意力容量造成負擔。至於造成什麼樣的負擔視報告的性質而定。假如一個人是被要求解釋他正在做什麼，這對注意力的容量就有很大

的負擔，因為他必須同時注意兩件複雜的工作：一是工作本身，另一是解釋他在做什麼的工作。這種沈重的負擔會迫使受試者採取不同的策略，因此口語報告可能失真，無法反映不需報告時的內在歷程。不過，假如一個人被要求的只是報告他在想什麼，亦即將心裡想的說出聲來，而不是解釋他如何思考，那對注意力的負擔就沒那麼重。這就是現在一些認知心理學家所使用的**放聲思考法**（thinking aloud）。當然，受試者可能也需要時間學習不要反思，而只是將心中想的說出聲來。但一旦熟練後，放聲思考對注意力的負擔很輕，不會干擾主要的工作。從**放聲思考原案**（thinking-aloud protocols）獲得的資料提供認知心理學家有關思考歷程的線索。

艾瑞克森和賽門（Ericsson & Simon, 1980）另外指出有一種**回溯報告**（retrospective report）是有效的。有時我們需要受試者在完成一件工作後報告其內在歷程，例如：問受試者，「你怎麼研讀英文課文？」假如問此問題和受試者讀英文的時間隔太久，受試者的報告可能因為遺忘或為迎合你等各種因素而無法反映他真正做的。但是假如報告是在工作完成後立刻做，遺忘會降至最少，而且受試者也沒有時間編織答案。如上例讀英文的問題，可要求受試者讀一篇英文課文，然後在每一頁（或一段）讀完後，立刻問他，「請說出你在讀這頁（或這段）時心中出現過的想法。」對於受試者的回答是否有效，還可以使用其他觀察加以驗證。如受試者說，「這一句和上一節好像矛盾，所以我又回去重讀上一節……」，假如根據你的觀察，他並沒有翻回去上一節，那他的報告就很可疑。不過，有關特定工作的回溯報告通常具有頗高的效度（Gagné et al., 1993）。

四、分類和自由回憶

分類（sorting）和**自由回憶**（free recall）可用來推斷一個人的概念理解（Gagné et al., 1993）。分類的工作是研究者給受試者一組材料，讓他們隨意分成許多類別，然後根據他們的分類來推斷他們的概念理解。例如：數學應用問題的分類，低年級兒童比較根據問題的表面形式（或內容）來分類，高年級兒童則比較根據解題的過程來分類。可見低年級兒童的概念理解較差。

自由回憶的工作是呈現一組材料給受試者看，然後要他們自由回憶（即不必照順序）先前看過的資料。由於沒有要求順序，所以受試者回憶的次序反而會透露出他的記憶結構，例如：語意相關的字可能一起回憶出來，顯示這些字在記憶中可能貯存在一起。

五、電腦模擬

電腦模擬（computer simulation）是研究者嘗試利用電腦來模擬人腦的認知歷程。其步驟是首先利用放聲思考法，要求受試者在進行某認知工作時將內在思考說出聲來，然後根據放聲思考原案分析認知的歷程為何，再根據此分析寫成電腦程式，最後比較電腦和人腦的解題行為。例如：布朗和伯頓（Brown & Burton, 1978）就利用電腦模擬，發展一個電腦模式來診斷學生在加法和減法上犯的錯誤（參見第七章）。

（第四節） 本書的組織

本書從訊息處理模式的幾個重要階段開始介紹，所以第二章至第五章分別探討注意力與感官訊息的貯存、型態辨認、記憶結

構和記憶歷程。接下來是探討有關思考的高層次認知活動，有第六章的概念形成、推理與決策，第七章的問題解決，還有和思考有密切關係的語言。由於語言的重要性，和記憶一樣也分兩章探討，第八章先探討語言結構、理解與記憶方面，第九章再探討語言的獲得。和語言有關的主題雙語，由於世界雙語人口的增加，日趨重要，所以第十章探討有關雙語的問題。認知的認知——後設認知（metacognition），更高層次的認知活動，是近年非常熱門的研究主題，而認知發展在近年也受到很大的重視，所以在第十一章介紹後設認知與認知發展。最後一章介紹智力的本質，探討近年認知心理學家對智力的研究、發現和觀點。

第五節 如何閱讀本書

本書的每一章開頭皆列有該章的內容細目，讀者可據以了解該章大概在探討哪些問題，而對全章有個概念。其作用有如歐瑟柏（Ausubel）的前導組體（advance organizer），可供讀者預期將要學習什麼，並作為一個組織訊息的架構，有助讀者的學習和複習，因此讀者閱讀時不宜省略而直接閱讀正文。

在正文之前，有一短短引言，是為引起讀者動機和好奇心，讀者可在此預測或想像一些問題的答案，如此會加深後面正文的印象和理解。每章的最後一節是啟示與應用，對全章的討論作個歸納：有何啟示與應用，使讀者不致迷失在理論中，知道認知心理學的探討也有許多實用價值，因而能善用認知心理學的理論與發現。

在正文之後，有該章的摘要，讀者可根據摘要，複習或回想前文的內容，如此能幫助記憶。摘要之後，重要名詞提醒讀者該

學習的重要概念，讀者若對某一名詞尚不了解，可再翻回前文閱讀。問題討論列出的一些問題，讀者於讀完一章後，務必嘗試回答，以確定自己是否對該章完全理解。這是幫助讀者測知自己是否理解的最後一個步驟，通常也透露出文章的重點所在，讀者宜善加利用。事實上，讀者在讀完一章或一節後，可預測一些將被問的問題，然後再和問題討論中的問題作比較，如此有助於文章的理解和記憶。

本書每章的格式就是依據認知心理學家所發現有效的閱讀方式而撰寫的，讀者若能打破只閱讀本文的舊有習慣，確實依照每章的格式和上述的方式閱讀，相信必能有效地閱讀本書，成為成功的學習者！

本章摘要

1. 認知心理學的一般性定義為：為了解人類行為，而對人類心智歷程及結構所作的科學分析。若根據研討的主題，則指對人類記憶、知覺、語言、理解、推理、決策、問題解決及學習……等的科學研究。若根據其主要理論架構，則指訊息處理的心理學。

2. 一個簡單的訊息處理模式包括感官貯存、注意力、型態辨認、短期記憶、長期記憶等階段。

3. 認知心理學起源於哲學，因為探討的內容是相同的（心智結構和歷程），唯哲學缺乏客觀的科學方法研究，難有定論，造成幾世紀來理性主義和經驗主義的論戰。

4. 科學心理學誕生後，結構主義以研究人類心智內容為主，唯採用方法不夠客觀，遭受批評。功能主義是以研究思考歷程為主，結合實用主義對後來認知心理學的發展有深刻

影響。從聯結主義發展到行為主義，對結構學派強烈反動，強調嚴謹而控制細密的研究法及外在可觀察的行為。至此心理學成為無「心」的科學。

5. 行為主義盛行三十年後漸趨式微。心理學界受到三股勢力的影響：電腦科學、訊息理論和語言學，紛紛對人類的心智歷程重新感到興趣，以新的方式和技巧來探討老問題。認知心理學於是正式興起。

6. 認知心理學家使用一些特殊的方法蒐集資料，常見的有：反應時間、錯誤型態分析、口語報告（包括放聲思考法和回溯報告）、分類、自由回憶、電腦模擬等。

重要名詞

心智歷程和結構（mental processes and structures）

訊息處理模式（information processing model）

型態辨認（pattern recognition）

理性主義者（rationalist）

經驗主義者（empiricist）

理性主義（rationalism）

經驗主義（empiricism）

結構主義（structuralism）

功能主義（functionalism）

實用主義（pragmatism）

聯結主義（associationism）

古典制約（classical conditioning）

行為主義（behaviorism）

操作制約（operant conditioning）

完形心理學（gestalt psychology）

新行為主義（neo-behaviorism）

電腦科學（computer science）

訊息理論（information theory）

語言學（linguistics）

人工智慧（Artificial Intelligence, AI）

認知科學（cognitive science）

反應時間（reaction times）

錯誤型態（patterns of errors）

口語報告（verbal reports）

放聲思考法（thinking aloud）

回溯報告（retrospective report）

分類（sorting）

自由回憶（free recall）

電腦模擬（computer simulation）

問題討論

1. 何謂認知心理學？包括哪些主要研究主題？

2. 哲學和認知心理學有何關係？

3. 科學心理學誕生後，有哪些心理學派影響了日後認知心理學的發展？請簡述其影響力。

4. 認知心理學如何興起？受哪些勢力所影響？請簡要說明。

5. 認知心理學家使用的放聲思考法和內省法有何區別？是否能避免內省法的缺點？

第二章 注意力與感官訊息的貯存

【本章內容細目】

在圖1-1呈現的訊息處理模式中，第一個階段是感官訊息的貯存，然後是注意力，所以在本章首先要探討這兩個主題。訊息從環境中來，由我們的感官接收，我們的感官一次可接收多少訊息呢？為什麼稱感官記憶或感官貯存？那意味訊息在感官中曾作停留，停留多久呢？

注意力是學習過程中第一個重要的因素，我們首先必須去注意某事，才有學習發生。我們常有「視而不見，聽而不聞」的經驗，也就是在閱讀或聽講時，我們的注意力被心中某個想法吸引，以致漏掉所讀或所聽的訊息。雖然我們常用邏輯思考，依據上下文將漏掉的訊息連接起來，但是有時人際間溝通的誤解就由此產生，而學習效果也大打折扣。所以專心注意看、聽是學習有效的首要條件。但是我們對注意力了解多少？我們可以同時注意好幾件事嗎？有哪些理論解釋注意的有限性？不受注意的訊息對我們有影響嗎？若有，我們可不可以利用睡眠時學習？了解了這些問題，對我們的學習有什麼啟示呢？這些都是本章想要回答的問題，希望有助於讀者對訊息處理的初步了解，進而促進學習。

第一節 感官訊息的貯存

來自環境中的訊息，經由感官接收，作短暫的停留，假若沒有引起個體的注意，很快就消失。此階段保留訊息的原始形式，稱為**感官訊息的貯存**（sensory information store）或**感官記憶**（sensory memory）。研究者對視覺和聽覺訊息的貯存有較多的探討，對其他感官訊息（例如：嗅覺、觸覺、運動知覺）的探討則較少。所以本節只就視覺和聽覺訊息的貯存作介紹。

一、視覺訊息的貯存

我們閱讀時，眼球急速跳動（sacaades），在跳動之間有短暫停留，是為眼球固定。眼球跳動時並不吸收訊息，只有當眼球固定，視線停留在某點時，才吸收訊息。眼球固定時間大約250釐秒（一釐秒是1/1,000秒）。所以，早期許多有關視覺訊息處理的研究想要了解人類一次可看多少，將訊息（如圖2-1）呈現大約250釐秒，然後移去，要受試者報告看到什麼。一般受試者能正確報告三、四、五，至多六項，但是很多受試者堅持他們看到的比他們能報告出來的還要多。

```
7      I      V      F

X      L      5      3

B      4      N      6
```

圖2-1　在視覺訊息貯存的實驗中所使用的訊息例子

史柏林（Sperling, 1960）為了避免可能的記憶限制影響了能報告出來的訊息，發展出「部分報告程序」（partial-report procedure），相對於前面的「全部報告程序」（whole-report procedure）。他在一組訊息（如圖2-1）短暫呈現後（史柏林使用50釐秒），利用聲音（高音指上排，中音指中排，低音指下排）指示受試者報告特定的一排，如此受試者報告的只是部分訊息，而不是全部訊息。因為受試者並不預先知道要報告哪一排，所以當正確的報告出某排的幾個項目時，還要乘以3（總共三排），才是代表受試者全部所見的。受試者大約每排能報告三項多，所以全部所見該是九項多。這和「全部報告程序」中受試者

僅能報告四、五項,差別很大。在別的研究裡還有高達十七項之多的。

上述指示聲音是在訊息消失後立刻出現,史柏林的實驗還延遲指示聲音的出現,發現當延遲至1秒鐘時,受試的表現退至和「全部報告程序」一樣的層次,只報告出四、五項。由此可見,有視覺訊息的貯存,其容量大,包括的訊息比能夠報告出來的多,但是維持的時間很短(在史柏林的實驗中是一秒鐘)[註2-1],訊息若不轉至較久的記憶,很快就失去。

這短暫的視覺貯存又稱**影像記憶**(iconic memory)。電影、卡通就是利用這視覺暫留的原理設計的。假如沒有影像記憶,我們可能就無法進一步處理稍縱即逝的訊息。

二、聽覺訊息的貯存

達爾文等人(Darwin, Turvey, & Crowder, 1972)曾利用和史柏林(Sperling, 1960)相似的過程來探討聽覺訊息的貯存。他們讓受試者戴耳機同時聽到三組(每組三個項目)的聲音,如圖2-2所示。

由於音效的組合,有一組聲音似乎來自受試者頭部的左邊,一組來自中間,另一組則來自右邊。在「全部報告程序」中,受試者必須報告所有的九項。在「部分報告程序」中,受試者依據視覺信號的指示,報告特定的一組,可能是左邊、中間或右邊的項目。比較兩種程序結果,發現部分報告程序優於全部報告程序,有較多項目被報告出來。當指示報告的信號延遲2-4秒鐘出

註2-1 另有研究者(Averbach & Coriell, 1961)使用不同的方法研究,發現維持的時間只有250毫秒。所以視覺記憶的時間很短,但確切時間似乎視實驗取向而定,何者正確並不清楚。

現時，這優勢就消失[註2-2]。

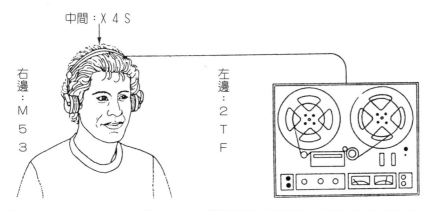

圖2-2　Darwin、Turvey和Crowder所使用的實驗情境。受試者同時聽到左
　　　　邊、中間、右邊的訊息。

註：引自Anderson, J. R. (1990). *Cognitive psychology and its implications* (3rd
　　ed.) (p.51). New York: W. H. Freeman and Company.

　　所以和視覺訊息貯存一樣，也有聽覺訊息的貯存。研究者稱
之為**回聲記憶**（echoic memory）。因為有這樣的回聲記憶，我們
才有可能處理許多語言訊息。奈塞（Neisser, 1967, p.201）曾舉
外語學習的例子說明：「不，不是zeal，是seal」，假如我們不
能保留「z」的音跟「s」音比較，那麼我們就無法從這些訊息
中獲益。

註2-2 馬沙洛（Massaro, 1970）使用不同方法（和Averbach & Coriell, 1961相似的
　　　方法）研究，發現維持的時間是250毫秒。和影像記憶的情況類似，確切的
　　　維持時間視實驗取向而定，並不很清楚何者正確。這樣的差異可能因為感
　　　官記憶和短期記憶之間沒有明白劃分，還有可能因為兩者之間是漸進變化
　　　的。

第二節 注意力與感官訊息的處理

一、注意力的理論

上述關於感官記憶的研究顯示感官記憶可貯存大量的訊息，只是若不予注意，訊息很快就失去。所以「注意」在選擇感官訊息作進一步的處理上扮演很重要的角色。在認知心理學中，有許多關於注意力的理論發展出來。在此擬簡單介紹幾個較重要的理論，俾對注意力有所了解。

㈠瓶頸理論 (bottleneck theories)

從感官記憶的研究顯示，似乎在感官訊息貯存和口頭報告間存在一個瓶頸。研究者利用雙耳分聽不同訊息的實驗，很早就發現受試者很難同時注意兩種訊息，因此有**瓶頸理論**的提出。布羅德班（Brodbent, 1957）提出的**過濾模式**（a filter model）、垂斯曼（Treisman, 1960）的**減弱模式**（an attenuation model），及達區一諾曼（Deutsch-Norman）的**記憶選擇模式**（a memory selection model）屬於此類。

1.過濾模式

在布羅德班的模式中，「注意」充當一個過濾器，只讓有限的訊息通過，所以不被注意的訊息完全被摒棄在外。不被注意的訊息，只有在從感官記憶中消失之前獲得注意，才有可能被認出。

早期雙耳分聽的實驗（也就是受試者透過耳機一邊耳朵聽一種訊息），支持布羅德班的過濾模式，受試者只能釘住（shadow）受注意耳朵邊播放的訊息報告，而對不受注意耳

朵邊播放的訊息內容完全不清楚（Cherry, 1953）。但是後來的研究發現受試者有時也會報告不受注意耳朵邊的訊息。莫瑞（Moray, 1959）發現受試者有時從不注意的耳朵聽到自己的名字。垂斯曼（Treisman, 1960）則發現語言的上下文效果有時會使受試者報告不受注意耳朵邊的詞語，而使得報告不正確。例如：

右耳：「我看到那女孩／歌是期望」
左耳：「………我那鳥／跳躍在街上」

受試者必須報告右耳邊的訊息，但是受試者報告的是「我看到那女孩跳躍期望」。左耳的「跳躍」較右耳的「歌是」較符合上下文的語意。雖然上下文的線索無法使受試者永遠改變注意那不受注意的訊息，但是這結果足以引起對過濾模式的疑問。假如過濾器完全摒棄不受注意的訊息在外，受試者如何能聽到自己的名字或報告不受注意耳朵邊的詞語呢？

2.減弱模式

垂斯曼（Treisman, 1960）於是提出一個減弱模式，認為過濾器並不完全摒棄不受注意的訊息，而是將訊息減弱，使其較不可能被聽到。然而有些詞的閾值[註2-3]永遠比其他詞低，因此比較容易辨認，例如：一個人自己的名字，或者如危險信號的

註2-3 閾值（或閾限）是指刺激感覺系統所需的最低物理能量，亦即能引起個體感覺經驗所需的最低刺激強度。例如：聲音太低（低於閾值）就無法聽見。閾值又叫絕對閾值（absolute threshold），意指某一刺激強度是否能引起感覺反應，其操作性定義可以是在所有嘗試次數中，50%的比率被發覺到的那個刺激強度。閾值的另一相關名詞是差異閾值（differential threshold），意指個體能區別兩個不同刺激強度所需的最小差異量。

「火」。還有閾值也可能受聽者的期望影響而一時降低，因此使該字容易被辨認，如上面「跳躍」被報告的例子。

馬凱（Mckay, 1973）也發現不受注意的訊息雖然不立刻探測，很快會消失，但是對個體並不是沒有影響。他讓兩組受試者一邊耳朵聽下面的句子：

They threw stones toward the bank yesterday.

這樣的句子，語意是模糊的，因為bank可作「銀行」或「河岸」解。在另一邊耳朵，有一組同時聽到的是「河流」，另一組聽到「錢」。雖然過後，受試者不記得他們聽到的是「河流」或是「錢」，但是聽到「河流」的一組傾向於將上面的句子詮釋為「他們昨天向河岸丟石頭」，而聽到「錢」的一組詮釋為「他們昨天向銀行丟石頭」。所以不受注意的訊息並不是完全被過濾器摒棄在外，它對受注意訊息的詮釋也有影響。

3.選擇模式

布羅德班和垂斯曼的模式是將瓶頸放在型態辨認之前，也就是未加注意的訊息被過濾器阻擋在外，或者減弱，不易辨認。達區和達區（Deutsch & Deutsch, 1963）及諾曼（Norman, 1968）提出的記憶選擇模式則是將瓶頸放在型態辨認之後（參見圖1-1）。「注意」相當於訊息的選擇階段，是發生於知覺分析之後。也就是兩組訊息都被聽到（被辨認），只是不重要訊息很快就被忘掉。受注意耳朵邊的訊息是重要的，因為受試者必須報告它們。而不受注意耳朵邊的訊息通常是不重要的，因為不須被報告出來，所以即使被辨認，它們也很快被忘掉，除非很重要，如一個人自己的名字。

㈡容量理論（capacity theories）

1.容量模式（a capacity model）

上述瓶頸理論對瓶頸置於何處難有定論，使得一些心理學家轉移興趣，研究不同工作對容量的需求。卡尼曼（Kahneman, 1973）提出一個容量模式，認為注意力的容量有限，是非常有限的心理資源，而人以這有限的資源處理訊息。不同的心理活動需要不同的注意力，有些工作需要較少的心理資源，有些工作則需要較多資源。所以我們常依工作的難易分配這些資源，較難的工作需要全神貫注，花費較多的資源，故很難有餘力做其他事；而較熟悉、容易的工作不需耗費太多資源，故有多餘資源同時做其他事。例如：熟練的駕駛可以一面聊天，一面開車；而新手開車卻必須全神貫注，不可分心講話。還有讀書時聽音樂，若讀的資料是熟悉、容易的，則有餘力欣賞音樂；但是若讀的資料是不熟悉、困難的，則覺得音樂很吵，不能專心，必須把音樂關掉，因為沒有剩餘資源去聽音樂。

2.多元模式（a multimode theory）

蔣斯頓和漢滋（Johnston & Heinz, 1978）提出一個綜合瓶頸理論和容量理論的模式。他們認為個體可以選擇將瓶頸置於何處。**前選擇**（an early mode of selection）是將瓶頸置於辨認之前，就如布羅德班的模式；**後選擇**（a late mode of selection）是將瓶頸置於語意分析之後，就如達區和達區的模式。「後選擇」是要付出代價的，因為個體必須同時處理兩種或多種訊息，因此需要耗費較多的心理資源。

他們也是使用雙耳分聽的實驗來支持他們的理論。他們讓一組受試者分聽一邊男生一邊女生聲音的訊息，並指定他們釘住男生或女生的聲音報告。如此是個「前選擇」的情況，因為兩種訊

息表面上就不同。另一組受試者分聽的是兩種不同類別的訊息，譬如：城市名和職業名，而指定報告其中一類。如此是「後選擇」情況，因為受試者為了分類，必須先對訊息語意分析（即知道詞的意思）。除了報告之外，兩組受試者還有一個附屬工作，那就是在報告的同時，有燈光不定時地閃，若見到燈光閃，還必須按鈕。結果「後選擇」情況，受試者按鈕較慢，而且報告較多錯誤。所以蔣斯頓和漢滋的理論得到支持，「後選擇」需要使用較多的容量（或資源），以致較少剩餘資源去從事另一件工作。

然則蔣斯頓和漢滋的模式只是要告訴我們「後選擇」對個體較不利嗎？不是的。多元模式的意義在個體有選擇的彈性，個體可視情況對注意力作最佳使用。而且當個體必須同時注意幾件事時，心理學家發現可將某些工作透過不斷練習，達到自動化，以致不需耗費任何寶貴資源。

二、自動化

由注意力的容量理論得知，一個程序（或工作）需要多少注意力，端視其熟練程度而定。越熟練的程序，需要的注意力越少，而極度熟練的程序可以完全不需要注意力。達到這樣極度熟練的程序就叫做**自動化**（automaticity）。

史初普效應（Stroop effect）就是我們認字自動化的例子。史初普（Stroop, 1935）將顏色字（例如：紅、黃、藍、白……等字）塗上不同色，例如：「紅」字塗上白色，「黃」字塗上紅色……等，然後要受試者說出字的顏色，而非該字。但是受試者卻常常受到字本身的干擾。也就是說受試者不自覺的讀出字。這就是認字達到自動化。由於史初普是第一個發現這個現象的人，所以凡類似的現象都稱為史初普效應。圖2-3呈現一個史初普效

應的例子。試著儘快說出每一排有幾個數字。

```
          5       5       5
      1       1       1       1
                  2
  3       3       3       3       3
      4       4
          5       5       5
  4       4       4       4       4
      5       5       5       5
                  3
      4       4       4
  2       2       2       2
          3       3
      4       4       4
  1       1       1       1
                  3
      2       2       2
```

圖2-3　史初普效應。儘快說出每一排有幾個數字

註：取自Glass, A. L. & Holyoak, K. J. (1986). *Cognition* (2nd ed.) (p.71). Rutgers U. & U. of Michigan.

波斯納和史奈德（Posner & Snyder, 1975）曾提出決定一項技能是否自動化的三個標準：⑴不需意圖就發生，⑵並不引起意識知覺，⑶不干擾其他心智活動。很顯然地，史初普效應屬於第一個標準，但是當自動化的結果不是一個人的意圖所能控制時，亦即在不該發生時發生，反而會成為干擾。不過，所幸這樣的情況並不多，大部分時候自動化程序對我們有益。例如：拉貝舉和沙謬斯（LaBerge & Samuels, 1974）認為認字不只要準確，而且要達到自動化的地步，對我們的閱讀才有幫助。因為閱讀牽涉一連串需要注意力的分技能，從認字，將字合成片語、句子，到想出整句意思。假如認字這些分技能沒有達到自動化的地步，還需

耗費資源，那麼所有分技能的資源需求將超過一個人所能負荷，以致整個工作無法完成，造成閱讀困難或速度受影響。所以，有些低層次的工作必須達到自動化的地步，不須耗費任何資源，以便讓更多資源去處理較高層次的工作。

三、注意力與睡眠

根據減弱模式，我們可以選擇性地減弱某些進來的訊息，而對某些訊息較注意。這可以從我們的睡眠現象得到印證。我們睡眠時似乎可以控制對外來訊息的反應：對某些訊息較不注意，對某些訊息則較警醒。例如：嬰兒的哭聲可以將熟睡的母親吵醒，而交通的吵雜聲卻不能。奧斯華德等人（Oswald, Taylor, & Treisman, 1960）的實驗也支持上述的現象。受試者在睡覺之前，被指示當聽到自己的名字或某個特定的名字時，握緊拳頭。他們睡著後，一串錄好的名字被播放出來。結果特定的名字比無關的名字產生較多的握拳動作，尤其是受試者自己的名字產生最多。

既然人類在睡眠時似乎能控制進入的刺激，那麼睡眠學習是否可能？坊間販售語言學習機或語言學習帶的廣告，曾宣稱在睡眠時播放，可毫不費力地學習外語，這有可能嗎？曾有研究者（Bruce, Evans, Fenwick, & Spence, 1970）在受試者熟睡時播放新的訊息，然後立刻叫醒他們，發現他們無法記得那些訊息。所以許多西方的研究者認為沒有睡眠學習。然而前蘇聯的許多有關睡眠學習的研究發現在淺睡期，通常在一個人進入沈睡期或醒來之前，重複播放外語，再加上白天課程的配合，有助於一個人學習和記憶外語（Bancroft, 1981）。另外也有研究（Lasaga & Lasaga, 1973）發現即使在階段3和4的睡眠（沈睡期），受試者

對語文刺激也有一些知覺，所以睡眠時某些形式的學習是可能的（例如：字的聯想）。只是知覺的扭曲使得複雜的語文資料較不可能被吸收；而且這些語文刺激會淺化一個人的睡眠，影響休息效果。

綜上所述，睡眠學習是否可能的問題，可能由於定義和程序的不同，而有正反兩面的答案，難有定論。不過，從前文提及的馬凱研究（Mckay, 1973），不受注意的訊息可能影響受注意訊息的詮釋，所以睡眠時，有可能因為播放的訊息影響一個人所做的夢，進而影響學習。如此，雖然一個真正入睡的人不會記得訊息內容，但是另一種形式的學習影響並非不可能。

第三節 啓示與應用

根據注意力的理論與現象，有三點啟示與應用在本節裡特別提出。

1. 有些心理學家應用選擇性注意的原理於實際生活上。他們利用雙耳分聽不同訊息，然後依據信號報告其中一種訊息的測驗，來預測軍校學生的飛行表現，以及公車司機的肇事率（Gopher & Kahneman, 1971; Kahneman, Ben-Ishai, & Lotan, 1973）。結果有相當的準確度。測驗成績好的，其受訓的飛行程度較高，而公車司機是肇事率較低。不過，這些測驗測量出的到底是什麼能力並不完全清楚（Reed, 1988）。

2. 根據容量理論，較難的工作需要耗費較多的心理資源。所以有學者（Bransford, 1979）認為，在教室裡因為有許多事情在同時吸引學生的注意，例如：窗外的活動、同學的私語、個人的想法、老師的講課……等，學生必須協調這些活動，所以教材

若較難（需要用較多心理資源），協調工作就變得很不容易，注意力因此較容易分散。另外的學者（Glass & Holyoak, 1986）卻持相反的看法，認為困難的工作因為使用較多資源，因此剩餘較少資源去處理不受注意的訊息，所以比較不容易受干擾。

這兩種矛盾的說法，何者正確呢？依筆者個人經驗，發現這兩種現象都有。當我在解一道稍有難度的數學題時，整個心思都花在上面，苦苦思索，因此不容易分心。但是當我聽英語廣播時，因其速度很快，必須非常專心聽，可是許多時候越想專心，卻越容易分心。所以，除了工作難度，或許工作性質也會影響注意力。還有另一種可能是工作難度對注意力的影響就像焦慮對作業成績的影響。越容易的工作，注意力需求少，因此注意力容易分散；適度困難的工作，注意力需求多，因此注意力不容易分散；而非常困難的工作，需要耗費太多注意力，因此注意力很容易被較容易的活動吸引。當然這種說法有待進一步的研究證明。不過，教師在此仍然可以得到啟示：最好提供學生難度適中的工作或教材，才容易維持學生的注意力。

3. 將自動化的理論應用到學生的許多基本學習上。學生有許多基礎（或低層次）學習不只要求準確，而且要達到自動化，以便讓更多心理資源處理高層次工作。例如：認字不只要準確，而且要自動化，才能有效閱讀；背九九乘法表不只要準確，而且要自動化，才能有助乘除計算，甚至解答更複雜的應用問題。

我的學生曾經和我討論學生認字的問題。認字要達到自動化，就必須要求學生過度練習。現在的小學生怎麼有耐心練習寫那麼多遍字呢？所以，現在的老師大多不像從前的老師要求學生不斷練習寫字。但是這樣有一個危機，學生的閱讀、甚至國文程度可能會更低落。有一個解決辦法供讀者參考：讓學生寫生字若

干遍，然後利用該字造詞、造句幾個，如此學習比較生動有趣，也比較有意義。至於寫若干遍才夠練習，且不會引起學生厭煩，則有待教師根據經驗，觀察自己的學生而定。還有，就是多複習，也能增加熟練度。如第一章所述，早在十九世紀，學者艾賓豪斯就發現分散練習的效果要優於集中練習，經常複述會加強記憶中的聯結。

本章摘要

1. 感官訊息的貯存保留訊息的原始形式一至二秒鐘（可能更短），容量大，又稱感官記憶。

2. 視覺訊息的貯存又稱影像記憶，聽覺訊息的貯存又稱回聲記憶。

3. 注意力的理論有瓶頸理論和容量理論，又各包括過濾模式、減弱模式、選擇模式，以及容量模式、多元模式。

4. 過濾模式主張不受注意的訊息完全被「過濾器」摒棄在外，沒有處理。減弱模式則認為不受注意的訊息並不完全被摒棄在外，而是被減弱，因此較不容易被聽到。選擇模式則認為注意是發生於對兩組訊息的知覺分析之後，然後選擇重要的訊息作進一步處理。容量模式主張注意力的容量有限，人以有限的心理資源處理訊息，工作難的需要較多資源，工作易的需要較少資源。多元模式綜合瓶頸理論和容量理論，認為人有選擇將瓶頸置於何處的彈性，「後選擇」比「前選擇」需耗費較多的容量。

5. 有些低層次的工作要達到自動化，以便讓更多心理資源處理高層次的工作。

6. 睡眠時似乎有部分注意力，可以控制進入的刺激。雖然真正熟睡的人無法記得訊息的內容，但是某一種學習影響並非不可能。

7. 利用選擇性注意的測驗預測軍校學生的飛行表現和公車司機肇事率有相當準確度。

8. 教師最好提供難度適中的工作或教材，才容易維持學生的注意力。

9. 認字、背九九乘法表等的基本學習，要求的標準是不只準確，而且要達到自動化，才有助於高層次的學習。

重要名詞

感官貯存或記憶（sensory store or memory）

影像記憶（iconic memory）

回聲記憶（echoic memory）

瓶頸理論（bottleneck theories）

過濾模式（a filter model）

減弱模式（an attenuation model）

記憶選擇模式（a memory selection model）

容量理論（capacity theories）

容量模式（a capacity model）

多元模式（a multimode theory）

前選擇（an early mode of selection）

後選擇（a late mode of selection）

自動化（automaticity）

史初普效應（Stroop effect）

問題討論

1. 影像記憶和回聲記憶有何重要性？請各舉一例說明。

2. 你認為注意力的何種理論模式最能說明吾人的注意力？為什麼？

3. 何謂自動化？請由生活中舉一自動化的例子說明。

4. 自動化有何重要性？你要如何利用自動化有益於自己的學習？請舉一例說明。

5. 睡眠時有沒有學習？請說明。

第三章　型態辨認

我們每天要辨認周遭多少事物？譬如：遠遠走來一個小孩和一隻小動物，走近時，我們認出是隔壁的小孩──小華和他的小狗小花。看到一個「應」字，認出是「應用」的「應」字。當然也有可能遇到不認識的人、事、物、字……等，辨認不出來，那就需要新的學習。所以辨認一物，似乎是將其與存在我們記憶中的訊息作比較，比較對了，就認出該物，否則就必須建立新的學習。這個歷程，我們習以為常，不覺得有什麼了不起，但是真是那麼簡單嗎？

有些同類的事物，我們以前沒有看過，為什麼我們認得出來？譬如：上例的狗，狗有許多種，而即使同種狗，每一隻狗也不一樣。我們不可能看過每一隻狗，可是為什麼我們認得出一隻從未見過的狗是狗呢？好，你已經開始在想各種答案了。你的答案很可能是「相似」，因為它就像一隻狗，不像貓，也不像牛啊！似乎很有道理，但是相似的標準或程度在哪裡？「△」字和「A」字較像，而和其他字母較不像（吳靜吉等，1986），但是我們不會將它認作「A」。

這就是看似簡單，實則非常複雜的**型態辨認**（pattern recognition）。既精確又不失彈性，是電腦至今無法完全模擬的歷程（雖然現已有中文電腦可以閱讀手寫文字，但仍有其有限性）。由此我們知道，雖然心理學家嘗試探討與了解這個歷程，但不是非常成功。不過，假如一種理論無法解釋周全，綜合幾種理論應能幫助我們對此歷程的了解。因此本章擬介紹研究型態辨認的幾種不同向度和理論。首先是對知覺組織有相當研究與貢獻的完形心理學派，其次是從描述型態著手的四種重要理論，最後是由訊息處理方向著手的理論。型態辨認可發生於視覺、聽覺和其他感官知覺，但因為視覺辨認是心理學家研究最詳盡的，因此

本章只探討視覺型態辨認。

第一節　完形組織法則

　　完形心理學派的「完形」有「整體結構」或「完整形態」的意思，此名稱正代表完形心理學家對知覺組織的看法。他們認為個體會自然地組織或分斷訊息，而整體予人的印象超越部分的總合。例如下圖：

] [ ] [ ] [ ] [ ] [ ] [ ] [

你看到什麼？是一排正方形？還是許多個「[」圖形的組合？事實上，此圖反映的就是**完形組織法則**（Gestalt principles of organization）之一的**閉合法則**（the principle of closure）。

　　完形心理學家對知覺組織的現象，提出系統的理論解釋，歸納出許多法則，稱為完形組織法則。其中最重要的有四種：**接近法則**（the principle of proximity）、**相似法則**（the principle of similarity）、**連續法則**（the principle of continuation）和閉合法則。見圖3-1中之各圖。圖(a)，我們看到四組直線，而不是八條分開的直線，這就是接近法則，相近的事物容易被組織成一個單位。圖(b)，我們看到三排○，兩排✗，而不是五行○✗組成的圖形。雖然每行元素（○和✗）之間的距離比每排元素（○和○，或✗和✗）之間的距離小，但是我們還是把○看成一起，✗看成一起，這就是相似法則。圖(c)，我們看到CD線和AB線交叉，而不會看成AC線和DB線，或AD線和CB線，就是因為AB、CD較具有連續性，所以這稱為連續法則。圖(d)，我們看到兩個圓重疊，

而不會將其看為一個圓加上另外一個有缺口的圖形，這就是閉合法則。

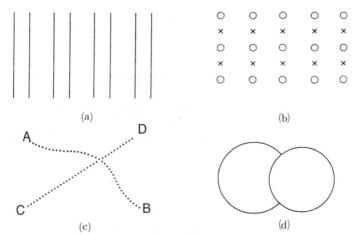

(a)

(b)

(c)

(d)

圖3-1　完形組織法則示範圖：(a)接近法則，(b)相似法則，(c)連續法則，
　　　　(d)閉合法則

註：取自Anderson, J. R. (1990). *Cognitive psychology and its implications* (3rd
ed.) (p.67). New York: W. H. Freeman and Company.

我們傾向於使用這些法則來組織新的刺激物。帕默
（Palmer, 1977）的實驗可為證明。帕默先讓受試者看圖3-2中的
(a)，然後要受試者決定(b)-(e)是否(a)的一部分。結果受試者辨認(b)
和(c)的速度比(d)和(e)快，可見受試者受完形組織法則的影響，將
(a)看成是一個三角形（閉合法則）和⌐形（連續法則）的組成。

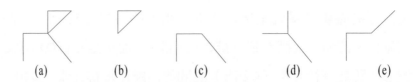

(a)　　　　　(b)　　　　　(c)　　　　　(d)　　　　　(e)

圖3-2　帕默（Palmer, 1977）用來研究分斷（segment）新圖形的例子：
　　　　(a)為受試者看到的原圖，(b)-(e)為供作辨認的部分圖，(b)和(c)是好的
　　　　部分圖，(d)和(e)是不好的部分圖。

註：取自Anderson, J. R. (1990). Cognitive psychology and its implications (3rd
ed.) (p.68). New York: W. H. Freeman and Company.

第二節 型態描述取向

　　我們如何辨認周遭的型態（亦即事物，在此泛稱型態）？有些理論從描述型態的方向來回答這個問題。本節介紹四種主要的理論：**模印比對論**（template-matching theory）、**特徵分析論**（feature-analysis theory）、**結構描述論**（structural-description theory）以及**原型論**（prototype theory）。

一、模印比對論

　　模印比對論是指我們腦中貯存有各種型態，這些型態稱為**模印**（templates），凡進入的訊息被拿來跟模印比對，若符合了，就認出該訊息。圖3-3呈現許多模印比對的情形。圖(a)比對成功，字母「A」被認出來。圖(b)，輸入「L」和模印「A」不符合，所以沒被認出；但是和圖(c)的模印吻合，所以被認出是字母「L」。圖(d)是輸入「A」落在視網膜錯誤的地方，以致不符合；而圖(e)是大小不符合；圖(f)是輸入和模印兩者角度不對；圖(g)和(h)則是輸入「A」不是標準字體的「A」，所以圖(d)到(h)都沒被認出。

　　由此可見，模印比對的標準是相當僵化的，不能有一絲絲的不同，否則就無法辨認出進入的型態。這就像支票上最後一行的戶號（參見圖3-4）必須使用機器印製，才能被電子模印比對系統辨認一樣。以這樣的理論來解釋機器則可，但解釋人類的型態辨認顯然是太僵化了。人類的型態辨認有相當的彈性。例如：每個人寫「標準」兩個字不盡相同（以下是幾個例子），但我們都能認出是「標準」兩個字：

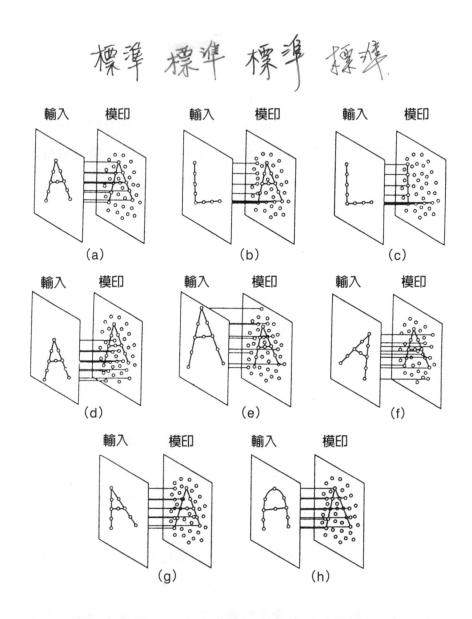

圖3-3　模印比對的情形：(a)和(c)是成功的模印比對，(b)和(d)—(h)都是失敗
　　　　的比對

註：取自Anderson, J. R. (1990). *Cognitive psychology and its implications* (3rd
　　ed.) (p.59). New York: W. H. Freeman and Company.

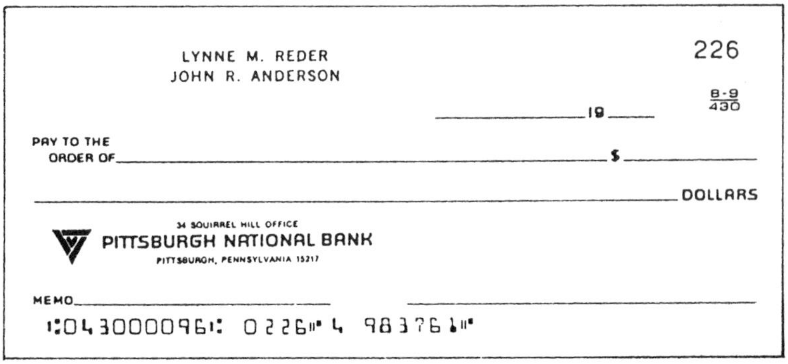

圖3-4　一張空白支票，最下行的戶號為特殊印製，以供電子模印比對系統辨認

註：取自Anderson, J. R. (1990). *Cognitive psychology and its implications* (3rd ed.) (p.60). New York: W. H. Freeman and Company.

還有，若依照模印比對論，我們腦中要貯存多少模印，才夠我們辨認各式各樣的字體？

　　所以，模印比對的說法實在值得商榷。不過，它也有有用的時候，當我們無法辨認進入的型態，而欲將其與後面的型態作比較時，我們有必要以未分析的模印來表徵第一個型態，以作為與第二個型態比較。

二、特徵分析論

　　特徵分析論主張事物皆由一些基本的特徵組成，只要符合這些基本特徵的刺激就能被認出是該物。例如：字母「H」可分析為二條垂直線，和一條水平線的組合。凡符合這些特徵的輸入刺激被認出是「H」。特徵分析論比模印比對論有彈性得多，因它不需要考慮刺激的大小、角度或位置等問題。而且使用特徵會大量減少模印的需要量，因為相同的特徵可重複出現在許多型態裡，如此一個模印代表一個特徵而非一個型態，可節省許多腦容

量。

　　有些證據支持特徵分析論的說法。根據特徵分析論，具有越多相同特徵的字母，受試者越容易混淆。金奈等人（Kinney, Marsetta, & Showman, 1966）的實驗就支持這樣的假設。譬如：在短暫呈現訊息的情況下，最多受試者將G誤認作C，其次是O，再其次是B。受試者不會將其誤認作其他較不相似的字母，可見受試者根據相似的特徵組作反應。在極短時間裡，受試者只能萃取出一些特徵，而共同具有這些特徵的刺激，受試者就無法分辨。

　　塞爾費舉（Selfridge, 1959; Selfridge & Neisser, 1960）曾利用特徵偵測系統發展了一套電腦程式來辨認手寫的印刷體字母。他將此系統稱為伏魔殿（Pandemonium），其由一系列階段組成。每一階段的運作由所謂的魔鬼（demons）執行。第一階段是影像魔（image demons），記錄外來刺激，將其轉換為內在表徵。然後特徵魔（feature demons）分析、尋出特徵，例如：直線、角度、曲線等。這些訊息再傳至認知魔（cognitive demons）。每一個認知魔負責辨認一個型態，當一個認知魔找到一個符合它的型態的特徵，就開始大叫。最後決定魔（decision demon）選擇叫得最大聲的認知魔，作為代表外來的刺激，這也就是我們辨認出輸入的刺激（參見圖3-5）。

　　伏魔殿系統相當成功地辨認出一些手寫的印刷體字母，但是無法辨認手寫書寫體，所以和人類的型態辨認仍有相當的距離。

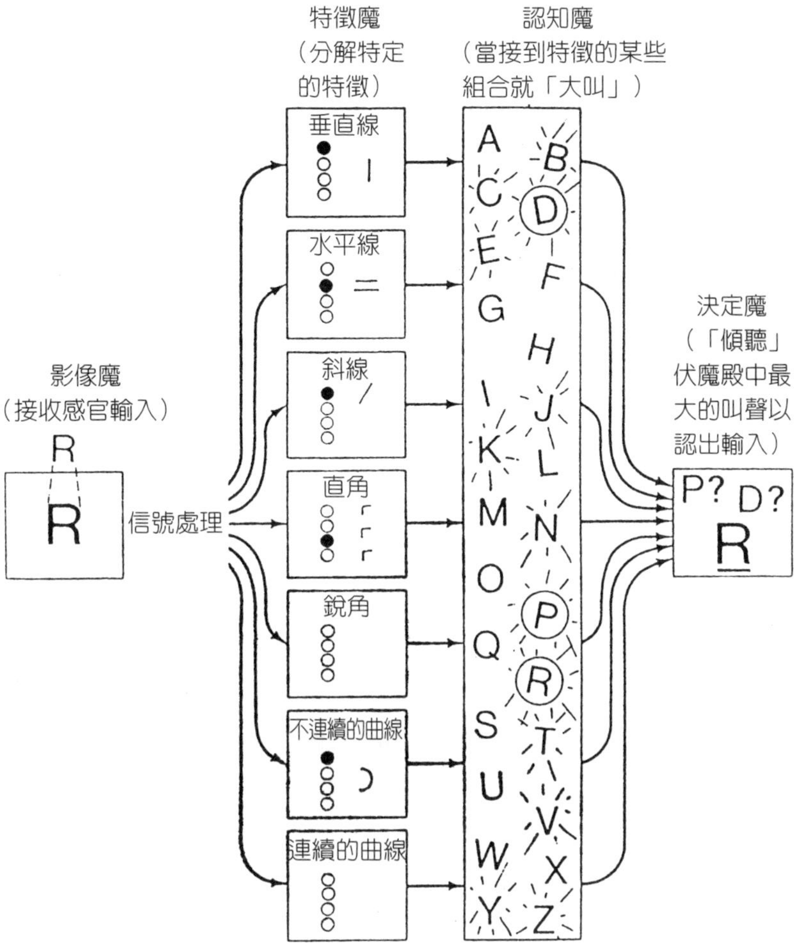

圖3-5　伏魔殿系統。各魔鬼正在工作的一個例子

註：取自Reynolds, A. G. & Flagg, P. W. (1983). *Cognitive psychology* (2nd ed.) (p.71). Boston: Little, Brown and Company.

三、結構描述論

結構描述論是以特徵分析論為基礎，進一步描述特徵之間的關係，使得辨認更加準確。例如：字母「H」特徵分析為二條垂直線和一條水平線，但二條垂直線和一條水平線可組合成許多不同的型態；結構描述則強調線條之間如何組合——字母H是由

二條垂直線和一條聯繫中點的水平線所組合。又如圖3-6，模印比對論無法辨別此圖的兩種詮釋；特徵分析論雖然能辨認四個邊的特徵，但其兩種詮釋有相同的特徵，故仍無法辨別。結構描述論因為強調特徵之間的關係，故能辨別其兩種詮釋。若將圖3-6視為黃貂魚，則須將鄰邊視為一組，即a邊和d邊，b邊和c邊；若將圖視為風帆則須將對邊視為一組，即a邊和c邊，b邊和d邊（Reed, 1988）。研究者（Clowes, 1969）使用此圖來說明為什麼在產生足夠的型態描述方面，結構描述論常有其必要。

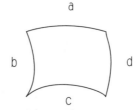

圖3-6　可視為黃貂魚或風帆的模糊圖形

註：取自Reed, S. K. (1988). *Cognition: Theory and applications* (2nd ed.) (p.20). Pacific Grove, CA: Brooks/Cole.

　　結構描述論不只可用來描述像字母等二向度的圖形特徵，也可利用一些簡單的體積，諸如圓柱體、長方體、圓錐體、楔形體等，來描述三向度的物體。這些立體的組成分可以組合成各種不同的物體。如圖3-7中的杯子和水桶包括相同的成分，只是組合方式不同。畢德曼（Biederman, 1985, 1987）提出一個**成分辨識理論**（recognition-by-components, RBC），指出我們只需少數的立體組成分（他稱為3-D幾何離子），大約36個，就能描述世上的物體（如圖3-7所示）。所以，型態辨認只在描述（或辨識）有限組成分的關係，而非區別成千上百的組成分。

　　畢德曼（Biederman, 1985）又認為刪除特徵間關係的訊息

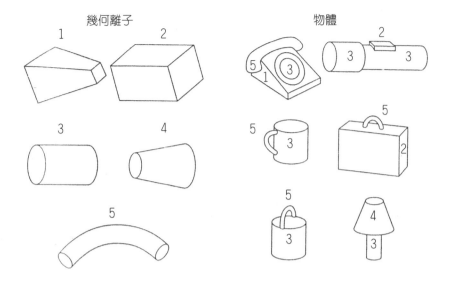

幾何離子　　　　　　物體

圖3-7　畢德曼（Biederman, 1985, 1987, 1990/1993）研究中的幾何離子和物體。物體由少數的幾何離子所組成。

註：取自Haberlandt, K. (1997), *Cognitive psychology* (2nd ed.) (p.111). Needham, Heights, MA: Allyn & Bacon.

會降低人們辨認型態的能力。他將物品的輪廓圖刪去65%，如圖3-8中的兩個杯子。左邊的杯子是中間的輪廓被刪去，所以還可以看出這些片斷是如何關聯的。右邊的杯子是頂點的輪廓被刪去，所以較難看出這些片斷是如何關聯的。當這些不同的物品圖呈現100釐秒時，假如輪廓是中間部分被刪除的，受試者能正確說出70%的物品；但是假如輪廓是頂點被刪除的，受試者只能正確說出低於50%的物品。所以，可見破壞關係性的訊息對於物體的辨認特別有害。

　　根據畢德曼（Biederman, 1990/1993）的理論，我們可以經由觀察物體的邊緣及分解物體的幾何離子，快速辨識物體。以一些有限的幾何離子組合成各種物體，所以可節省許多腦容量。雖然畢德曼的理論可以解釋我們如何辨認一般的椅子、檯燈、臉等物體，但仍無法充分解釋我們如何辨認特定的椅子、檯燈、臉等

（例如：你自己的臉或你好友的臉）（Sternberg, 2003）。

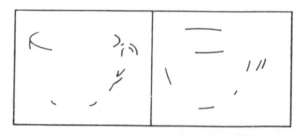

圖3-8　畢德曼（Biederman, 1985）研究中使用刪去65%的物品輪廓圖。
**　　　左圖刪去中間的輪廓，右圖刪去頂點的輪廓。**

　　　註：取自Reed, S. K. (1988). *Cognition: Theory and applications* (2nd ed.) (p.22). Pacific Grove, CA: Brooks/Cole.

四、原型論

　　原型論認為在我們的長期記憶中貯存了許多事物的最典型例證，這些最具代表性的典型例證就稱為**原型**（prototype）（Rosch, 1973）。原型通常包括該類事物最多的特徵或訊息。一個型態能否被辨認出來，就視它和原型的相似程度而定。越相似就越能被辨認為該類事物。例如：提到「馬」，我們就會想到一匹最典型馬的樣子和特徵，一個輸入的刺激和這匹典型馬作比較，若有許多相似的地方，則被辨認是一匹馬。

　　由此可見，原型論比模印比對論、特徵分析論和結構描述論有彈性，因為只要相似，不需要一模一樣，就能被辨認。因此各種A字的寫法由於和「A」字的原型較相近，但和其他字母的原型差異較大，所以會被視為「A」字，不過，正由於原型論缺乏精確性，這也是它的缺點。譬如：如前文所述，「△」字和「A」字的原型較其他字母的原型相似，依照原型論，「△」字很可能被認作「A」。但是我們的型態辨認系統卻不會將它認作「A」。

從上面的討論看來，型態辨認是個相當複雜的歷程，似乎沒有一個理論能完全包括它的各層面而解釋清楚。不過，與其將各個理論視為對立，不如將它們視為互補。或許有時我們的型態辨認採模印比對，有時採特徵分析，有時採結構描述，有時採原型比較吧！

第三節　訊息處理取向

一、由下而上和由上而下的處理

以訊息處理方向探討型態辨認，指的是兩種歷程：一是**由下而上的處理**（bottom-up processing），一是**由上而下的處理**（top-down processing）。由下而上的處理又稱**資料導向**（data-driven）的處理，是由低層次訊息（例如：刺激的特徵）開始處理，其結果供作下一高層次的輸入，進行處理；如此逐步向上，最後辨認出該輸入刺激。前面提到的「伏魔殿」系統就是由下而上處理的最佳例子。

由下而上的相對歷程是由上而下，指的是依據期望或標籤，幫助我們詮釋不完整的感官輸入，所以又稱為**概念導向**（conceptually driven）的處理。例如：脈絡（context）對辨認字母的影響。在圖3-9中，到底兩個「ᕼ」是「H」或「A」？根據我們的英文知識，我們知道是「THE CAT」，所以會將第一個「ᕼ」看作「H」，第二個「ᕼ」看作「A」。這就是由上而下的處理。

THE CAT

圖3-9　脈絡效果。相同的刺激是H或A，取決於脈絡

註：取自Selfridge, O. G. (1955). Pattern recognition and modern computers. *Proceedings of the Western Joint Computer Conference.* New York: Institute of Electrical and Electronic Engineers.

在正常情況下，由下而上和由上而下的兩種處理同時運作。請看圖3-10的C，我們從圖本身看出是鼻子、眼睛、耳朵和嘴巴（由下而上的處理），而同時從圖下面的名稱知道圖代表什麼（由上而下的處理），兩者一致，同時運作。但是有些時候，輸入的刺激不完整，由下而上的處理無法運作，就必須依賴由上而下的處理。例如：圖3-10 中，我們若只看B圖，無法辨認出那些是什麼。只有看了A圖後，有了整個臉的脈絡，才知道B圖是什麼，這就是依賴由上而下的處理，以彌補刺激本身的不足。

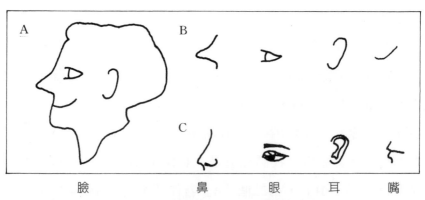

臉　　　鼻　　　眼　　　耳　　　嘴

圖3-10　A.在「臉部」脈絡中的簡易圖形線條

　　　　　　B.沒有任何脈絡的簡易圖形線條

　　　　　　C.較詳細的鼻、眼、耳、嘴等圖形

註：取自Palmer, S. E. (1975). The effects of contextual scenes on the identification of objects. *Memory & Cognition*, 3, 519-526.

由下而上的處理有時是較自動或機械化的，因其工作是從視覺輸入抽出線索，加以詮釋。由上而下的處理則由貯存在記憶中的知識引導，較具有彈性。一個刺激型態可能因為期望不同而有不同詮釋。事實上，很多時候期望（由上而下的處理）凌駕由下而上的處理，例如：幻覺。

由上而下的強有力效果，在許多脈絡的研究中顯露出來。除了上面兩個例子，以下再探討兩種脈絡的效果。

二、脈絡效果

㈠字優效果（word superiority effect）

脈絡對辨認字母的影響，使得從單字中辨認一字母要比從隨意字母串中或字母本身來得快。這就是**字優效果**。惠勒（Wheeler, 1970）曾很短暫地呈現字母（如D）或單字（如WORD）給受試者看，然後再出現兩個字母（如D和K）或兩個單字（WORD和WORK），讓受試者指認何者是先前看到的。因為呈現的時間很短，所以很容易犯錯。結果發現在單字的情況下，受試者有10%較正確的辨認。

有研究者（Rumelhart & Siple, 1974）認為這個現象是因為受試者已認出WOR三個字母，剩下的第四個字母只有WORD、WORK、WORM、WORN、WORT五種可能性，所以只要看到第四個字母的一個底部曲線 「﹀」特徵，就能猜出是D。而在單獨字母的情況下，單一特徵幫助不大，必須看到好多特徵才有用。

COGNITIVE PSYCHOLOGY

(二)句子脈絡效果（effects of sentence context）

脈絡對辨認單字也有影響，在句子中的單字要比字串中的單字或單字單獨出現要來得容易辨認。塔敏和高德（Tulving & Gold, 1963）探討受試者在下列三種情況下認字的速度：沒有脈絡、有前後一致的脈絡（congruent context）、有前後不一致的脈絡（incongruent context）。在兩種脈絡中，目標字前的脈絡長度有8、4、2和1個字。例如：

1個字脈絡	outstanding PERFORMER（目標字）
2個字脈絡	an outstanding PERFORMER
4個字脈絡	for being an outstanding PERFORMER
8個字脈絡	The actress received praise for being an outstanding PERFORMER.（那女演員接受表演傑出的讚美。）

目標字以速示器（tachistoscope）呈現極短的時間。結果有前後一致脈絡的字比沒有脈絡的字容易辨認，而沒有脈絡的字又比有前後不一致脈絡的字容易辨認。隨著脈絡長度增長，在前後一致的脈絡中，目標字越快被辨認出來；而在前後不一致的脈絡中則相反。

由此可見，句子脈絡會影響單字的辨認。若運用恰當的脈絡，因為我們不需從單字本身萃取那麼多訊息，我們可以很快地辨認該字。這也是為什麼我們可以快速閱讀的原因之一。

第四節　啟示與應用

有些研究者（例如：deGroot, 1965; Chase & Simon, 1973a, 1973b）比較棋士和生手記憶棋盤上的型態。發現只要棋局是有意義的，不是隨機擺設的，則在看了幾秒鐘後，棋士會比生手重新排出較多的棋子。若棋子是隨機擺設的，則兩者沒有差異（這牽涉到短期記憶的研究，下一章會再探討。），所以可見棋士並非比生手能記憶得多，而是他們能看出棋子有意義地組織在一起，因此在固定時間內，能蒐集較多訊息。也由此可見，沒有意義的脈絡之片斷訊息是不容易記住的。在上節，也討論了一些脈絡的效果——沒有脈絡的訊息較難辨認。所以，這些研究給我們的啟示是：善用脈絡，可幫助我們辨認且記憶訊息。譬如：記憶英文單字時，除了會讀該字以幫助拼字，最好能應用在句子中，方能促進學習與記憶該字。

本章摘要

1. 研究型態辨認有幾個不同取向，本章介紹了完形心理學家的知覺組織取向、型態描述取向和訊息處理取向。

2. 完形心理學家提出完形組織法則，來解釋知覺組織的現象，其最重要有四：接近法則、相似法則、連續法則和閉合法則。

3. 型態描述取向有四種主要理論：模印比對論、特徵分析論、結構描述論和原型論。

4. 型態辨認的訊息處理方向有二：一為由下而上的處理，一為由上而下的處理。特徵分析就是屬於由下而上的處理。

以期望或標籤來幫助詮釋不完整的訊息，就是由上而下的處理。

5. 脈絡效果就是一種由上而下的處理，本章探討了字優效果和句子脈絡效果。

6. 善用脈絡，以幫助辨認和記憶訊息。

重要名詞

型態辨認（pattern recognition）

完形組織法則（Gestalt principles of organization）

閉合法則（principle of closure）

接近法則（principle of proximity）

相似法則（principle of similarity）

連續法則（principle of continuation）

模印比對論（template-matching theory）

特徵分析論（feature-analysis theory）

結構描述論（structural-description theory）

原型（prototype）

原型論（prototype theory）

由下而上的處理（bottom-up processing）

由上而下的處理（top-down processing）

資料導向（data-driven）

概念導向（conceptually driven）

脈絡效果（context effect）

字優效果（word superiority effect）

句子脈絡效果（effect of sentence context）

問題討論

1. 我們的知覺組織受接近、相似、連續和閉合等法則所影響，請各舉一新例說明。

2. 你認為型態描述取向的何種理論最能解釋我們的型態辨認現象？為什麼？

3. 請各舉一由下而上和由上而下處理訊息的型態辨認的新例子。

4. 脈絡對我們的型態辨認有何影響？請舉例說明。

COGNITIVE
PSYCHOLOGY

第四章　記憶結構

　　來自環境中的訊息，經感官記錄，作短暫的停留，以供型態辨認。然後若需進一步處理，則進入記憶。記憶是認知心理學最重要的研究主題，因為人類所有的後天學習都以記憶為基礎。如果沒有記憶，如何根據以前所學來詮釋目前的人事物？如何預測未來、計畫行動？一個腦部受損，無法記憶新事物的病人，學習能力大受影響，除了一些知覺、動作學習外，幾乎無法學習新的東西，因為他不記得學過，每次都必須重新學習。所以記憶對學習實在太重要了。但是人類「黑盒子」裡進行的是什麼樣的歷程？因為肉眼看不到，認知心理學家只能透過現象的觀察，實驗的設計，並綜合研究結果，建構理論來嘗試了解其一二，俾對人類的學習有所幫助。

　　雖然難窺全貌，沒有一個理論可以完全描述人類的記憶，但是認知心理學家們多年的努力成果仍然使我們對記憶有所了解。在接下來的兩章中，我們就記憶作一番探討。本章首先探討記憶結構，對記憶的組織、貯存、種類等方面有所了解。然後在下一章再探討記憶的歷程，從記憶的進行方面來了解記憶。事實上，要全然劃分記憶結構與歷程並不可能，有許多研究是同時探討兩者的。所以這兩章只是強調的重點不同，希望方便讀者對記憶的了解，從而知道如何改進記憶，促進學習！

第一節　雙記憶理論

一、雙記憶理論的源起

　　心理學家很早就發現人的記憶系統似乎由兩個部分組成：一個維持的時間較短，一個較長。早在1890年，威廉‧詹姆斯（William James）就嘗試區別這兩種記憶成分。他將立即性的

記憶稱為**初級記憶**（primary memory），間接的記憶稱**次級記憶**（secondary memory）。之後，許多心理學家紛紛根據這個概念探討記憶系統中短期和長期兩種成分之間的差異和特性，例如：彼德生和彼德生（Peterson & Peterson, 1959）、渥和諾曼（Waugh & Norman, 1965）等（這在下節中說明）。所以詹姆斯的雙記憶理論可說為現代記憶理論奠下了基礎，只是現在通常根據記憶的兩種特性——短期和長期，而稱**短期記憶**（short-term memory, STM）和**長期記憶**（long-term memory, LTM）。其特性將分別在下兩節中探討。

二、雙記憶理論的證據

雙記憶的理論可由許多證據得到支持。首先由我們的日常生活經驗，我們似乎可以感覺到有兩種記憶。譬如：我們第一次撥一個陌生的電話號碼，在撥時，我們記得那個號碼，撥完後就忘記了。以後假如多次使用那個電話號碼，有可能就記住了。所以，似乎有兩種記憶，一種維持時間短，一種維持時間長。

另外還有來自生理學的證據。有研究者（例如：Lynch & Yarnell, 1973）發現有些因腦傷而引起失憶症的病人，在受傷的幾秒鐘內還記得受傷時發生的事情，但過了5分鐘後，就不記得之前他在做什麼和發生了什麼事。這似乎顯示引起失憶症之前的事件短暫貯存於記憶中，但無法傳至較永久的記憶。

來自心理學的證據可由**序列位置曲線**（serial position curves）得到支持。有許多研究記憶的實驗讓受試者記憶一系列項目，然後自由回憶，發現最先和最後呈現的項目，回憶的正確率最高，形成所謂的**初始效應**（primacy effect）和**時近效應**（recency effect），如圖4-1所示。這是因為在自由回憶的情況

之下，受試者首先寫下最後呈現的項目，因其尚在短期記憶之中；而最先呈現的項目，因為**複述**（rehearsal）的次數多，已進入長期記憶，所以也回憶得較好。若受試者在延遲30秒後，才被指示回憶項目，則時近效應消失，因為最後呈現的項目可能已從短期記憶中消失。所以，由此也可見有兩種性質不同的記憶。

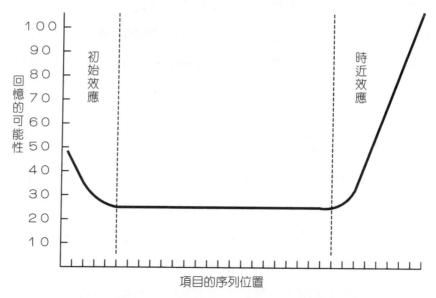

圖4-1　自由回憶之下的序列位置曲線

註：取自Solso, R. L. (1991). *Cognitive psychology* (3rd ed.) (p.148). Needham Heights, MA: Allyn and Bacon.

三、一個三段貯存的記憶模式

艾特金生和虛芙苓（Atkinson & Shiffrin, 1968; Shiffrin & Atkinson, 1969）根據雙記憶理論，加以擴充，提出一個較詳細的模式。因為其影響深遠，有必要在此介紹。他們將感官貯存包括進來，加上短期、長期貯存，形成一個**三段貯存記憶模式**（a three-store model of memory）。這就是許多心理學家所常引用的

模式。訊息經過感官記錄器，作短暫停留，供型態辨認，若沒有引起個體注意，很快就消失。訊息引起個體注意後，經複述，轉至短期貯存。短期貯存維持的時間也很短，大約在30秒鐘後，若沒有複述，訊息也很快消失，被後來的訊息所取代。訊息經過複述或與舊有記憶產生關聯，而進入長期貯存。長期貯存具有相當的永久性，雖然可能因為新訊息進入的干擾而一時無法取得。

　　除了以上所述的記憶結構，這個模式和別的模式的最大不同點是認為人類記憶系統還包括控制歷程。記憶結構是固定的，不因情況不同而改變。控制歷程則因個體隨著工作需求而選擇、使用，而有變化。個體大部分控制著由一個貯存到下一個貯存的訊息處理，尤其是對訊息流進和流出短期貯存的控制。譬如：短期記憶被視為具有幾個訊息容量的緩衝器（buffer），個體可以決定用很多項目填滿緩衝器，而留很少的空間處理訊息；也可以轉移注意新的項目，而將舊的項目從緩衝器中排除（亦即不複述）。參見圖4-2。

　　並不是所有的心理學家都贊同將記憶系統視為兩個記憶結構。有的認為只有單一記憶，只是處理層次的不同。此種以訊息處理層次（levels of processing）來解釋記憶的取向，將在下一章中探討。

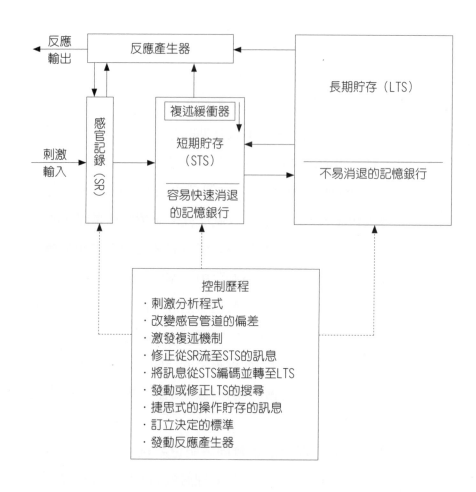

圖4-2　一個記憶系統的流程圖。實心箭頭表示訊息轉換的途徑。虛線箭頭表示系統中不同部分訊息的比較有可能沿此線發生。控制信號可能沿虛線箭頭所示的途徑被送出，以激發訊息轉換、複述……等。

　　註：取自Shriffrin, R. M. & Atkinson, R. C. (1969). Storage and retrieval processes in long-term memory. *Psychology Review*, 56, 179-193.

第二節　短期記憶

一、功能

　　訊息在短期記憶作短暫停留，供我們使用，所以一般又叫工

作記憶（working memory）。例如：當我們打電話時，記一個不熟悉的電話號碼，直到撥完電話為止。或當我們解決一個問題時，從長期記憶中提取相關訊息至短期記憶中運算、思考等，都是短期記憶的功能。

二、容量

短期記憶的容量相當有限，由許多地方可以看得出來。例如：「序列位置曲線」的研究，發現時近效應的部分通常包括了六或七項（參見圖4-3）。還有就是來自測量**記憶廣度**（memory span）的工作。此工作要求個體依照正確次序回憶一系列的項目。記憶廣度是一個人通常可以回憶出的最長系列。例如：下面有四排字母，試著每排讀一遍，然後閉起眼睛，依照次序回憶這些字母。

MEKJIOB

VTCNWYRKD

FLSQAZGXP

HMUCKWQ

或許你會發現你最容易回憶的是七個項目的系列（第一、四排），而不是九個項目的系列（第二、三排）。由這許多資料，使得米勒（Miller, 1956）提出「神奇的七，加、減二」個**意元**（chunks）的說法。因為我們有時記憶的是七個數字、七個字，但有時我們也記憶好幾個片語或句子。若把句子換成字，不是超過了七的數目？所以，米勒的意思是我們短期記憶的容量有限，但是以意元計。一個意元是一個明顯的訊息，可以是字母、

單字、甚或片語、句子。例如：TOTHEPARK，對初學英文字母者來說，是九個字母，亦即九個意元；但對已會英文者，即將之視為TO THE PARK，三個意元。所以，雖然短期記憶的容量有限，大約是五至九個意元，但意元不是根據資料本身客觀的特徵來計算，而是根據個人的主觀意元來計算，因此個人若能運用恰當的**意元集組**（chunking），將小意元依某種關係組合成大意元，那麼短期記憶的容量還是有相當的彈性。

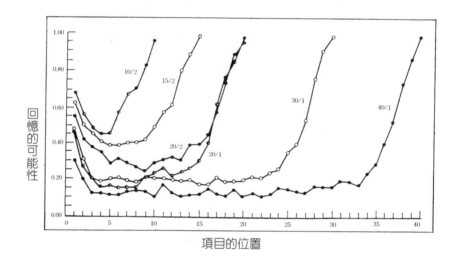

圖4-3　六種不同情況的序列位置曲線圖。曲線旁邊的數字表示記憶項目的長度，以及每個項目的呈現時間。例如第一條曲線表示10個項目的長度，每一項呈現2秒鐘。

　　註：取自Murdock, B. B., Jr. (1962). The serial prosition effect in free recall. *Journal of Experimental Psychology*, 64, 482-488.

三、維持時間

　　訊息在短期記憶中，若沒有複述，很快就會消失，或被後來的訊息所取代。但是維持的時間是多久呢？彼德生和彼德生（Peterson ＆Peterson, 1959）曾利用三個子音組成的無意義音節

（CCC），呈現給受試者聽，然後在隔3到18秒鐘後，要他們回憶先前聽到的音節。為避免受試者在等待期間複述，他們必須往回數三個數的數目，例如：506、503、500……等，結果發現受試者的正確回憶率隨著間隔時間的延長而下降，從3秒鐘後回憶80%，到18秒鐘後的10%。可見有一種因不用（或沒有複述）而快速消退（decay）的記憶。在這個例子中，訊息在18秒鐘後快速消退，但是在一個有關「序列位置曲線」的研究中，實驗者（Glanzer & Cunitz, 1966）讓受試者在延遲0秒、10秒、30秒的三種情況下，自由回憶先前呈現的15個項目（等待期間的分心工作也是數數）。結果如圖4-4所示，延遲30秒鐘，時近效應消失，顯示30秒後，訊息若沒有複述，就從短期記憶中消退。艾特金生和盧伏苓的記憶模式也認為短期記憶的維持時間大約30秒。或許因為分心工作的難度，還有記憶材料和干預材料（等待期間所使用的材料）的相似度，都會影響回憶的工作，因此有這樣的時間差異。所以短期記憶的維持時間似乎介於18秒至30秒之間。不過，較近的研究發現之前的研究還是低估了短期記憶消退的快速。之前的研究，雖然要求受試者往回數數以避免複述，但是受試者即使很困難，還是會偷偷複述。假如工作的設計讓受試者以為不會被測驗，但又突然測驗，結果顯示訊息在1或2秒鐘之後就已遺忘（Muter, 1980; Sebrechts, Marsh, & Seaman, 1989）。

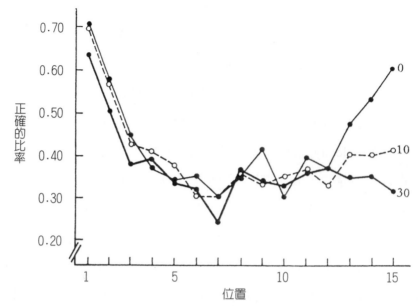

圖4-4　延遲0、10、30秒後自由回憶的序列位置曲線圖。注意延遲30秒

後，時近效應的消失。

註：取自Glanzer, M. & Cunitz, A. R. (1966). Two storage mechanisms in free recall. *Journal of Verbal Learning and Verbal Behavior*, 5, 351-360.

四、遺忘原因

為什麼沒有複述，訊息那麼快就遺忘？由上述彼德生和彼德生的研究看來，短期記憶的遺忘原因是訊息**痕跡的消退**（trace decay）。但是在渥和諾曼（Waugh & Norman, 1965）的研究中，卻有不同的發現。他們呈現16個數字給受試者聽，第十六個數字當作探測（probe）用，是前面出現過的數字。當第十六個數字出現後，隨即出現一個高頻率聲音，指示受試者據此說出第十六個數字首次出現後的一個數字。例如：下列數字正確的回憶該是9。探測字首次出現的位置不固定，有時是第三、第五、第七、第九……等。受試者因為不知道哪個數字是探測字，所

7 6 5 4 1 9 3 6 0 4 8 3 0 6 7 1（聲音）

△ ○ △

以無法特別注意某個數字，也無法複述。這些數字還以兩種方式呈現，一種是每秒鐘一個數字，另一種是每秒鐘四個數字。目的是想要探討初級記憶（渥和諾曼仍沿用詹姆斯的術語）的遺忘原因是不用而消退，還是**干擾**（interference）。假如是干擾，那麼中間所隔的數字越多，回憶率越下降；假如是消退，那麼每秒鐘一個數字因所占時間較長，回憶率應比每秒鐘四個數字要差。結果如圖4-5所示，隨著中間數字的增多，回憶率快速下降；而一秒鐘呈現一個數字和一秒鐘呈現四個數字，兩種情況的差異不是很大。所以初級記憶的遺忘似乎是干擾比消退占較大的因素。

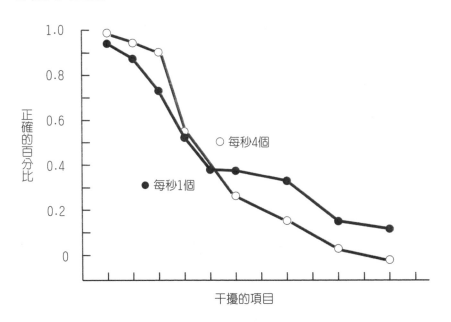

圖4-5　實驗結果顯示遺忘原因是干擾甚於消退造成的

註：取自Waugh, N. C. & Norman, D. A. (1965). Primary memory. *Psychological Review*, 72, 89-104.

然而瑞特曼（Reitman, 1974）重複她之前（Reitman, 1971）的研究，採用較嚴格的避免受試者在等待期間複述的方法。她呈現三個字讓受試者記憶並使用信號偵測為分心工作。受試者在等待（或保留）期間必須在背景的白色噪音（white noise，一種單音或電子噪音）中注意聽信號。信號的安排只有50%的機會被偵測出來。如此，希望分心工作夠困難足以避免受試者對字的複述。瑞特曼在廣泛的分析新的資料後，發現五十二位的受試者當中只有十位能真正避免複述。而這些受試者顯示在15秒鐘的信號偵測工作中遺忘了25%的字，所以可見有消退的因素。

從以上的研究，我們可以說短期記憶的遺忘原因有消退和干擾。波斯那（Posner, 1967）曾提出一個酸浴理論（acid-bath theory），嘗試說明短期記憶的遺忘是干擾和消退的交互作用。遺忘的歷程就像鐵塊放在腐蝕性酸液中分解的歷程。鐵塊分解的程度是酸的強度和浸泡時間長短兩者的作用。在人類記憶，項目之間的相似度會影響干擾，就像酸的強度會影響鐵塊的腐蝕。項目越相似，干擾越大。不過，時間也很重要。時間越久，干擾也會越大。如此，相似（高干擾）的項目可留在STM酸浴中的時間較短，導致較多遺忘；而不相似（非干擾）的項目可留在酸浴中的時間較長，導致較少遺忘。

五、登碼形式（coding formats）

訊息要貯存於記憶中，必須經過**編碼**（encoding）。編碼是將外在的物理刺激，轉化成內在的抽象形式，亦即**心理表徵**（mental representation），以便處理與記憶的歷程。心理表徵就是代表外在刺激的一種心理形式，它可以是**形碼**（visual code）、**聲碼**（acoustic code）、**意碼**（semantic code）或其他形式。譬如：「貓」的概念，我們可以不同的碼（code）來代表：想到一隻貓的樣子（形碼），說出「ㄇㄠ」（聲碼），想到「貓」字（字的形碼），或者看到「貓」字、聽到「ㄇㄠ」，知道它代表的是什麼（意碼）……等。心理學家想要了解訊息在短期記憶中是以什麼形式貯存（或表徵），所以必須探討短期記憶的編碼，亦即短期記憶的**登碼形式**。

　　許多心理學家認為短期記憶的登碼形式主要以聲碼為主，而長期記憶以意碼為主。因為實際上，我們常以口頭複述來維持訊息於短期記憶，例如：打一個不熟悉電話的例子，在查出號碼和撥號碼之間，我們不是口頭複誦該號碼嗎？還有前文提及的一些研究，實驗材料大都是一串字母、數字或無意義音節，屬於可以唸出來，但卻無意義的。所以個體很顯然的是使用聲碼，而不是形碼或意碼，來維持訊息於短期記憶。

　　但是有許多研究者發現短期記憶也有使用形碼為表徵。例如：古柏和雪帕（Cooper & Shepard, 1973）利用字母或數字作各種角度的旋轉，如圖4-6，有正面的R，也有鏡像的反R（Я）。受試者的工作是判斷該字母是正像或鏡像。結果發現旋轉的角度越大，受試者的反應時間越長。很顯然地，受試者在腦中旋轉這些字形，以致旋轉角度越大，所費時間越多。因此短期記憶的表徵也有形碼。

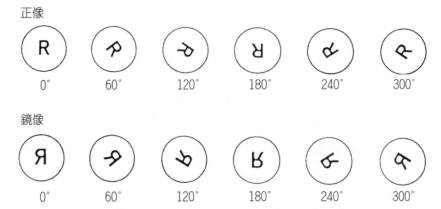

圖4-6 正面的字母和鏡中的字母各以幾個角度旋轉

註：取自Reynolds, A. G. & Flagg, P. W. (1983). *Cognitive psychology* (2nd ed.)
(p.161). Boston: Little, Brown and Company.

　　夏曼（Shulman, 1972）的研究則是支持短期記憶也有意碼的表徵。受試者看一組10個字的表，然後一個探測字。他們必須指出探測字是否和先前出現的表中任何字相符。「相符」有兩種定義：一種指的是完全相同，另一種指的是意思相同。結果在「完全相同」的情況下，受試者對「意思相同」的探測字比其他不相干的探測字犯較多的錯誤。也就是，受試者將意思相同的探測字誤認為完全相同，以致回答錯誤。由此可見，受試者是在使用意碼，才會將意思相同視為完全相同。

　　綜上所論，短期記憶的登碼形式有聲碼、形碼和意碼。

六、記憶搜尋（memory scanning）

　　前文提到短期記憶的容量有限，大約7±2個意元，以如此有限的容量，要從短期記憶中取出訊息似乎是馬上可得的，但是其間的處理過程是怎樣的呢？假設你在學校走廊接連看到五位同學走過，然後立刻有一個人問你有沒有看到小珍。你一定是在腦

海中將小珍和剛看過的五位同學比較，以決定小珍是否在其中。在這個過程中，你是將小珍逐一的和那五位同學比較呢？還是同時比較？前者情形稱**逐一搜尋**（serial scan），後者情形稱**平行搜尋**（parallel scan）。到底短期記憶的搜尋是屬於哪一種情況呢？你能夠回答嗎？

史登柏格（S. Sternberg）設計了一連串的實驗，嘗試回答上述問題。在其中之一（Sternberg, 1966），他讓受試者先看一列數字，然後再看一個測試數字，決定測試數字是否在先前看過的系列數字中。這系列數字的多寡從一個到六個不等（在短期記憶的容量範圍）。結果發現每增加一個數字，受試者作決定的時間也相對增加。平均每增加一個，反應時間延長38釐秒。所以史登柏格認為受試者是將測試數字和貯存在短期記憶中的數字逐一比較，而每一個比較需時38釐秒。

但是有其他心理學家並不同意這樣的看法，譬如：赫爾佳、艾特金生和艾特金生（Hilgard, Atkinson, & Atkinson, 1979）就認為平行搜尋也可能每增加一個項目就使搜尋時間增長。他們舉了兩個有趣的類比，其中之一是賽馬。儘管所有的馬一起跑（平行處理），但是最後一匹馬抵達終點的時間還是有可能隨著賽馬數的增加而延後。因為隨著馬匹數的增加，越有可能其中的一匹特別慢，而我們必須等到這匹最慢的馬抵達終線，馬賽才能算結束。所以即使所有的馬同時跑，整個賽程的時間還是可能隨著馬數增加而延長。同樣的道理，短期記憶的搜尋也可能隨著搜尋項目的增加，使得某些較慢的比較之發生率大增，以致減緩了整個過程。

所以，短期記憶的搜尋是逐一搜尋抑或平行搜尋，仍無定論。唯一可確定的是項目增加，搜尋時間將增加，但在有些情

COGNITIVE PSYCHOLOGY

況下，記憶項目增加，搜尋時間卻未必增加。在德羅莎和卡茲（DeRosa & Tkacz, 1976）的研究中，他們讓受試者看的是連續的圖片，如圖4-7所示。結果發現受試者搜尋五個連續畫面和三個連續畫面一樣快，而且次序顛倒也不受影響，這個結果顯示人們能將連續項目當作一個整體處理，而不是分開的項目。從以上這些發現看來，人的短期記憶搜尋策略也具有相當的彈性。對困難的工作（記憶項目之間沒有連續關係），項目增加，搜尋時間就增加；對容易的工作（項目之間有連續性），項目增加，搜尋時間不必增加。所以，搜尋方式也可能如此，困難的工作採逐一搜尋，而容易的工作採平行搜尋。

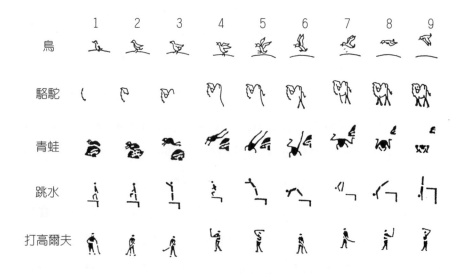

圖4-7 五組連續圖片的視覺刺激

註：DeRosa, D. V. & Tkacz, D. (1976). Memory scanning of organized visual material. *Journal of Experimental Psychology: Human Learning and Memory, 2*, 688-697.

第三節　長期記憶

　　長期記憶就是一般所說的記憶，它的容量沒有限制，這可從我們不斷在學習、在記憶得知。一般認為長期記憶具有相當的永久性，但是我們免不了遺忘一些訊息，這些遺忘的訊息是真地消失了嗎？這得從探討長期記憶的遺忘原因來回答。

一、遺忘原因

㈠痕跡消退論（trace decay theory）

　　最早對遺忘原因的解釋是痕跡消退論，認為隨著時間的逝去，記憶表徵間的聯繫（記憶痕跡）逐漸變弱、變淡。也就是訊息因長期沒有使用而逐漸消退。這樣的解釋很符合我們的經驗，不過研究者很快注意到維持期間發生的事也是很重要的因素。例如：有許多研究者（Jenkins & Dallenbach, 1924; Minami & Dallenbach, 1946）不管使用人或動物作實驗，都發現受試在維持期間睡眠比醒著，所遺忘的要少。這似乎顯示在學習和測驗之間發生的事件會干擾或破壞記憶痕跡，因為睡眠時，受試沒有從事任何活動，所受干擾較少。

　　從此許多研究者紛紛轉移注意，探討干擾的因素。再加上有許多研究顯示遺忘的記憶並沒有完全消失。例如：彭飛（Penfield, 1959）曾以電流刺激病人的腦部，發現當刺激某部位時，病人能想起平常記不起來的事，譬如：童年的事情。只可惜無法查證病人的回憶是否準確。不過尼爾遜（Nelson, 1971,1978）使用較好的實驗設計，發現受試者對遺忘的訊息在**再學習**（relearning）時記得的比新的學習多。可見遺忘的訊息

並沒有完全自記憶中消失。因此大部分的研究者主張長期記憶的遺忘原因是干擾（在下一部分說明），因為干擾的解釋暗示記憶仍舊存在，只是受到干擾而無法提取（retrieve）出來。

不過，仍然有研究者支持消退的看法，認為干擾不是遺忘的唯一原因。巴瑞克（Bahrick, 1984）研究剛修完課程到修完一、三、五、九、十四、二十五、三十四、四十九年不等的受試者對西班牙文—英文的字彙記憶，這些受試者還分三種，有修一門、三門和五門課程。結果發現三種受試者同樣地有隨著時間，記憶慢慢消退的現象，修過五門課的記憶比修過三門課的好，修過三門課又比修過一門課的要好。如圖4-8所示，消退得很有規律，顯示並不是干擾所造成。所以，安德生（Anderson, 1990）指出：反對消退論的人是因為消退論只是宣稱遺忘隨著時間發生，並沒有說出產生遺忘的心理因素。但是有可能並沒有心理層次的解釋，而是生理上的解釋。或許正如我們的肌肉久沒有使用，就會萎縮，神經的聯結也是如此。而這肌肉的類比暗示我們，記憶可能不會因為消退而失去，有可能仍存在我們的腦中，只是因為太弱而無法提取出來。如此似乎消退論也能說明遺忘的記憶並沒有完全失去的現象。

(二)干擾論

一般支持干擾論的典型實驗是利用**配對聯結學習**（paired-associate learning）將一組項目配對（例如：船—花，字典—房子……等），若以A—B表示，A是刺激，B是反應。受試者在學習時，記憶各A—B；在測驗時，呈現A，而必須說出B。有一種情況是：實驗組學了A—B，再學另一組配對A—C；而控制組是只學A—B，並沒學A—C。隔了一段時間，兩組都接受A—B測

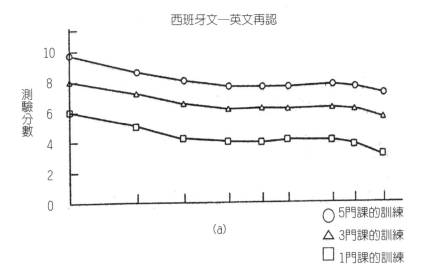

西班牙文—英文再認

(a)

○ 5門課的訓練
△ 3門課的訓練
□ 1門課的訓練

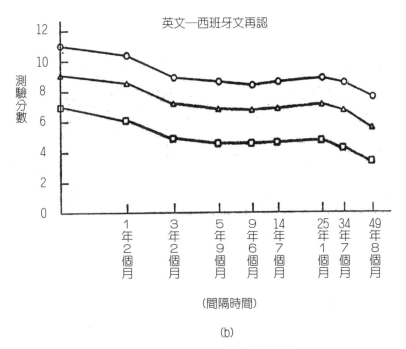

英文—西班牙文再認

(間隔時間)

(b)

圖4-8 不同訓練程度和間隔時間對記憶的影響

註：取自Anderson, J. R. (1990). *Cognitive psychology and its implications* (3rd ed.) (p.174). New York: W. H. Freeman and Company.

驗。結果是控制組的回憶成績比實驗組佳，這是因為A—C的

學習干擾了A—B的學習，這就是所謂的**逆向抑制**（retroactive

inhibition）。另一種情況是：實驗組學了A—B的配對，再學A—C；而控制組並未學A—B，只學A—C。結果隔了一段時間後，測驗A—C的聯結，控制組的回憶成績又比實驗組佳。這是因為實驗組A—B的學習干擾了A—C的學習，故稱為**正向抑制**（proactive inhibition）。

　　干擾的例子在我們生活中俯拾皆是。例如：搬了新家，只記得新的電話，忘了舊的電話（逆向抑制）。或者剛好相反，只記得舊的電話，忘了新的（正向抑制）。所以干擾的解釋是一個頗令人信服的原因。

(三)提取的問題

　　有研究者（Smyth, Morris, Levy, & Ellis, 1987）提出另一個取代消退論的看法，那就是**提取的問題**（retrieval problems）。他們認為記憶可能不會隨時間消退，而是隨新的訊息而改變。譬如：在一個實驗中，實驗者（Loftus & Palmer, 1974）讓受試者看汽車相撞的影片，看完影片後，回答關於影片中事件的問題。有的受試者接到的問題是：「當車子猛撞（smashed）在一起時，兩車車速多快？」有的受試者接到的問題是比猛撞稍弱的動詞，例如：相碰（contacted）、相撞（collided）。結果是接受動詞「猛撞」的受試者估計較快的車速。一週後再測驗，也是這些受試者對這樣的問題：「你看到任何碎玻璃嗎？」回答較多「是」，雖然影片中並沒有碎玻璃。所以可見記憶受引導問題（leading question），亦即提取時新的訊息，所影響。

　　還有第二個可能是：假如記憶中同時有很多相似的資料，相同的**提取線索**（retrieval cues）在短期內有效，但在長期之後可能不夠而無效。或者回憶時的情境改變，和學習時不同，使得

線索不足或不當而提取失敗。例如：所謂的「線索關連遺忘」（cue-dependent forgetting）就是因情境改變，使得線索不足或不當而提取不出來。如：曾在一起旅行過的團友，突然在街上遇到，因穿著打扮不同又在不同場合，只覺得面善卻一時想不起來是誰。第三個可能是我們詮釋情境的方式隨著時間改變，所以即使表面上的情境看來相同，我們的處理方式以及應用到記憶系統的線索也可能改變，不再配合記憶中貯存的資料。

如此看來，提取的問題似乎也是遺忘的一個很好的解釋[註4-1]。

(四)失憶症

以上的遺忘原因是屬於一般正常的心理歷程，但遺忘也可能由於腦部的生理問題，例如：受傷或疾病所引起，稱為**失憶症**（amnesia）。失憶症主要可分為兩大類：**近事失憶症**（anterograde amnesia）和**舊事失憶症**（retrograde amnesia）。

近事失憶症是指無法記憶受傷（導致失憶）之後的事，但記得之前的事。此異常由腦傷所引起，可能是意外、腦部手術，或營養不良所造成。患者對新的經驗無法形成記憶，新的人事物永遠是新的，無法經由學習而記住。**舊事失憶症**相反地是指忘記受傷（導致失憶）之前的事，但之後的事能記得。人在發生車禍，或腦部遭受重擊時，常不記得導致該意外的事件。記憶的喪失可能只限於意外發生不久前的事件，但也可能回溯至患者多年以前的經驗。不過，幸好很多時候這些記憶喪失並非永久的，可慢慢恢復。通常，舊的記憶較早回復，而較近的記憶較晚或永不回復

註4-1 以上三種遺忘的原因是屬於認知心理學家的說法，一般還有另一種遺忘的原因——動機性遺忘，是屬於心理分析學派佛洛伊德（Sigmund Freud）的說法。意指遺忘是因為人會使用防衛機制，將痛苦、不愉快的記憶壓抑到潛意識中去。所以人會傾向遺忘痛苦的事情，而記得快樂的事情。

（Haberlandt, 1997）。

除了各種腦傷，疾病的發作或高度壓力事件也可能引發舊事失憶症。不過，若是疾病發作或高度壓力，舊事失憶症通常單獨發生；若是腦部受傷或重擊，則可能伴隨近事失憶症一起出現（Lahey, 1992）。有一種因長期酗酒，導致營養不良，所引發的**柯氏症候群**（Korsakoff's syndrome），就是同時患有近事和舊事失憶症。患者不記得舊事物（舊事失憶症），也無法學習新事物（近事失憶症）。

不過，研究者研究失憶症患者，發現並不是所有長期記憶都受影響，患者並不是完全無法記憶和學習。例如：一個很有名的近事失憶症案例：一個名叫H. M.的患者，因為治療癲癇症而切除腦部一大部分的顳顬葉。手術後，他的癲癇症得到很大改善，但卻意外地患了近事失憶症的副作用。超過三十年他無法記憶新的事件，遇到的人、事、物，看了就忘，每次都是新的學習。不過，H. M.對於知覺和動作技能的學習仍保有不錯的能力。在指導下，他可以學習一些愉快的技能並隨著時日有所進步，只是每天他都不記得前一天曾做過這個事（Milner, 1962）。另一個相似的案例：一個名叫MT的失憶症患者，研究者（Schacter, 1983）和他打了幾次高爾夫球，發現他記得他的高爾夫球技能，知道如何揮桿、打擊、選擇正確球桿，但是在擊出一分鐘後，他忘了他球的落點。除此之外，其他研究者發現雖然失憶症患者無法回憶先前看過的字詞，但若採用字詞完成（word-completion）的方式，例如：讓他先看banquet，然後在測驗時呈現前三個字母ban-，要他寫出一個英文字，則他的答對率和正常人無異，雖然他不記得曾經看過那個字（Graf, Squire, & Mandler, 1984; Tulving & Schacter, 1990）。

從這些失憶症患者的研究，心理學家發現失憶症患者受損的是**明確的記憶**（explicit memory），是屬於我們可以意識到和陳述的**陳述性記憶**（declarative memory）；而比較不受影響的是**暗含的記憶**（implicit memory），是屬於無法陳述、技能性的**程序性記憶**（procedural memory）（參見第五節）。所以，可見長期記憶的失憶是具有選擇性的，有些受影響，有些則沒有。而即使失憶症患者的明確記憶受損，也不是完全無法改善和學習。有研究者（Wilson, 1987）使用心像基礎的記憶術（參見第六節）教病人記憶醫院員工的名字，例如：記Stephanie這個人的名字，想像這個人和一張有階梯（a step）和膝蓋（a knee）的圖片聯結在一起。結果成功地讓病人開始記得名字。

有兩種和年紀有關的失憶症，一是**幼兒失憶症**（infantile amnesia），一是**阿滋海默症**（Alzheimer's disease）。**幼兒失憶症**不是疾病，是一般人共同的現象。過去心理學家發現許多人無法回憶三或四歲以前發生的事，因此認為幼兒沒有記憶。但是晚近的心理學家發現兒童在三歲以前能記住生活中特定、鮮明的事件，例如：四歲兒童能夠說出他兩歲時去迪士尼世界遊玩的細節（Fivush & Hammond, 1990; Hammond & Fivush, 1991）。不過，不知為什麼只要超過幼稚園或小學一年級，這些事件就無法被想起來。所以，幼兒並非沒有記憶，只是這段時間的記憶隨著年齡的增長很快地遺失了。心理學家對此現象有許多不同的解釋。有的認為和腦半球的發展有關，腦功能的側化在兒童早年（大約五歲）逐漸完成，因而記憶的形式可能轉變，無法提取。也有的認為腦結構中鞏固記憶的海馬迴（the hippocampus）要到出生後大約一、兩歲才成熟，因此出生後頭兩年所發生的事件不能充分鞏固，短期內記得，時間久了就不能回憶起來。還有是

兒童語言的發展使得組織經驗的方式不同；以及程序性記憶和陳述性記憶的不同也可能有影響。兒童在嬰兒期所學的大多是技能（程序性記憶），因而不會在稍後發展的陳述性記憶中呈現（參見Atkinson, Atkinson, Smith, & Bem／孫名之等譯，1994）。另有研究者（Perner, 1991, 1992）指出三歲和四歲兒童對訊息的編碼方式不同。三歲兒童也能正確說出答案（即盒子裡有什麼東西），但不能解釋為什麼自己知道答案（是看到或聽到）。所以三歲兒童也能記憶事件，但無法同時記住是自己經驗那事件。

　　阿滋海默症好發於老年及少數中年。患者會隨著時間逐漸喪失記憶。剛開始，病人可能不記得名字、要做什麼事、要買什麼東西；然後迷失方向，不知回家的路；最後，連家人都不認得。此病的成因為何？研究者和神經心理學家嘗試找出病因，以對症下藥幫助病人。在過去，神經心理學家嘗試找出負責記憶貯存和記憶歷程的腦部結構或區域。雖然不易找到特定記憶的特定區域，但心理學家已找到一些和記憶有關的大腦結構，例如：海馬迴和其他周邊的結構。海馬迴和明確記憶的形成有很大的關係，在陳述性訊息的編碼上扮演很重要的角色（Squire & Zola-Morgan, 1991; Thompson, 2000）。心理學家發現近事失憶症和柯氏症候群患者的記憶功能喪失和海馬迴的受損有關。海馬迴受傷或去除的人可以回憶已存在的記憶（如能認出老友和老地方），但不能記憶新的訊息（即不能形成新的記憶）（Sternberg, 2003）。心理學家還發現有些神經傳導質會阻礙記憶貯存，有些則會增進記憶貯存。其中一種叫ACh（acetylcholine）的物質似會增進記憶的神經傳導。在正常人的海馬迴發現有高濃度的ACh，但在阿滋海默症患者卻發現濃度很低。事實上，阿滋海默症患者顯示分泌ACh的腦組織有嚴重喪失

（Sternberg, 2003）。目前雖然有藥物刺激ACh的產生，但對病人的幫助並不大。所以還有賴神經心理學家、藥物研究者，和認知心理學家繼續努力研究，以了解阿滋海默症的確切原因。

二、登碼形式

　　一般認為長期記憶的登碼形式主要為意碼，這可從一些利用配對聯結學習探討干擾的研究（例如：Baddeley & Dale, 1966）得到支持，受試者通常受語意相似的刺激干擾較大。還有從日常生活經驗也可得知。我們都有這樣的經驗，在聽了一個故事或一件事的述說後，我們只能用自己的話把大意重說一遍，而無法一字不漏的照說一遍。可見長期記憶以意碼貯存。除了意碼，還有其他的登碼形式。假設有人問你，「你家有幾扇窗戶？」你要回答這個問題，是不是開始想像你家的樣子？所以你這時是不是在使用形碼？裴米歐（Paivio, 1971）為證實長期記憶也有形碼的貯存，設計了一系列的實驗。他讓受試者看每組項目，如圖4-9，並判斷何者在概念上較大，然後將他們的反應時間記錄下來。假如受試者有使用形碼，那麼左下圖與事實不符的情況會導致衝突，以致反應時間比符合的情況長。假如刺激以文字呈現，因為文字必須先被閱讀並詮釋，那麼文字的大小對反應時間的影響就不是很大。結果發現和假設一致。當圖片和事實符合時，受試者的反應比不符合的快，而語言的刺激（verbal stimuli）則無什麼差異。所以可見長期記憶有形碼（視覺形式）的貯存。

　　在另一個實驗中，受試者被要求判斷文字和圖片名稱的可讀（發音）性。因為這樣的判斷是根據語言訊息，所以文字的反應時間應比圖片的快，而且刺激的大小應無影響。結果正如預期，所以長期記憶有語言形式的貯存。根據以上發現，裴米歐提出一

COGNITIVE PSYCHOLOGY

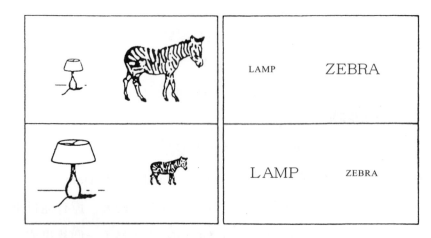

圖4-9　和事實相符以及不相符的圖片和文字

註：取自Paivio, A. (1975). Perceptual comparisons through the mind's eye. *Memory and Cognition, 3*, 635-647.

個**雙碼理論**（a dual-code theory），認為記憶系統包括兩個分開卻互相關聯的系統，一個是**語言的**（verbal），另一個是**視覺的**（visual）。有些具體的事物，例如：「狗」會喚起心像，則同時以語言與視覺方式貯存；抽象的資料，例如：「同意」不會喚起心像，則以語言方式貯存。假如人對訊息的貯存有雙碼（語言加視覺），而非單碼，那麼記憶自然較佳。

　　其實有許多研究者反對長期記憶有真正圖像的貯存，例如：有研究者（Pylyshyn, 1973）爭辯LTM貯存的是一種分析式的形體，而不是純粹的視覺形式。我們對於圖像的記憶並非記住所有細節，而常是只記住「夠用」（足以區別）的訊息。當我們需要使用圖像上的訊息，我們常必須再去分析（再「看」一次）我們的心理表徵，以決定上面有些什麼。有一個實驗可以說明這種情形。研究者（Nickerson & Adams, 1979）為了解人們對視覺細節的記憶有多完全和準確，讓受試者從15張美金一分錢的圖片（如圖4-10所示）中辨認出正確的一張。結果大部分的受試者無法辨

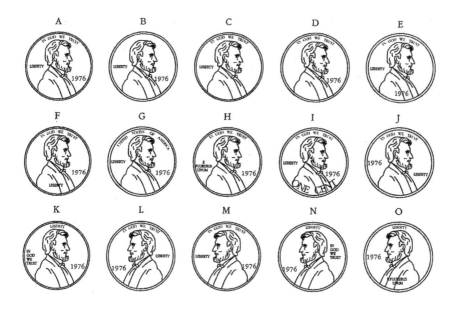

圖4-10　哪個才是真正的一分錢？

註：引自Anderson, J. R. (1990). *Cognitive psychology and its implications* (3rd ed.) (p.119). New York: W. H. Freeman and Company.

認出來。儘管一般人常看到一分錢，但記得的可能只是其顏色、大小，有林肯的臉、年代，甚至「In God we trust」和「United States of America」等字樣，足以區別一分錢和其他的硬幣。至於林肯的臉是向右或向左，年代是在右邊或左邊，哪面出現的字是「In God we trust」或「United States of America」……等細節，則不是記得很清楚。所以可見我們的視覺心像不是真正的圖片貯存，有其限制。不過，雙碼理論仍然說明了心像對記憶的重要。有許多**記憶術**（mnemonics）都是利用心像來幫助記憶，如**位置法**（method of loci）就是利用心像將所要記憶的事物與自己熟悉的場所（例如：住家的每一個位置）產生聯結（參見第六節）。

　　另外還有實驗證明長期記憶還有聲碼的貯存。布魯斯和克

羅萊（Bruce & Crowley, 1970）呈現一些語意相關的字（例如：bean, carrot, corn, potato）和聲音相關的字（例如：gain, cain, reigh, vein）給受試者看。這些字可能集中在字表的開頭或最後，或分散開來。結果語意相關的字不管在字表的哪一個位置，回憶都比其他字好。聲音相關的字若呈現於開頭或最後，也回憶得比其他字好，但是若分散開來，則沒有差異。這顯示受試者也有使用聲碼貯存，只是聲碼可能不如意碼容易出現。

除了以上證實的意碼、形碼、語言碼、聲碼，長期記憶的登碼形式無疑的還有味覺、嗅覺、動作……等，甚至感情碼的貯存。否則我們如何辨識周遭的人、事、物？所以雖然短期記憶和長期記憶的登碼形式各有偏重，但都有多種的合理形式貯存訊息。

三、維持與轉移訊息

維持訊息於短期記憶需要複述，但是很多研究者（例如：Weist & Crawford, 1977）認為簡單的複述（一再重述該訊息）對轉移訊息至長期記憶卻不一定有效。不論是大人或小孩，均需要對訊息主動地操弄和精密化。**精密化**（elaboration）相對於簡單複述，是對訊息作較深層次的處理（詳見下章的訊息處理層次論），例如：對訊息作有意義的思考與多方聯想，可提供回憶時較多的提取線索，還有利用前文所說的心像編碼，如此較能維持訊息於長期記憶。

第四節　記憶的組織模式

前文提到記憶表徵可以有許多合理的形式或代碼，但是這些

代碼在記憶中是如何互相關聯的？也就是，知識在記憶中是如何被表徵、組織與貯存的？許多探討**記憶的組織模式**（models of memory organization）被提出來，嘗試回答這個問題。由於篇幅有限，在此僅扼要介紹幾個較重要的模式。

一、簡單聯結（simple associations）

早期對記憶組織的看法是簡單的聯結。根據這個看法，訊息在三種情況下：**接近性**（contiguity）、**相似性**（similarity）及**對比性**（contrast），互相聯結在一起。也就是說，事件在真實經驗中某方面有相關，在記憶中就有相關。一般對聯結論的批評是記憶非被動的。個體對訊息的處理及內在加以組織都是記憶很重要的因素。而且兩物之間簡單的力矩（strength bonds）無法說明記憶表徵之間的關係。這些批評引出許多更複雜的模式，探討訊息在記憶中是如何組織及表徵的。這些模式統稱語意記憶模式（Reynolds & Flagg, 1983）。

二、語意記憶模式（semantic memory models）

語意記憶模式可分網絡模式、分組理論模式和語意特徵比較模式等幾大類。

㈠網絡模式（network models）

這類模式基本上是聯結論者，區別所在是記憶表徵間的關係不是簡單的力矩，而是能說明關係的聯線（links），以下介紹最常見的三個模式。

1. 柯林斯和奎利安（Collins & Quillian）模式

最早為人熟知的網絡模式，是由柯林斯和奎利安（Collins & Quillian, 1969）根據電腦程式的記憶組織所提出來的模式。該模

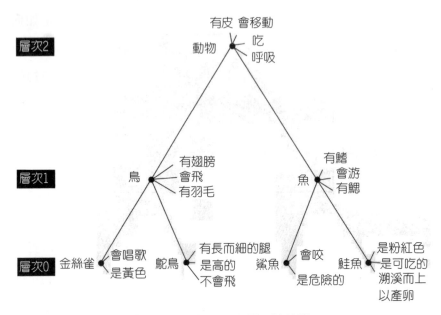

層次2　動物　有皮　會移動　吃　呼吸

層次1　鳥　有翅膀　會飛　有羽毛　魚　有鰭　會游　有鰓

層次0　金絲雀　會唱歌　是黃色　鴕鳥　有長而細的腿　是高的　不會飛　鯊魚　會咬　是危險的　鮭魚　是粉紅色　是可吃的　溯溪而上以產卵

圖4-11　假想的三階層記憶結構

註：取自Collins, A. M. & Quillian, M. R. (1969). Retrieval time from semantic memory. *Journal of Verbal Learning and Verbal Behavior*, *8*, 240-247.

式將每一個詞和其他詞依階層關係組織在一起，如圖4-11所示。
例如：和金絲雀貯存在一起的訊息是黃色和會唱歌。因為金絲雀
是鳥的一種，在鳥的層次之下，所以其他屬於鳥類的共同特性，
例如：會飛、有翅膀、有羽毛，貯存在鳥的層次，就不必再分
別貯存於金絲雀或鴕鳥等的層次。如此可節省許多貯存訊息的空
間。假如要判斷「金絲雀會飛」的訊息是否正確，訊息的提取就
必須從判斷金絲雀是鳥的一種，鳥有會飛的屬性，而得到答案。
這個模式不僅明白標示訊息提取的方向，而且假設訊息的提取距
離越遠，所花的時間越長。所以，若判斷「金絲雀是黃色的」和
「金絲雀有皮」等句子是否正確，所花的時間後者要比前者長。
實驗結果正如假設（參看圖4-12），因此模式得到支持。

　　但是許多研究者對此模式提出批評。其中之一來自雪弗和
瓦拉斯（Shaeffer & Wallace, 1970）。他們指出，若根據柯林斯

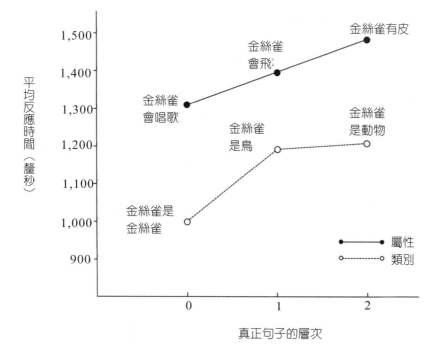

圖4-12　三個語意階層的語意搜尋時間

註：取自Collins, A. M. & Quillian, M. R. (1969). Retrieval time from semantic memory. *Journal of Verbal Learning and Verbal Behavior*, *8*, 240-247.

和奎利安的模式，則「獅子」和「大象」距離較近，但是「大象」和「雛菊」就距離較遠，因為搜尋的路線必須從「大象」，到「生物」，到「植物」，再到「雛菊」。他們也利用和柯林斯、奎利安相似的程序，讓受試者按鈕判斷所見的是對或錯，只是他們要受試者判斷所見到的兩個詞是否屬於同一類。他們呈現如上述的相似類別的例子（例如：毒胡蘿蔔—雛菊）和不相似的例子（例如：毒胡蘿蔔—鸚鵡）。依據模式的假設，判斷「毒胡蘿蔔—鸚鵡」是否同類的時間應比「毒胡蘿蔔—雛菊」長，因為前者搜尋路線長；但是實驗結果正好相反。所以雪弗和瓦拉斯認為語意記憶並非像柯林斯和奎利安模式所指的單一路線的網絡。由此，許多修正的模式據以提出。

2. 擴散激發模式（spreading activation theory）

一個逐漸引起重視的模式是柯林斯和羅芙特斯（Collins & Loftus, 1975）所提出來的**語意處理的擴散激發理論**（spreading activation theory of semantic processing）。主張記憶組織是一複雜的聯結網絡，特定的記憶在有關的概念間依聯線擴散開來，如圖4-13中，「紅」的概念所示。概念間的聯結強度由聯線

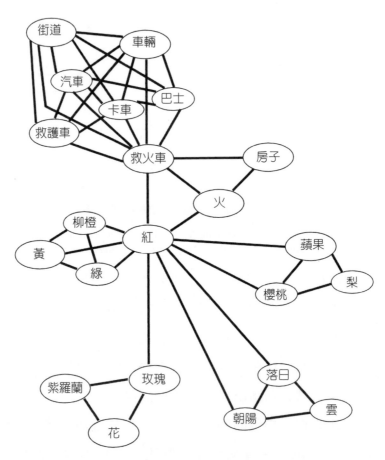

圖4-13 語意處理的一個擴散激發模式。圖形代表概念，聯線則是兩者之間的聯絡。概念的聯結強度由聯線長短表示。越短表示聯結越強，越長表示聯結越弱。

註：取自Collins, A. M. & Loftus, E. F. (1975). A spreading activation theory of semantic processing. *Psychological Review*, *82*, 407-428.

（links）長短表示，譬如：「紅」和「日昇」之間的聯線較長，表示較遙遠的聯結；而「紅」和「火」之間的聯線較短，表示較密切的聯結。這個模式告訴我們欲想起某個概念，由相聯的字或提示（prime）激發，而越近的聯結，激發越快。這是目前很重要的概念。想想看當我們根據某一項目作自由聯想時，是否正是這個情形？還有欲增進記憶，多建立提取線索，也合於這個模式。

3. 命題網絡模式（propositional networks）

安德生和包爾（Anderson & Bower, 1973）曾提出一個**人類聯結記憶**（Human Associate Memory，簡稱HAM）模式。認為知識表徵是以**命題**（proposition）的形式貯存於記憶。**命題**是聯結概念的最小知識單位（例如：「小明看書」，「看」連接「小明」和「書」兩個概念，是一個命題）。它是抽象的，可以表徵許多形式的訊息，但為方便起見，通常以語句描述。命題通常可以分析成包括四種型式的聯結：⑴情境─事實，⑵地點─時間，⑶主詞─述詞，以及⑷關係詞─受詞。情境─事實的聯結是聯結發生什麼事和在什麼情境中發生的訊息。地點─時間的聯結則說明情境的時間和地點。而事實又由主詞和述詞的聯結所說明。主詞說明誰，述詞則說明主詞發生了什麼事。最後的關係詞─受詞的聯結則說明述詞的性質。如圖4-14所示，有箭頭的聯線表示聯結，圓圈稱為**節點**（nodes），是聯結的接合點。樹狀圖的最底部節點是命題所在，真正的記憶位置。

根據HAM，命題網絡模式得到學者相當多的探討與發展。例如：金虛（Kintsch, 1974）將命題視為兩部分的組成：一為**關係詞**（relation），一為**論詞**（arguments）。每個命題只能有一個關係詞，論詞則可以有多個。**關係詞**通常是動詞或形容詞

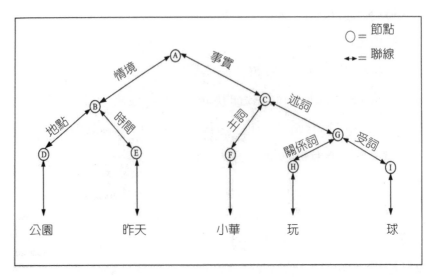

圖4-14 人類聯結記憶模式中,「小華昨天在公園玩球」句子的記憶表徵

（或副詞），**論詞**則是名詞或代名詞（有時也可以是動詞或形容
詞）。譬如：「他送我一朵美麗的花」可以分析成兩個命題：一
個是「他送我一朵花」，另一個是「一朵美麗的花」。在第一個
命題中，「送」是關係詞，「他」、「我」、「一朵花」都是論
詞。在第二個命題中，「美麗的」是關係詞，「一朵花」是論
詞。在記憶中，有相同節點（或元素）的命題就可組成一個命題
網。例如：上例的命題網是由「他送我一朵花」和「一朵美麗的
花」兩個命題組成，可畫出如下樹狀圖：

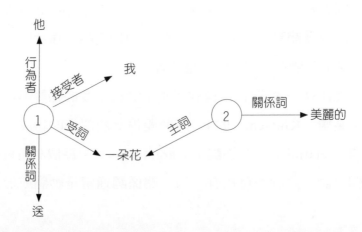

知識在記憶中的表徵若以命題網的形式貯存，則能說明訊息之間的關係，有相關的命題比無相關的命題較緊密的聯結在一起。而在回憶時，有相關的命題容易被提取出來。

安德生（Anderson, 1976）根據HAM，發展一個更詳盡的**思想調整控制**（Adaptive Control of Thought，簡稱ACT）模式。他不僅擴充命題網絡的概念，還區分**陳述性記憶**（declarative memory）和**產出性記憶**（productive memory）。陳述性記憶就是對**陳述性知識**（declarative knowledge）的記憶，而產出性記憶則是**程序性知識**（procedural knowledge）的記憶。**陳述性知識**是「知其然」（knowing that）的知識，**程序性知識**是「知其所以然」（knowing how）的技能性知識（參見下節）。前文討論的皆屬陳述性知識表徵，是以命題為基礎；而程序性知識表徵則以**產出**（productions）為基礎。一個**產出**包括一組「情境─動作」（condition-action），以「假如─那麼」（If-Then）的形式表現。「假如」部分指出第二部分必須達到的情境，「那麼」部分則執行。例如：一個辨別圖形是三角形的簡單「產出」是：

假如　圖形有三個邊且三個邊是封閉的
那麼　歸類圖形為三角形

較複雜的程序，則由幾個「產出」所組成，而幾個小「產出」也可組成一個大「產出」。例如：一個計算最小公分母的「產出」可能如下所列：

假如　目標是找出最小公分母且有一個以上的分數

那麼　將所有分母相乘得積

假如　算出所有分母相乘的積數

那麼　找出所有分母和積的公因數

假如　找到所有分母和積的公因數

那麼　用公因數去除積

當此技能熟練後，這些小「產出」可組合成一個大「產出」，如下：

假如　目標是找出最小公分母且有一個以上的分數

那麼　將所有分母相乘得積

　　　找出所有分母和積的公因數

　　　用公因數去除積（Gagné, 1985）

　　　安德生（Anderson, 1980）解釋以產出系統（production systems）為表徵的程序性知識之獲得，有三個階段：認知的（cognitive）、聯結的（associative）和自發的（autonomous）。在認知階段，我們思考執行程序的明確規則。在聯結階段，我們大量練習使用那些明確規則。最後，在自發階段，我們以高度統整、協調、快速而準確的程度自動地使用這些規則。這和我們學習一項技能的進展情況符合，剛開始我們必須知道一些規則，然後逐步練習使用這些規則（從小的分解動作開始學起），最後熟練後一連串動作做出（自動化的地步，不易再分解動作）。

　　　ACT的優點是包括各種知識的表徵，有陳述性知識的命題網絡表徵和程序性知識的產出系統表徵。不過，ACT仍不免遭受

批評，有研究者（Clancey, 1982, 1983）指出雖然產出系統被用來發展電腦模式的專家問題解決者，可以解決問題，但其解決問題的方式和人類問題解決者使用的並不同。人類問題解決者使用鬆散結構的聯結來搜尋他們的知識基礎（knowledge base），而非使用產出系統式的組織。安德生本人也不斷修正他的模式，提出ACT-R和ACT*等修正模式（Sternberg, 2003）。早期的ACT模式，陳述性知識網絡只包括命題；後來的ACT模式也包括物體的心像、對應的空間方位和關係，以及牽涉活動、事件次序關係的時間訊息（例如：以前／以後、第一／第二／第三、昨天／明天等）。安德生仍不斷修正他的模式，目前模式包括環境中有關統計規律性的訊息（Anderson, 1991, 1996; Anderson & Fincham, 1996）。

ACT的程序性知識以產出系統為表徵，對訊息處理是採逐一處理（serial processing）的觀點。然而有許多模式根據人腦處理訊息的研究，認為人腦不像電腦，是平行處理（parallel processing）訊息。這些模式叫**平行處理模式**（parallel processing models），通常又叫**平行分配處理**（parallel distributed processing, PDP）**模式**或**聯結模式**（connectionist models）（Sternberg, 2003）。基本上，這些模式主張我們能夠有效地處理訊息是因為我們能夠經由分布在腦中無數處的網絡立刻應付很大數目的認知運作。假如人腦採逐一處理，對於要應付的大量訊息就會太慢而無法掌控。只有平行處理的說法較能解釋人類訊息處理的速度和準確。

平行處理的心智結構是網絡，就像陳述性知識的語意網絡。網絡的基本元素是節點，每個節點代表一個概念並和其他許多節點相聯結，所以可以互相激發。雖然聯結模式可以解釋知識表

徵和處理的許多現象，但仍不免有缺點，無法完全解釋人類處理訊息的現象，例如：無法解釋為什麼我們在被呈現矛盾訊息時可以很快忘卻（unlearn）已建立的聯結型態（參見Sternberg, 2003）。舉例來說，假如你被告知分類植物哪部分為水果的標準是：必須有種子、果肉和皮，至於是否比其他植物部分要甜並不重要。接下來，你的工作是將各種植物部分的照片分類為水果或非水果，此時你會將南瓜、茄子和蘋果等其他水果歸為一類，即使先前你並不認為它們是水果。

　　如此，似乎沒有一個模式能夠完全解釋人類知識的表徵和處理。認知心理學家仍不斷努力中。

(二)分組理論模式（set-theoretical models）

　　這類模式認為長期記憶中的資料是由一組一組的訊息所組成（Meyer, 1970）。每組訊息包括類員別（例如：鳥有知更鳥、麻雀、十姐妹、金絲雀……等）及各類的屬性或特徵（例如：鳥有羽毛、會飛、會唱歌……等）。其基本假設是訊息在記憶中分屬不同的組別，而這些組別互相重疊。所以若要判斷「麻雀是一隻鳥」這句話的真實性，就必須比較一組（鳥的）屬性和另一組（麻雀的）屬性，找出其重疊處。重疊越多，判斷越快。梅爾（Meyer, 1970）曾為了探討受試判斷「所有的S是P」和「有些S是P」（例如：所有的鳥會飛，有些鳥會飛）兩種敘述是否為真的區別，提出一個兩階段模式。他認為受試者為了回答上述問題，第一階段會嘗試尋找S和P的交集。若沒有交集，那麼導出否定的答案，搜尋終止。若是有交集，則繼續執行第二階段。第二階段則嘗試決定S和P的交集是否是S包含於P。假如是，就導出肯定的答案，所以，以「有些」開頭的敘述，只要執行第一階

段就可；而以「所有」開頭的敘述，則很多時候需要執行兩個階段。例如：上述例子，判斷「有些鳥會飛」是否為真，只要執行第一階段，若「鳥」和「飛」之間沒有交集，則回答否定；若「鳥」和「飛」有交集則回答肯定，搜尋終止。若判斷「所有的鳥會飛」是否為真則需要兩個階段，在第一階段發現「鳥」和「飛」有交集，然後在第二階段決定是否所有的鳥具有飛的特質。因此根據模式的假設，「有些S是P」的反應時間比「所有S是P」的短。實驗結果，假設得到支持。

　　雖然梅爾模式的預測力佳，但是畢竟只適合於回答某些問題，對人類的記憶組織尚乏廣泛說明，因此比網絡模式為弱。

(三)語意特徵比較模式（semantic feature-comparison model）

　　史密斯等人（Smith, Shoben, & Rips, 1974; Rips, Shoben, & Smith, 1973）發展了一個**語意特徵比較模式**，認為長期記憶由語意特徵所組成。這個模式和上述分組理論模式有共同之點──兩者都比較兩組訊息的特徵，不過最大的不同點是其將特徵分為兩大類：**定義性特徵**（defining features）和**屬性特徵**（characteristic features）。任何項目在記憶中都有許多特徵代表，這些特徵有些重要，有些不重要。例如：知更鳥可以描述成具有下列特徵：有翅膀、有兩隻腳、有紅胸、棲息在樹上、吃小蟲、不馴服的……等。其中具關鍵性的就是**定義性特徵**（有翅膀、兩隻腳、紅胸），較不重要的就是**屬性特徵**（棲息在樹上、吃小蟲、不馴服的）。欲判斷「知更鳥是鳥」是否為真的敘述，就必須比較「知更鳥」和「鳥」的定義性特徵和屬性特徵。重疊越多，句子就越真，也是該類中越典型的例證。一類事物中最典型的例證就是該類的原型（參見第三章中的原型論）。越典型的

例證所需的反應時間越短。譬如：「知更鳥是鳥」就比「雞是鳥」的反應時間要短，因為知更鳥是比雞更典型的鳥類。

雖然特徵比較模式比分組理論模式進步，但是柯林斯和羅芙特斯（Collins & Loftus, 1975）指出其缺點，那就是沒有任何單一特徵能夠定義某事物，例如：一隻金絲雀沒有翅膀或不能飛，我們不能說它就不是鳥類；還有定義性特徵和屬性特徵也不容易區分。

第五節　記憶的種類

一、程序性記憶與命題性記憶（procedural memory versus propositional memory）

塔敏（Tulving, 1972, 1983）將記憶區別為兩大類：程序性記憶與命題性記憶。**程序性記憶**是對程序性知識的記憶，是屬於技能性的，知道如何做（knowing how）的記憶，例如：學騎腳踏車、織毛線、讀英文……等。個體可經由充分練習，達到自動化的地步，此時可同時做兩件事情而不感費力（參見第二章「自動化」）。程序性記憶雖然在剛開始時是按程序學習而來，但一旦熟練後，記憶的提取自動出現，不須刻意按照程序。若刻意去注意程序，反而做不好。例如：打字熟練後，不須留意手指頭應該怎麼移動，否則反而打不好。程序性記憶一旦建立後，也不容易忘記。例如：筆者小時曾經學過騎腳踏車，學會後一直沒有機會騎，在將近二十年後，才有機會需要騎，而稍為練習之後（在學校操場），竟然就會騎了。你或許也有類似的經驗吧？

命題性記憶是對知識、訊息的記憶。在前節中，曾討論過陳

述性知識以命題為表徵，所以塔敏所稱的命題性記憶該是一般所謂的陳述性記憶。陳述性記憶是知道什麼（knowing what）的記憶，也就是我們平常所學事實性知識的記憶。譬如：學了認知心理學，你對各專有名詞的記憶。

塔敏又將命題性記憶分為兩類：**插曲記憶**（episodic memory）和**語意記憶**（semantic memory）。以下說明。

二、插曲記憶與語意記憶（episodic memory versus semantic memory）

插曲記憶是對我們個人經驗的記憶，**語意記憶**則是對一般知識的記憶。**插曲記憶**是我們個人的自傳性記憶，舉凡發生於我們身上的任何經驗屬之，例如：有人問：「你早餐吃了什麼？」你的回答就是屬於插曲記憶。塔敏認為插曲記憶的貯存單位是插曲，插曲間的時間關係是插曲在記憶中組織的基礎，也是插曲可以被提取之道。所以有效的提取線索應該註明記憶發生的時間與地點。

語意記憶貯存的是事實、概念等，所以與經驗的如何及何時發生無關。記憶的目的是幫助對周遭環境的了解，至於知識獲得的時間、地點等細節都無關緊要。塔敏強調語意記憶應該組織與互相聯結，使知識的提取盡量順利成功。

塔敏（Tulving, 1989）曾舉一個腦傷病人的例子來支持他的理論。有一個人名K. C.（所以此案例稱「K. C. 案例」），因為車禍腦部受傷，得了一種失憶症。他不記得他曾經做過或經歷過的任何事，但是日常的生活活動，他還是知道如何進行。他能夠閱讀、寫字、辨認熟悉的物品，並且在做了某事的一、二分鐘

內知道自己做了什麼。譬如：他知道如何下棋，但就是不記得曾經和任何人下過棋。他知道他有一部車，也知道車子的廠牌和年份，但就是不記得曾經開車到哪裡旅行過。所以，很顯然地，他的插曲記憶受到損傷，而語意記憶則比較沒有受到損傷。由此可見，我們有插曲記憶和語意記憶兩種記憶系統。

第六節　啓示與應用

從前文的討論，在啟示與應用方面，可歸納下列數點：

1. 由於短期記憶的容量有限，大約七個意元，所以在應用上，需要一次記憶的項目儘量不超過七項。譬如：世界各國的電話都以不超過七碼為原則，其道理在此。而即使是記七碼的電話，我們也仍然可以利用意元集組，減少意元數目，方便記憶。例如：5396417，我們並不一個數字一個數字記，而是將其記為539-6417、539-64-17、53-96-417、53-964-17……等，只剩二、三個意元，對我們記憶的負荷更輕鬆。

2. 很多人或許以為專家的記憶比一般人好，但是研究顯示專家在其專長領域的傑出表現，是多年練習的結果。茄斯和賽門（Chase & Simon, 1973）曾經比較棋士和生手記憶棋盤上的型態，發現若是有意義的棋局，在只看5秒後，棋士比生手能夠重新排出較多的棋子；若棋子擺設的位置是隨機性而非棋局的可能型態，則兩者的記憶表現沒有差異。所以可見專家的短期記憶容量並沒有比生手的大，只是他們能應用已有的知識將資料依意義單位記憶，使得記憶容量增大。因此，我們若欲擴充短期記憶，可採意元集組的方式，將小意元依某種關係組合成大意元。

3. 有研究者（Perfetti & Lesgold, 1977）進一步比較成績好與成績差的學生的短期記憶。結果發現當記憶的是數目字時，成

績好的學生與成績差的學生的短期記憶沒有差別；但當記憶的是句子時，則成績好的學生表現了較好的短期記憶。可見成績差的學生並沒有比較小的短期記憶容量，而是他們在應用所知去認字與片語上速度較慢。他們必須使用多一點的資源去認字，因此容易受其他事件所干擾。

另外，短期記憶的一個特性是需要學習者利用複述來保存資料於短期記憶，但有研究者（Keeney, Canizzo, & Flavell, 1967）發現有些一年級學生不知道利用複述來幫助記憶，因此表現較差。在教導他們使用複述的技巧後，他們的表現進步了。所以表現差的學生有可能是不知使用恰當的技巧，而不是有較差的短期記憶。

綜合以上兩點，在教育上的啟示是成績差的學生的短期記憶是可以改進的，只要某些活動（如認字）能夠熟練到自動化，還有知道使用恰當的技巧。

4. 長期記憶的遺忘原因，可能有消退、干擾和提取線索不足……等。所以為避免遺忘，針對上述原因，我們應學習後多複習（或使用）訊息，同性質的資料不要一起學習（因性質相近，干擾越大），學習後就睡眠以減少干擾或強調新舊學習的異同點，還有多練習提取，建立有效的提取線索。

5. 雖然心像有其限制（無法保留所有細節），但根據雙碼理論，利用心像編碼可以幫助記憶。有研究者（Nelson, Metzler, & Reed, 1974）比較四種描述相同情境的刺激材料，何種材料的記憶較佳。這四種刺激材料分別是一句短語、一張沒有細節的線條圖、一張有細節的線條圖及一張真正的照片。結果圖片的辨認都優於短語的辨認，而三種圖片則沒有差異。所以可見圖片的記憶要優於文字的記憶，而圖片的細節並非影響記憶的重要因素。

如前所述，我們記憶的常是「夠用」的訊息，所以即使心像無法保留所有細節，對我們的記憶仍很有幫助。因此，有許多記憶術就是利用心像來幫助記憶。除了前文提及的**位置法**（the method of loci），尚有**字鉤法**（the peg-word system）和**關鍵字法**（the key word method）。

位置法是最古老的記憶術之一，早在古希臘和羅馬時代演說家就用來記憶長篇演講中的要點。首先記憶一連串的位置或地點，例如：一棟建築物的內部位置──前庭、玄關、客廳、臥房、廁所、餐廳、廚房、後院……等，或戶外一條路徑沿途的一些重要地點。然後將演講的要點轉換成心像，依序和那些位置一一作心像聯結。例如：演講的破題是天然資源保護的重要，可以想像一座長滿樹木青翠的山座落在家到演講廳的第一個轉角處，接下來的第二點則與這條路徑的第二個位置作心像聯結，其餘類推。如此，演講者在心裡走過這條路，演講的重點就一一循序浮現。

位置法使用的要訣是選取的位置不要太相似，以免混淆；而且心像越鮮明越好，不管是美化、誇張或醜化，只要能增進記憶皆可（Yates, 1966）。

字鉤法基本上是讓學習者先學習一組字，然後將真正要學習的項目，利用心像和這組字產生聯結。這些字的用途就像鉤子一樣，鉤住要學習的項目，所以稱字鉤法。字鉤最好是容易記住，不需再耗費心力去記憶的字，如下列一組利用押韻，易記的字鉤：

one is a bun（小圓麵包）

two is a shoe（鞋子）

three is a tree（樹）

four is a door（門）

five is a hive（蜂巢）

six is sticks（木棒）

seven is a heaven（天空）

eight is a gate（大門）

nine is a line（直線）

ten is a hen（母雞）

然後將要記憶的項目依次和「小圓麵包」、「鞋子」、「樹」……等，用心像產生聯結。如圖4-15，需要記憶的項目，依次是牛奶、麵包、香蕉……等，想像將牛奶倒在漢堡麵包之上，鞋子踢斷了麵包，香蕉掛在樹上……等。包爾（Bower, 1972）曾證實利用字鉤記憶術可增進配對聯結學習的效果。

關鍵字法是艾特金生等人（Atkinson, 1975; Atkinson & Raugh, 1975）應用於第二語言的字彙學習法。首先找出和外國字某部分發音相似的本國字（稱為關鍵字），然後將關鍵字和外國字的意思用心像產生聯結。例如：教美國學生學習西班牙字「pato」。「pato」和英文字「pot-o」發音相似，所以取「pot」作關鍵字。「pot」是「鍋子」的意思，而「pato」是「鴨子」的意思，因此用心像將鴨子和鍋子聯想在一起，如圖4-16所示。艾特金生等人曾利用此法教實驗組學生記憶120個俄文字，而控制組則沒有此訓練。結果發現實驗組比控制組記憶得較好，而且在六個星期後的一個突然測驗中，仍表現較佳。

我國學者劉英茂（1977a, 1977b）也曾利用關鍵字法教國一

項目號碼	字鉤	字鉤的心像	要回憶的項目	聯結的心像
1.	小圓麵包	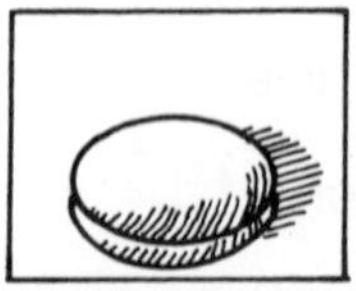	牛奶	
2.	鞋子		麵包	
3.	樹		香蕉	
4.	門		香煙	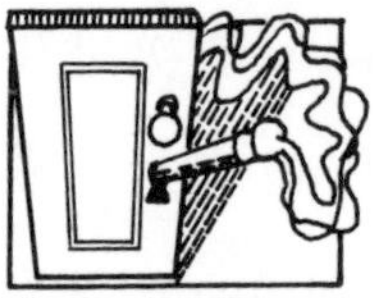
5.	蜂巢		咖啡	

聯結的心像：
1.牛奶倒在漢堡麵包上
2.鞋子踢斷了一條香脆的法國麵包
3.幾串香蕉掛在樹上
4.門的鑰匙孔在抽香煙
5.把咖啡倒在一個蜂巢上

圖4-15 利用字鉤法的記憶術

註：取自Bower, G. H. (1973). How to ...Uh...Remember! *Psychology Today*, 7, 64-65.

和高一學生學習英文，發現提供關鍵字和心像有助於國一學生記憶英文字彙，但對高一學生，則可能因為關鍵字的提供，造成干擾，以致影響學習。所以教導學生利用心像和關鍵字法學習可能須視學生的年紀而定。較年幼的學生因為缺乏自行運用此

圖4-16　一個關鍵字法的示例

註：取自Atkinson, R. C. (1975). Mnemotechnics in second-language learning. *American Psychologist, 30*, 821-828.

法的能力，故必須具體提供他們關鍵字和心像圖（Pressley & Levin, 1978）。但是年長的學生具有自行運用的能力，則可能只需教以原則，他們即能自行建立自己的關鍵字和心像，更有利於學習。

6. 雖然上述研究顯示視覺形式（心像）的貯存要優於語言形式，但也有記憶術利用語言聯結欲學習的材料，如字首法、故事法和諧音法等。

字首法是將要記憶的項目之第一個字母或第一個字，聯結成有意義的字或詞。例如：記憶美國五大湖由西而東的名稱，可記成「HOMES on a great lake」（大湖上的家）（Huron, Ontario, Michigan, Erie, Supperior）。其他如IQ（intelligence quotient）、YMCA（Young Men's Christian Association）……等。

故事法是將要記憶的項目聯結成一個故事。例如：照順序記憶八大行星，可編成如下的故事：「小美聽說把水晶球（水星、

金星、地球）放在火（火星）上烤，下用木柴（木星）燒，架於土地（土星）上，能顯現未來，沒想到水晶球爆炸，照得天海（天王星、海王星）一片光亮。」

諧音法是利用諧音將無意義的材料轉換成有意義的話。例如：記 $\sqrt{2}=1.414$（意思意思），記 $\sqrt{3}=1.732$（一妻三兒），記八國聯軍「美日俄德法奧義英」（每日餓的話熬一鷹）。

7. 為有效維持訊息於長期記憶，需作精密化的複述。再印證於記憶的網絡模式，我們對訊息應作多方聯想（以許多舊經驗去理解新經驗，使新訊息和許多舊訊息產生聯結），以建立較多提取線索，則在回憶時，訊息就容易被提取出來。

8. 對於插曲的記憶，時間和地點是很重要的提取線索。所謂的「觸景傷情」就是屬於插曲記憶。所以我們若欲記憶或回憶某件事，該特別注意發生的時間和地點。至於語意記憶，則作有組織的聯結，或利用上述一些方法，可促進記憶。

本章摘要

1. 人類的記憶系統根據維持訊息的長短，分為短期記憶與長期記憶。此種說法可由「序列位置曲線」得到支持。

2. 艾特金生和虛芙苓的三段貯存記憶模式包括感官、短期和長期貯存。和其他模式的最大不同是包括了控制歷程，認為個體能主動控制訊息的處理。

3. 短期記憶又稱工作記憶。容量有限，是7±2個意元，但個體可利用意元集組，以擴充短期記憶。維持時間大約18-30秒或更短（1-2秒），訊息若沒有複述，很快就會消失。遺忘的原因是消退和干擾。登碼形式以聲碼為主，此外尚有

形碼和意碼等多種形式。記憶搜尋方式是逐一搜尋或平行相尋，尚無定論。可確定的是隨著項目增加，搜尋時間增加。但有一種情況，項目增加，搜尋時間未必增加，那就是連續畫面的搜尋。

4. 長期記憶的容量沒有限制，具有相當永久性。遺忘的訊息可能不是永久消失，原因可能有消退、干擾和提取的問題等一般正常的心理歷程，也有因各種失憶症的生理問題。登碼形式以意碼為主，但還有形碼、聲碼、語言碼、味覺、嗅覺、動作、感情……等各種形式。有效地維持與轉移訊息至長期記憶，須藉精密化的複述。

5. 記憶組織的模式探討知識在記憶中是如何被表徵、組織與貯存。可分早期的簡單聯結和語意記憶模式。語意記憶模式又有⑴網絡模式，主張記憶是有階層的組織（柯林斯和奎利安模式）、或一複雜的聯結網絡（擴散激發模式）、或依命題聯結（命題網絡模式：HAM, ACT, PDP）；⑵分組理論模式，主張長期記憶中的資料是由一組一組的訊息所組成；以及⑶語意特徵比較模式，認為長期記憶是由語意特徵所組成……等。

6. 長期記憶可分程序性記憶和陳述性記憶。陳述性記憶又可分插曲記憶和語意記憶。程序性記憶是知其所以然的技能性記憶，陳述性記憶則是知其然的事實性記憶。插曲記憶是對個人經驗的記憶，語意記憶則是對一般知識的記憶。

7. 專家的短期記憶未必比一般人好。他們在其專長領域的傑出表現，是因多年練習，以致能夠應用已有的知識將資料依意義單位記憶（意元集組），使得短期記憶容量增大。

8. 成績差或年幼的學生有可能因為不知道利用複述來幫助記

憶，或有些活動不夠熟練，需耗費較多資源，易受干擾，所以表現較差。因此他們的短期記憶是可以改進的。

9. 學習後多複習或使用訊息；同性質的資料不要一起學習，以及學習後就睡眠以減少干擾，或強調新舊學習的異同點；還有多練習提取，建立有效的提取線索等，都是避免遺忘很好的方法。

10. 利用心像來幫助記憶的記憶術有：位置法、字鉤法、關鍵字法等。

11. 利用語言聯結來幫助記憶的記憶術有：字首法、故事法、諧音法等。

12. 對插曲的記憶須注意發生的時間和地點，對語意記憶則作有組織的聯結，可促進記憶。

重要名詞

初級記憶（primary memory）

次級記憶（second memory）

短期記憶（short-term memory）

長期記憶（long-term memory）

序列位置曲線（serial position curves）

初始效應（primacy effect）

時近效應（recency effect）

複述（rehearsal）

三段貯存記憶模式（a three-store model of memory）

工作記憶（working memory）

記憶廣度（memory span）

意元（chunks）

意元集組（chunking）

痕跡的消退（trace decay）

干擾（interference）

登碼形式（coding formats）

編碼（encoding）

心理表徵（mental representation）

形碼（visual code）

聲碼（acoustic code）

意碼（semantic code）

記憶搜尋（memory scanning）

逐一搜尋（serial scan）

平行搜尋（parallel scan）

痕跡消退論（trace decay theory）

再學習（relearning）

配對聯結學習（paired-associate learning）

逆向抑制（retroactive inhibition）

正向抑制（proacitve inhibition）

提取的問題（retrieval problems）

線索關連遺忘（cue-dependent forgetting）

失憶症（amnesia）

近事失憶症（anterograde amnesia）

舊事失憶症（retrograde amnesia）

柯氏症候群（Korsakoff's syndrome）

明確的記憶（explicit memory）

暗含的記憶（implicit memory）

COGNITIVE PSYCHOLOGY

幼兒失憶症（infantile amnesia）

阿滋海默症（Alzheimer's disease）

海馬迴（hippocampus）

雙碼理論（a dual-code theory）

記憶術（mnemonics）

精密化（elaboration）

記憶組織的模式（models of memory organization）

簡單聯結（simple association）

接近性（contiguity）

相似性（similarity）

對比性（contrast）

語意記憶模式（semantic memory models）

網絡模式（network models）

柯林斯和奎利安模式（Collins & Quillian）

擴散激發模式（spreading activation theory）

語意處理的擴散激發理論（spreading activation theory of semantic processing）

聯線（links）

節點（nodes）

命題網絡模式（propositional networks）

人類聯結記憶（Human Associate Memory, HAM）

命題（propositions）

關係詞（relation）

論詞（arguments）

思想調整控制模式（Adaptive Control of Thought, ACT）

產出性記憶（productive memory）

陳述性記憶（declarative memory）

程序性知識（procedural knowledge）

陳述性知識（declarative knowledge）

產出（productions）

平行處理模式（parallel processing models）

平行分配處理（parallel distributed processing, PDP）

聯結模式（connectionist models）

分組理論模式（set-theoretical model）

語意特徵比較模式（semantic feature-comparison model）

定義性特徵（defining features）

屬性特徵（characteristic features）

程序性記憶（procedural memory）

命題性記憶（propositional memory）

插曲記憶（episodic memory）

語意記憶（semantic memory）

位置法（method of loci）

字鉤法（peg-word system）

關鍵字法（key word method）

問題討論

1. 你認為我們真的有兩個記憶系統（短期和長期）嗎？為什麼？

2. 請略述三段貯存記憶模式及你對此模式的觀點。

3. 短期記憶的容量為何？有何方法可以擴充短期記憶？請舉例說明。

4. 短期記憶有哪些登碼形式？請各舉一例說明。

5. 你認為短期記憶的搜尋方式是逐一搜尋或平行搜尋？何者較有道理？

6. 遺忘的訊息是否永遠消失？有何證據？

7. 長期記憶的遺忘，正常的心理原因為何？生理問題引起的原因為何？針對遺忘原因，有何方法避免遺忘？

8. 幼兒失憶症的可能原因為何？

9. 長期記憶有哪些登碼形式？請各從生活經驗中舉一例說明。

10. 何謂「雙碼理論」？有何重要性？

11. 要如何有效地維持訊息於短期和長期記憶？

12. 你認為何種模式最能說明知識在記憶中的表徵與貯存？為什麼？

13. 陳述性知識和程序性知識在記憶中各以何種方式表徵？請各舉一例說明。

14. 根據塔敏（Tulving）理論，記憶有哪些種類？請各舉一例說明。

15. 有哪些記憶術利用心像來幫助記憶？請略加說明並各舉一個你實際可應用在生活上幫助記憶的例子。

第五章　記憶歷程

記憶的歷程大致可分**編碼**（encoding）、**貯存**（storage）和**提取**（retrieval）。**編碼**是指將外在的物理刺激轉化成內在的心理表徵，以便處理與記憶的歷程（如前章所述）。**貯存**是指將經過編碼的訊息保留在記憶中，以供必要時提取之用。**提取**是指將貯存在記憶中的訊息取出應用的心理歷程。就像圖書館新書買來，須先編目，才能上書架貯存在那裡，以後有需要時再根據目錄卡取出來使用。當然這樣的比喻並不全然恰當，因為記憶的歷程要複雜的多。編碼歷程所記的東西並不一定是原來訊息的翻版，而提取的更不是一成不變的原來訊息。

在上章中，從貯存面探討訊息在記憶中是如何貯存的、記憶的結構，以及種類的問題。在本章中，將從編碼和提取方面來探討訊息是如何被處理的歷程問題。假如不將記憶視為兩個系統（短期和長期記憶）的組成，是否有別的理論也可以解釋我們的記憶現象？有關編碼和提取的理論有哪些可以幫助我們了解及促進記憶？又記憶的提取有哪些方式，有何不同？這些問題將在本章中一一探討。

第一節　處理層次論

一、對雙記憶理論的質疑

我們的記憶系統真的分成短期記憶和長期記憶嗎？並不是所有的心理學家都贊成雙記憶理論，他們提出了一些質疑。譬如：短期記憶和長期記憶的一個區別是短期記憶的容量有限。但是容量有限的問題，我們到底應該詮釋為處理的容量、貯存的容量，亦或是兩者的交互作用？並不是很清楚。大部分對短期記憶的概念是傾向於視為貯存的容量限制，但這也有一個問題──到

底短期記憶可以貯存多少項目，答案很不一致。可以三、五個數字（或字母），也可以一個句子中的二十個字。雖然一般以「意元」（參見上章）來解釋，但是我們需要能確切的衡量一個意元，而且也需要知道短期記憶如何能保存這麼多種不同的意元。另外一個疑問是：短期記憶的登碼形式和長期記憶的有什麼不同？雙記憶模式一般將短期記憶視為主要是聲碼的貯存，而長期記憶是意碼的貯存，但是如上章所探討的，短期記憶也可以有形碼、意碼的貯存，長期記憶也可以有形碼、聲碼的貯存。所以，以登碼形式實在並不容易分辨短期記憶和長期記憶。因此有學者提出不同的向度來探討記憶（Reynolds & Flagg, 1983）。

二、處理層次論

容量的問題可以處理的限制來取代貯存的限制；記憶的代碼也可以由工作的處理需求來決定。克雷克和洛克哈特（Craik & Lockhart, 1972）提出一個**處理層次論**（levels of processing）來取代較靜態的貯存模式。他們的主要主張是：訊息的分析程序由感官層次到型態辨認，最後到語意的擴展。分析的結果之一是形成一個記憶痕跡。痕跡的強弱視分析的深度而定，越深層次的分析，痕跡越強、越持久。所以屬於感官分析的淺層次處理，痕跡弱，訊息不易維持於記憶中；屬於語意分析的深層次處理，痕跡強，訊息才易貯存於記憶中。在任一層次的分析，訊息可以一再循環。克雷克和洛克哈特稱此歷程為**初級記憶**（primary memory，簡稱PM），並用來解釋容量限制的現象。他們認為人類以有限容量的中央處理器處理訊息，一次只可處理少數的項目，而訊息的處理量視訊息再循環（亦即複述）的層次而定。假如訊息的循環屬深層次，個體能夠有效地利用舊有的知識和經

115

驗，訊息的處理就較容易也記得多。反之，維持感官分析的結果是非常困難的，因其屬最淺層次的處理，因此訊息的處理量自然就少。

初級記憶的基本特性是當注意力必須轉離初級記憶中的訊息時，訊息就消失，但是消失的速度視處理深度而定——深層次的，速度較慢；淺層次的，速度較快。而且初級記憶的再循環並不導致較佳的記憶，只是取得較容易（如上章中討論的複述）。這種純粹的再循環稱**第一型處理**（Type I processing），而轉至較深層次分析的稱**第二型處理**（Type II processing）。只有屬於第二型的初級記憶，複述才會導致較佳的記憶。

簡而言之，處理層次論指的是訊息可以有不同層次的處理及複述，較深層次的複述或處理訊息，對保留訊息於記憶中較有效。

三、支持處理層次論的證據

克雷克和洛克哈特引述許多例證來支持他們的理論，諸如：第二章曾討論過的選擇性注意，未受注意的耳朵邊的訊息，因為只受部分分析或淺層次的分析，所以其記憶較差。還有他們解釋一般發現短期記憶似乎是聲碼貯存而長期記憶是意碼貯存的現象，是因為典型的短期記憶實驗中所使用的材料（例如：數字、字母）皆屬聲碼貯存，並不需要進一步的語意分析，所以自然較少機會發現語意的混淆。記憶的代碼實是視工作性質的需求而定。最顯著的一個例子，是他們引用海德和珍金斯（Hyde & Jenkins, 1969）的實驗支持他們的理論。海德和珍金斯讓幾組受試者對一系列字做不同的處理，一組是評量每個字的愉悅度（pleasantness），一組是找出字母E，一組是算幾個字母。每一

組的受試者有一半不知道隨後要回憶這些字，是為**意外學習組**（incidental learning），知道隨後要回憶這些字的為「意外加回憶組」。另外還有一組知道隨後要回憶這些字，但沒被要求如何學習，亦即每個人可採取任何方式記憶單字，是**有意學習組**（intentional learning）。實驗結果如圖5-1所示，評量愉悅度的受試者，不管知不知道隨後有測驗，和「有意學習組」記得的字數差不多；找字母E和算幾個字母的受試者則即使知道隨後有測驗，記得的字也比較少。所以克雷克和洛克哈特解釋此實驗的結果，是因為評量愉悅度的那一組需要思考每一個字的意義，是屬於深層次的處理，所以跟「有意學習」一樣有效；而另外找字母E和算字母的組都屬淺層次的處理，所以學習較無效。

情　　境	平均回憶字數
意外學習組	
評量字的愉悅度	16.3
找字母E	9.4
數幾個字母	9.9
意外加回憶組	
評量字的愉悅度	16.6
找字母E	10.4
數幾個字母	12.4
有意學習組	16.1

圖5-1　各種意外學習情境和有意學習情境下平均回憶的字數

註：引自Reynolds, A. G. & Flagg, P. W. (1983). *Cognitive psychology* (2nd ed.) (p.207). Boston: Little, Brown and Company.

四、對處理層次論的批評

雖然處理層次論似乎很有道理，但也不免有許多批評。一般批評其模糊，不可驗證，因為所謂處理深度要如何評量呢？缺乏

獨立的評量標準易犯邏輯上的謬誤。遺忘的訊息可以說是因為訊息處理不夠深。但我們怎麼知道處理得不夠深？就因為訊息被遺忘了？（Reynolds & Flagg, 1983）

另外的弱點有：處理層次論認為初級記憶的再循環，並不會促進記憶的說法顯然是錯誤的（Nelson, 1977）；還有語意代碼是否永遠優於其他代碼並不清楚（Morris, Bransford, & Franks, 1977）。摩瑞斯等人（Morris et al., 1977）認為淺層次的分析不見得沒有意義，因此提出一個**恰當遷移處理模式**（transfer-appropriate processing）取代「訊息處理層次模式」。他們的實驗提供受試者兩種工作，受試者不知道隨後有測驗。工作A是讓受試者決定目標字（target word）是否有意義的符合句子的構造（例如：_ has ears: "dog"）。工作B是讓受試者判斷是否有押韻（例如：_ rhymes with log: "dog"）。測驗時，若要受試者辨別哪些是看過的字，則屬於工作A的字被認得較多，因為根據訊息處理層次論，工作A是語意處理，屬於深層處理，而工作B是表層處理。但是若給受試者一組新字，要他們決定哪些字與聽過的目標字押韻，則受試者辨別較多跟工作B押韻的字。所以可見處理層次的意義相對於評量的方式。較淺層次的分析不見得總是比深層次的語意分析差。

面對這些批評，洛克哈特和克雷克（Lockhart & Craik, 1978）的辯駁是，他們的主要目的是希望能提供一個新的研究架構。誠然，任何模式都有其缺失，但處理層次論確是提供一個研究記憶的新方向。

第二節　編碼與提取

訊息的貯存主要取決於訊息是如何被知覺和編碼，但是訊息

需要被提取出來使用，所以提取與編碼之間應該有相當的交互作用。以下介紹幾個有關編碼和提取的理論或研究。

一、組織促進記憶與回憶

學習時，將資料作有系統的組織，可以幫助記憶與回憶。包爾等人（Bower, Clark, Lesgold, & Winzenz, 1969）令受試者記憶112個單字，一組受試者所看到的字是有組織性的，如圖5-2所示。另一組受試者看到的字則是散亂的隨機排列。結果回憶時，看有組織性排列的受試者表現較好。所以學習資料的有系統組織似乎藉強調資料間的相關特性，在編碼時幫助受試者記憶；而在提取時，藉提供了適當的架構，幫助回憶。

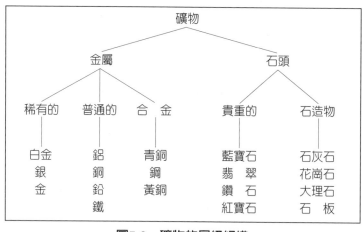

圖5-2　礦物的層級組織

註：取自Bower, G. H., Clark, H. C., Lesgold, A. M., & Winzenz, D. (1969). Hierarchical retrieval schemes in recall of categorized word lists. *Journal of Verbal Learning and Verbal Behavior*, 8, 323-343.

二、編碼特定原理

編碼時存在的線索在提取時也存在，會使得提取最佳，此現象稱為**編碼特定原理**（encoding specificity principle）。塔

敏和其同僚（Tulving & Osler, 1968; Thomson & Tulving, 1970; Tulving & Thomson, 1973）設計了一連串實驗來示範這個現象。一個典型的程序是讓受試者研讀一系列字，並告知隨後有測驗。有些受試者接到的只是單字表，有些受試者接到的則是每個單字旁列有語意相關字的字表，例如：「椅子」旁列有「桌子」。測驗時，有一半受試者接到語意相關字為回憶線索。總計四種情況：⑴相關字只在編碼時出現，⑵相關字只在測驗時出現，⑶相關字在編碼和測驗時都出現，⑷相關字在編碼和測驗時都沒有出現。結果是編碼和測驗時都接到相關字的一組表現得比其他三組都好，但是只在編碼或測驗時接到相關字的組卻比都沒有相關字的組表現要差。所以「編碼特定原理」得到支持：回憶時的線索（或情境）與學習時的線索越相似，回憶越佳。

有關學習時，**情境**、**狀態**、**心情依賴**（context, state, and mood dependency）等的實驗都是「編碼特定原理」的最佳註腳。果登和白得雷（Godden & Baddeley, 1975）曾研究學習情境與測驗情境間的關係。他們讓潛水者在水裡及陸上學習並回憶系列字，結果發現當測驗情境與學習情境相同時（都在水裡，或都在陸上），回憶的情形比一在水裡，一在陸上時好。這就是所謂的「情境關連（或依賴）記憶」（context-dependent memory），回憶時的情境與學習時的相同，回憶較佳。還有許多研究發現，個人在回憶時的生理狀態若與學習時的生理狀態（例如：飲酒、抽大麻）相一致，回憶最好（例如：Eich, 1980）。所以喝醉酒的人在清醒時常忘記自己酒醉時做了什麼，可能只有再醉一次時才想得起來（注意：飲酒和藥物對記憶的抑制效果可能大於其在回憶時和編碼一致的助益效果）。還有研究甚至發現個人的心情（快樂或悲傷）對記憶也有影響。包爾

（Bower, 1981）發現人們注意和學習較多與他們心情相符合的事件，還有回憶時的心情若與學習時的心情相同，回憶較好。所以人在失意時比較容易想起失意的事，而非快樂的事，因此使心情更加惡劣。這是我們必須注意的地方。

　　以上這些情境、狀態、心情依賴等記憶現象，都是因為編碼時會將學習材料和情境、狀態、心情等特徵一起編進去，因此在回憶時，這些特徵成為提取訊息的有利線索。

三、記憶的鮮明性

　　編碼時，假如訊息有別其他的訊息，顯得與眾不同，這樣會避免干擾，使得訊息容易記憶與回憶。所以，日常生活中，怪異或不尋常的事件，記憶特別深刻且容易回憶，這就是記憶的鮮明性（distinctiveness）。有以下兩種情形：

㈠雷斯托夫效應

　　雷斯托夫效應（the von Restorff effect）以其最初發現者（von Restorff, 1933）為名，指的是同時發生但比其他事件要鮮明的事件，記憶較佳。例如：在一堆數字中記一個英文字母比在一堆英文字母中記一個英文字母要容易。還有，在迎新會上，長相特殊或名字特別（或以很特別的方式介紹名字）的人，最容易令人記住。因此，有些人為求加深別人的印象，不惜奇裝異服或搞怪演出，使人容易記得他。

㈡閃光燈效應

　　生活中，令人震撼或驚訝的事件，記憶特別深刻，稱為**閃光燈效應**（flashbulb effect），而在閃光燈效應影響下的深刻記憶稱為**閃光燈記憶**（flashbulb memory）（Brown & Kulik, 1977）。例如：美國甘迺迪總統（John Kennedy）遇刺身亡事件

或挑戰者號（Challenger）太空梭爆炸事件，對許多人產生了閃光燈記憶。由於消息是這麼突然和震驚，在若干年後許多人仍清楚記得他們聽到消息時，人在哪裡？正在做什麼？有研究者認為當經驗對個人是重要的、驚奇的，及帶有情緒色彩的，就會形成閃光燈記憶（Conway, 1995）。

不過，除了情緒的強烈使閃光燈記憶能較鮮明回憶的說法外，也有研究者認為可能是複述的結果。我們經常重述，或至少默想，這些極重要事件，使得這些事件記憶深刻。或許我們的重述增加了我們回憶的知覺強度（Bohannon, 1988），所以很多人感覺記憶栩栩如生，並對其記憶的正確性充滿了信心。雖然如此，研究者卻發現這些閃光燈記憶不見得正確（Linton, 1979; Neisser & Harsch, 1993; Weaver, 1993）。為什麼會這樣？或許閃光燈記憶因為經常被重述或回想，所以感覺很鮮明，但每次重述，我們重組並建構我們的記憶，以致準確性降低，如下所述記憶的扭曲原因。

四、建構與再建構的假設

有些研究者認為人們在初次學習時，可能利用他們的知識去建構與了解訊息，因此他們的記憶可能不準確，因為他們記得的是他們建構來的，而不是原來的訊息。例如：蔣生等人（Johnson, Bransford, & Solomon, 1973）讓兩組受試者各聽如下的一些簡單短文：

1. 約翰試著修理鳥屋。他正在釘釘子時，爸爸出來看他並幫助他。

2. 約翰試著修理鳥屋。當他正在找釘子時，爸爸出來看

他並幫助他。

第二段短文和第一段短文雖然只有幾字之差，但是受試者聽了短文之後的假設（或詮釋）並不一樣。聽了第一段短文的受試者比較會假設有一把鐵鎚的存在。所以，當測驗工作是辨認測驗句子是否和先前聽過的句子一模一樣時，聽了第一段短文的受試者比聽了第二段短文的受試者容易誤認下面的句子是他們曾經聽過的：

　　約翰正使用鐵鎚修理鳥屋時，爸爸出來看他並幫助他。

雖然兩段短文同樣沒有提到鐵鎚，但很顯然地，聽了第一段短文的受試者用自己的知識（釘釘子必定使用鐵鎚）去建構與了解訊息。所以記憶是他們建構來的，並不是原來的訊息。此現象稱為**建構的假設**（constructive hypothesis）。

　　相對地，有些研究者認為記憶是再建構的歷程。人們記得的往往只是大概的情節，然後在回憶時根據他們認為什麼應該是真的，再建構出細節。雖然他們認為自己記憶很準確，但事實不然。巴特雷特（Bartlett, 1932）是首先發現這種記憶扭曲的研究者之一。他讓受試者看一些短文，然後間隔不同的時間，要他們回憶出來。其中最有名的一個例子是：〈鬼的戰爭〉。原文如下：

鬼的戰爭

　　有天晚上，兩個來自伊古拉的年輕人，沿河而下，獵海豹。霧變得越來越濃，四周很安靜。然後他們聽到戰士吶喊聲，他們

想：「這可能是戰爭。」他們逃向岸邊，躲在一根木頭後。這時，獨木舟靠近，他們聽到划槳的吵雜聲，並看到一艘獨木舟划向他們。有五個人在獨木舟裡，他們說：

「你們認為怎樣？我們想帶你們一起去。我們要沿河而上，去向他們宣戰。」

其中一個年輕人說：「我沒有箭。」

「箭在獨木舟上，」他們說。

「我不去。我可能會被殺。我的親戚並不知道我去哪裡。但是你，」他說，轉向另一個人，「可以跟他們去。」

所以其中之一的年輕人去了，但另一人回家。

戰士們沿河而上，到卡拉瑪另一端的小鎮。人們涉水而來，他們開始戰鬥，有許多人被殺。這時，年輕人聽到其中一個戰士說：「快點，我們回去吧！那個印第安人被擊中了。」現在他心想：「喔，他們是鬼。」他並不覺得痛，但是他們說他已經被射中了。

所以獨木舟回到伊古拉，年輕人上岸回家，並升了一個火。他告訴每一個人：「看！我陪鬼去打戰。我們有很多人被殺，對方也有很多人被殺。他們說我被擊中了，但是我並不覺得痛。」

他說完後，安靜下來。當太陽昇起，他倒了下來。嘴裡流出一些黑色的東西，臉部扭曲。人們跳起來，大叫。

他死了。

巴特雷特發現受試者在回憶時所犯的錯誤除了「伊古拉」和「卡拉瑪」兩個地名及一些不熟的細節不記得外，有些錯誤傾向於和受試者的文化背景或知識一致。譬如：「獨木舟」誤作「船」，「獵海豹」變「釣魚」。也就是，受試者似乎根據

他們認為應該是怎麼樣來再建構故事。這就是**再建構的假設**
（reconstructive hypothesis）。

　　卡米柯等人（Carmichael, Hogan, & Walter, 1932）的實驗提
供另一個證據，支持巴特雷特的理論。他們呈現12張如圖5-3所
示的圖形給受試者看。有的受試者聽到的圖形名稱如第一個圖是
啞鈴，有的聽到的是眼鏡。結果發現在學習時聽到的名稱竟然影
響回憶時受試者所畫出的圖形（見圖5-3）。很顯然，受試者是
根據圖形名稱來詮釋和記憶圖形，以致兩組受試者畫出的圖形和
原圖形三者之間有很大出入。所以巴特雷特的理論得到支持，人
們似乎根據期望或舊有知識在學習時詮釋訊息，然後在回憶時再
建構出訊息。

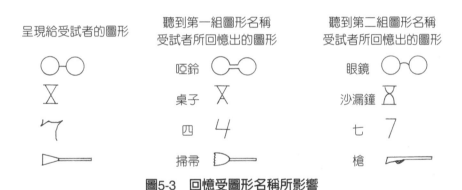

圖5-3　回憶受圖形名稱所影響

　　註：取自Carmichael, L., Hogan, H. P., & Walter, A. A. (1932). An experimental
　　　　study on the effect of language on the reproduction of visually perceived
　　　　forms. *Journal of Experimental Psychology*, *15*, 73-86.

　　不過巴特雷特和卡米柯等人的研究結果，有可能是由於學
習時的建構歷程，也有可能是由於測驗時的再建構歷程，或兩者
的組合。究竟由哪一歷程影響並不是很清楚。倒是有些實驗發現
提取時，新的訊息可能影響原來的記憶，說明了記憶是再建構的
歷程。如前章提及的讓受試者看汽車相撞影片的實驗（Loftus &
Palmer, 1974），結果提取時問題的形式，影響了受試者的回答

（接到「猛撞」動詞的受試者估計較快車速）。所以可見記憶受提取時新的訊息（在此是引導問題）所影響。

不管記憶在編碼時是建構的歷程，或在提取時是再建構的歷程，或兩者的組合，值得我們注意的是：當我們自以為我們記得很正確時，有可能並不是那麼一回事，尤其是在事件情況複雜並不明確之下。

第三節 記憶的提取

一、記憶的測量

研究長期記憶的提取，心理學家曾使用三種方式測量記憶：**再學習法**（relearning）、**回憶法**（recall）與**再認法**（recognition）。回憶法與再認法較常使用，再學習法最不常用，但卻最靈敏。

㈠再學習法

再學習法由艾賓豪斯（Herman Ebbinghaus, 1885/1913）首創，他利用三個字母的無意義音節，例如：SUJ、GEN、HIW……等，測量他初次記憶這些無意義音節字表所需的練習次數與他再次學習時所需的練習次數是否有差異。其間所節省的練習次數，就是學後的記憶保留，其計算方式如下：

$$節省分數 = \frac{初學練習次數 - 再學練習次數}{初學練習次數} \times 100$$

後來有研究者比較訊息遺忘後（無法回憶或再認）再學習與初次學習記憶的訊息量，結果再學習記得的訊息比初學習的多，

顯示訊息即使已完全遺忘，仍可能存在記憶中（參見前章）。

(二)回憶法

在回憶法中，受試者通常在看了一系列的項目（字詞或數字等）後，隔一段時間被要求將先前所看的回憶出來。我們一般考試中的填空題、解釋名詞、問答題就是屬於回憶法。

(三)再認法

再認法是要求受試者指認其項目是否在先前出現過，或者從一些選項中選出正確的訊息。一般考試的選擇題、是非題、配合題等就是屬於再認法。

二、回憶和再認的比較

許多研究發現再認優於回憶，亦即在隔了一段時間後，再認的準確率仍相當高，但是回憶則可能接近於零。我們也常有這種經驗：能夠辨認訊息，卻回憶不出來。所以學生通常喜歡選擇題勝於問答題。由於這樣的差異，不少研究者認為回憶和再認基本上是不同的，因此紛紛探討許多變項對兩者所造成的不同影響。譬如：在英文中高出現率的字比低出現率的字容易回憶（Hall, 1954），但是再認則剛好相反（Gorman, 1961; Shepard, 1967）。有意的學習比意外的學習導致較好的回憶，但再認則無差異（Estes & Dapolito, 1967）。還有干擾雖然會影響回憶，但是對再認工作卻似乎沒多大影響（Wickelgren, 1967）。

也有一種情況，回憶反而優於再認。華特金斯和塔敏（Watkins & Tulving, 1975）設計了這樣一個實驗：在配對聯結學習中（例如：火車—黑色），受試者被指示只要記憶第二個項

目（黑色），第一個項目當作情境（context）。學習之後，又給受試者一些字（例如：白色）並要求依該字自由聯想出四個字。所以「白色」可能自由聯想出：雪、黑色、羊毛和純潔。供自由聯想的字儘量選擇會引出先前記憶的字，例如：白色會引出黑色。在自由聯想之後，受試者被要求指出自由聯想出的四個字之中何者是先前他們看過的，即使他們認為四個字他們都沒看過，也必須選擇一個。結果在先前記憶過的字被聯想出的例子中，受試者的正確選擇率只有54%。最後受試者被呈現先前配對學習中的情境字，然後依其回憶出聯結字。結果回憶率61%，高於再認率。這現象就是前文提及的編碼特定原理。回憶的情境和學習的情境相同，但再認的情境卻不同，因此造成回憶優於再認。

綜上所述，回憶和再認似乎是不同的歷程，會造成不同的結果。而回憶和再認何者容易，也視情況而定。

第四節　啓示與應用

從上述的一些理論，歸納出下列幾點啟示與應用：

　　1.雖然處理層次論有其理論上不足的地方，但是從處理層次論可以知道簡單的複述（屬淺層次的處理）不是有效的記憶方法；精密化的複述，對訊息作深層次的處理，諸如：作有意義的思考與多方聯想，提供回憶時較多的提取線索，才是較佳的記憶方法。

　　2.根據恰當遷移處理模式，處理層次的意義相對於評量的方式，較淺層次的分析不見得沒有意義。布倫斯弗等人（Bransford, Nitsch, & Franks, 1977）也做了一個很有趣的實驗。他們讓兩組受試者分別看圖5-4中a、b，然後接受一個記憶測驗。受試者事先並不知道測驗的形式。其測驗如圖5-5，受試

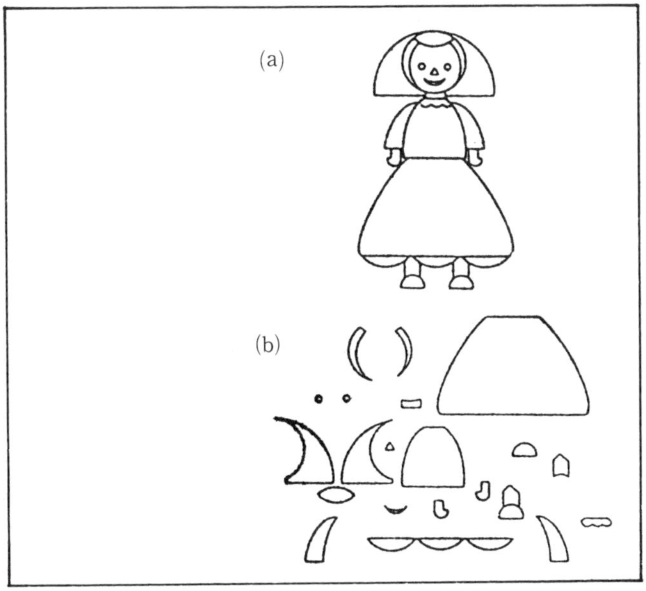

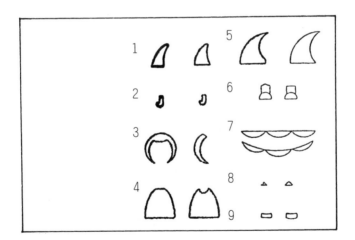

圖5-4　兩種不同的學習活動

註：引自Bransford, J. D. (1979). *Human cognition: Learning, understanding and remembering* (p.64). Belmont, CA: Wadsworth.

圖5-5　測驗形式

註：引自Bransford, J. D. (1979). *Human cognition: Learning, understanding and remembering* (p.65). Belmont, CA: Wadsworth.

者必須從各組圖形中，圈出一個前面看過的圖形。結果你猜哪一組受試者表現比較好呢？看了圖a的，或是看了圖b的？圖a是個有組織的圖形（許多小圖形組織成一個娃娃圖），假如你記得組織可以促進記憶和回憶，你或許會猜：看了圖a的受試者表現較好。果真如此，那你就錯了，結果是看了圖b的那一組選擇較正確。怎麼會這樣呢？難道，沒有組織的材料反而會幫助記憶？別急，事情不是如此而已的。假如測驗的形式是自由回憶，那麼看了圖a的一組表現比較好。這其中的道理，你想通了嗎？

我們在上節中說過回憶和再認似乎是不同的歷程，會造成不同的結果；而回憶和再認何者容易，也視情況而定。上面的實驗正驗證了這個說法，對看圖a的受試而言，回憶優於再認；對看圖b的受試，則再認優於回憶。所以我們很難說何種學習活動較有價值。從提取方式的不同會造成不同結果，以及恰當遷移處理模式，我們可以作如下結論：學習活動的價值端看評量的方式而定，有效率的學習者應該選擇適合評量方式的學習策略。而身為教師，評量學生的方式應儘量多元化，因為不同的評量方式可能會反映出相當不同的結果。一個學生在自由回憶的考試中失敗，沒有學習的跡象，但有可能在再認法或有線索的回憶方式中證明了學習。所以學生若在考試中失敗，並不一定表示他沒有學習。或許考試方式不適合他，不過更重要的是可能他不知道如何為這種考試方式作有效的準備。因此教師的工作也該是幫助學生針對考試方式作有效的學習活動。

*3.*一般來說，將資料作有系統的組織，可以促進記憶與回憶，因此教材的呈現宜有系統、有組織。若能提供學生一個組織架構，效果更佳。曾有實驗以大學生作受試者，要他們研讀30個

不相關的名詞。第一組是有意的學習，知道隨後有測驗，要自由回憶這些字。第二、三組是意外學習，不知道隨後有測驗。第二組被要求根據「愉悅度」評估這些字。第三組根據一個假設情境——被困在荒島上，來評估這些字所代表的東西重要或不重要。結果第一組和第二組表現一樣好，但比第三組記得的字少。第二組因為每個字的記憶屬深層處理，所以跟有意學習（即第一組）一樣好；而第三組不僅每個字屬深層處理，而且「荒島的情境」提供了一個架構，幫助組織與回憶，所以記得的字最多。

雖然老師提供有組織的教材能幫助學生學習，不過未若學生能重新以自己的方式組織教材有效，因為真正有效的學習永遠是主動的學習。

4.根據編碼特定原理，回憶時有效的提取線索應該是編碼時使用的線索，因此若想回憶某人、事、物，最好回到當初的地點（參見上章的「插曲記憶」）。若是不可能實際去，也可藉想像該地、該情景，而逐漸喚起回憶。編碼特定原理應用在學習上則儘量使回憶的情境與學習的情境相一致，製造兩者相同的線索，例如：考試的地點與學習的地點相同會有較好的回憶。

5.巴特雷特和卡米柯等人的研究顯示，人會根據自己的文化背景或知識詮釋並記憶訊息，所以有效的學習應先建立必備的知識，或引發恰當的知識，作為了解與記憶新學習之基礎。布倫斯弗和蔣生（Bransford & Johnson, 1972）曾唸一段短文給受試者聽，然後要他們估計自己的了解程度並回憶其內容。以下是該短文（你可讀一遍後，試著回憶，看你能記得多少）：

> 過程實在相當容易。首先你分類。當然一堆或許已足夠，要看多少而定。假如因為缺乏器具，你必須到別

的地方，那是下一步；否則，你已準備好了。一次不要做過多是很重要的。也就是，寧願太少，也不要太多。短期而言，這可能看起來不重要，但麻煩很容易產生。一個錯誤可能很昂貴。起初，整個過程好像很複雜。然而，不久它就會成為人生的另一面。很難預知即刻的將來不需要做這工作，但是人永遠無法知道。整個過程結束後，再分類。它們可以被放進恰當的地方。它們總會再被用一次，然後整個過程又重複一次。無論如何，那是生活的一部分。

　　有一組沒有給標題，一組是唸完短文後給標題，另外一組則是先給標題，再唸短文。標題是「洗衣服」。（現在你可再讀一遍，然後再回憶，是不是記得的比第一次多很多？）結果是先給標題的那一組表現較好，另外兩組沒有區別。由此實驗可知即使已有知識（大家都知道洗衣服的過程），但沒有恰當的引發出來（即沒有標題），仍然無法幫助學習與了解。

　　還有一個實驗，蔣生等人（Johnson, Doll, Bransford, & Lapinsky, 1974）給一組學生看很多類似下面的句子：「條紋擋住了燈光」、「那個人在身上看到他的臉」。另外一組學生除了句子，還有適當的線索（例如：髒玻璃、新車）。在看了一遍後，看了句子與線索的學生記得的句子比較多。這符合「洗衣服」的實驗。另外這些學生還有機會看第二遍、第三遍，目的是要看哪一組進步較多。結果是知識被恰當引發的學生（即句子加線索的那組）進步較快。因此與其將所有的時間一遍又一遍花在所要學的材料上，不如利用部分時間建立必要的學習基礎，例如：引發恰當的背景知識，或建立先備的知識。

　　因此在課堂裡，老師若教一遍，學生不懂，或許不是再教一遍、第三遍，以至無數遍；而是想辦法幫助學生利用恰當的背景知識去了解，或找出學生缺乏的先備知識，幫其建立後，再重新教導新的學習。如此學生才能事半功倍，有效學習。

　　6.由於記憶會受引導問題，亦即提取時新的訊息，所影響（再建構的假設），研究者因此懷疑法庭上的問題方式若不夠中立，**誤導的問題**（misleading question）可能影響證人的記憶。譬如：車禍目擊者的記憶可能受暗示性高的問題所影響，例如：「你看到那些碎玻璃了嗎？」相較於較中性的問題：「你看到任何碎玻璃嗎？」暗示性高，因為「那些」已經假設有碎玻璃存在，因此目擊者容易受影響而回答「是」。有時候誤導的問題甚至會影響陪審團對事件的建構和判決。所以記憶的建構和再建構假設應用於法庭上，律師的引導問題能否保持中立值得注意。

本章摘要

1. 克雷克和洛克哈特針對一些雙記憶理論的質疑，提出另一個探討記憶的取向——處理層次論。處理層次論指的是訊息可以有不同層次的處理及複述，越深層次的處理或複述，越能有效保留訊息於記憶中。

2. 支持處理層次論的證據有選擇性注意，及比較意外學習和有意學習的實驗等。

3. 處理層次論不免遭受一些批評，摩瑞斯等人認為淺層次的分析不見得沒有意義，提出一個「恰當遷移處理模式」取代之。其涵義是處理層次的意義相對於評量的方式。

4. 編碼與提取之間通常有相當的交互作用，有關的理論和研

究重要的有：組織促進記憶與回憶、編碼特定原理、記憶的鮮明性、建構與再建構的假設等。組織促進記憶與回憶是學習資料的有系統組織藉強調資料間的相關特性，在編碼時幫助記憶；而在提取時，藉提供了適當的架構，幫助回憶。編碼特定原理指的是學習時和回憶時的情境（或線索）越相似，回憶越佳。記憶的鮮明性是指在雷斯托夫效應和閃光燈效應下的記憶較深刻較佳。建構與再建構的假設則是指記憶是建構的歷程相對於記憶是再建構的歷程。記憶是建構的歷程是指編碼時，人們往往利用自己的知識去建構與了解訊息，因此記憶可能不準確，因為那是他們建構來的，不是原來的訊息。再建構的歷程則是指提取時，新的訊息可能影響原來的記憶，或者人根據自己認為的再建構出細節，因此記憶是再建構來的。

5. 記憶的測量有三種方式：再學習法、回憶法與再認法。再學習法較不常用，但最靈敏。回憶與再認可能是兩種不同的歷程，因為結果常不相同；而何者容易，也視情況而定。

6. 在應用方面有：對訊息作深層次的處理，才是較佳的記憶方法。學習活動的價值視評量方式而定，因此宜幫助學生針對考試方式作有效的學習活動。教材的呈現宜有組織。回憶的情境儘量與學習的情境一致。學習前引發恰當的背景知識，或建立先備的知識。法庭上的引導問題宜中立，否則可能影響證人的記憶等。

重要名詞

處理層次論（levels of processing）

初級記憶（primary memory, PM）

第一型處理（Type Ⅰ processing）

第二型處理（Type Ⅱ processing）

恰當遷移處理模式（transfer-appropriate processing）

編碼特定原理（encoding specificity principle）

情境、狀態、心情依賴（context, state, and mood dependency）

情境關連記憶（context-dependent memory）

雷斯托夫效應（von Restorff effect）

閃光燈效應（flashbulb effect）

閃光燈記憶（flashbulb memory）

建構的假設（constructive hypothesis）

再建構的假設（reconstructive hypothesis）

再學習法（relearning）

回憶法（recall）

再認法（recognition）

誤導的問題（misleading question）

問題討論

1. 你認為雙記憶理論和處理層次論何者較有道理？為什麼？

2. 你認為訊息處理層次模式和恰當遷移處理模式何者較有道理？對你的學習有何啓示？

3. 組織可以促進記憶與回憶，請你將你學過的任何資料作一重新組織並列出來。

4. 請從你的生活中舉一編碼特定原理的例子。

5. 請回想你生活中有任何的閃光燈記憶嗎？它們準確嗎？為什麼？

6. 許多人的記憶可能並不如他們所想的準確，為什麼？可能有兩個原因，請各舉一例說明。

7. 回憶法和再認法何者較容易？請說明。

8. 學習前引發恰當的背景知識，或建立先備的知識有何重要性？

第六章　概念形成、推理與決策

人類勝於動物的最重要地方就是人類擁有複雜的思考能力（動物可能也有思考，但不若人類複雜），所以有必要了解這高層次的認知活動。早在心理學之初，心理學家就對思考感到興趣，然而一度由於行為學派的興起而式微，直至近二十年，思考重新成為心理學的研究主題。思考是主動轉化既存的知識以產生新知達成某目標。目標可以是很簡單的，例如：回答一個問題；也可以是很複雜的，例如：設計一個複雜的捷運系統。思考牽涉到的是概念形成、推理、決策、問題解決等心智活動。其實這些活動都是高度相關的認知歷程，並不易劃分。**概念形成**（concept formation）：區分類別間的重要特質以形成概念，這歷程牽涉推理。**推理**（reasoning）：從目前的知識和理念去進一步推論，這牽涉決策。**決策**（decision making）：衡量眾多的可能結果而作出選擇，這中間也牽涉推理。**問題解決**（problem solving）：嘗試完成任何各式各樣的目標，這歷程更牽涉推理和決策。而推理和決策也是一種問題解決。要能從事推理、決策、問題解決等心智活動，又必須先形成各種概念，才能對訊息作進一步處理。所以區分這些認知歷程只是方便探討。本章擬先探討概念形成、推理和決策。問題解決留待下一章探討。

第一節 概念形成

概念是包括重要屬性（attributes）或特徵（features）的同類事物之總稱。例如：「鉛筆」的概念：鉛筆有許多種類，有需要削的鉛筆、免削鉛筆、一端有橡皮擦或沒橡皮擦的鉛筆……等，但是它們共同具有的特徵是有鉛筆心，寫字後可以橡皮擦擦拭。凡具有此兩種重要特徵的筆就是鉛筆，不管它們的形狀、大小、可不可以削或有沒有附帶橡皮擦……等。所以根據某些事物

共有的重要屬性或特徵，將其歸為一類，就形成一概念。藉著概念的形成（或概念學習），我們將訊息按概念分類處理，不須每一事物給一個名稱，可節省許多字彙及記憶上的負擔，因此可據以進行推理、決策或問題解決等思考活動，故概念形成可說是思考的基礎。

如上例「鉛筆」的概念，有鉛筆心和寫字後可以橡皮擦擦拭是形成「鉛筆」概念的必要屬性，其餘的如：形狀、大小、可不可以削……等，就不是必要的屬性。然而一類事物的必要屬性或特徵是如何認定的呢？又必要屬性之間是如何相關的？回答這兩個問題也就是回答概念是如何形成的。心理學家曾提出幾種不同看法。行為學派心理學家以聯結論（association）來解釋概念的形成。他們認為刺激的正確配對得到增強（個體的正確反應得到增強），然後再經類化與區辨作用，就逐漸形成概念。認知心理學家持不同的看法，大致可分兩種：

一、假設驗證

早在1956年，布魯納等人（Bruner, Goodnow, & Austin, 1956）的研究，就發現人們以假設驗證來學習概念。人們假設一概念包括了某些重要特質，然後再對此一假設進行驗證的過程，若不對則修改，直至假設無誤，概念形成。布魯納等人使用的實驗材料，如圖6-1所示，圖片包括四個向度，每個向度三個值。四個向度是形狀、顏色、邊線數目和圖形數目。形狀可分為十字形、圓圈、方形三個值；顏色可分為綠色、黑色、紅色；邊線數目有一、二、三條；圖形數目也分一、二、三個。他們要受試者根據呈現的圖片組，來發現要學習的概念。每次圖片呈現後，告知受試者其是否為所欲學習的概念之例證，讓受試者由這樣的回

饋中逐漸形成概念。

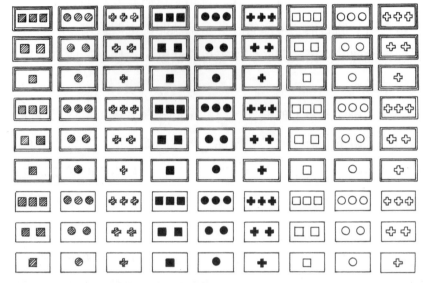

圖6-1　三個屬性和四個向度的例證組合。形狀、顏色、邊線數目、圖形數
目是四個向度，每個向度又各有三個值。空白圖形代表綠色，塗滿
者代表黑色，灰色斜線代表紅色。

註：取自Bruner, J. S., Goodnow, J. J., & Austin, G. A. (1956). *A study of
thinking*. New York: Wiley.

　　如圖6-2所示，每行的圖片組代表一個欲學習的概念，每次
呈現一張圖片，＋的符號表示肯定的例證，－的符號表示負的例
證（非組員別）。你試試看，是否能學到其概念。

　　在這樣的學習歷程中，受試通常必須考慮兩個問題：包
括在概念中的相關屬性是什麼？又屬性間的組合規則是什麼？
例如：第一行欲學習的概念是「二個十字」，個數和形狀是相
關屬性，組合規則是「二個」和「十字」兩者皆須呈現。這就
是**連言概念**（conjunctive concept）的學習。第二行的概念是
「二邊線或圓圈」，是**選言概念**（disjunctive concept）的學
習。第三行的概念是「假如是黑色，必是方形」，是**條件概**

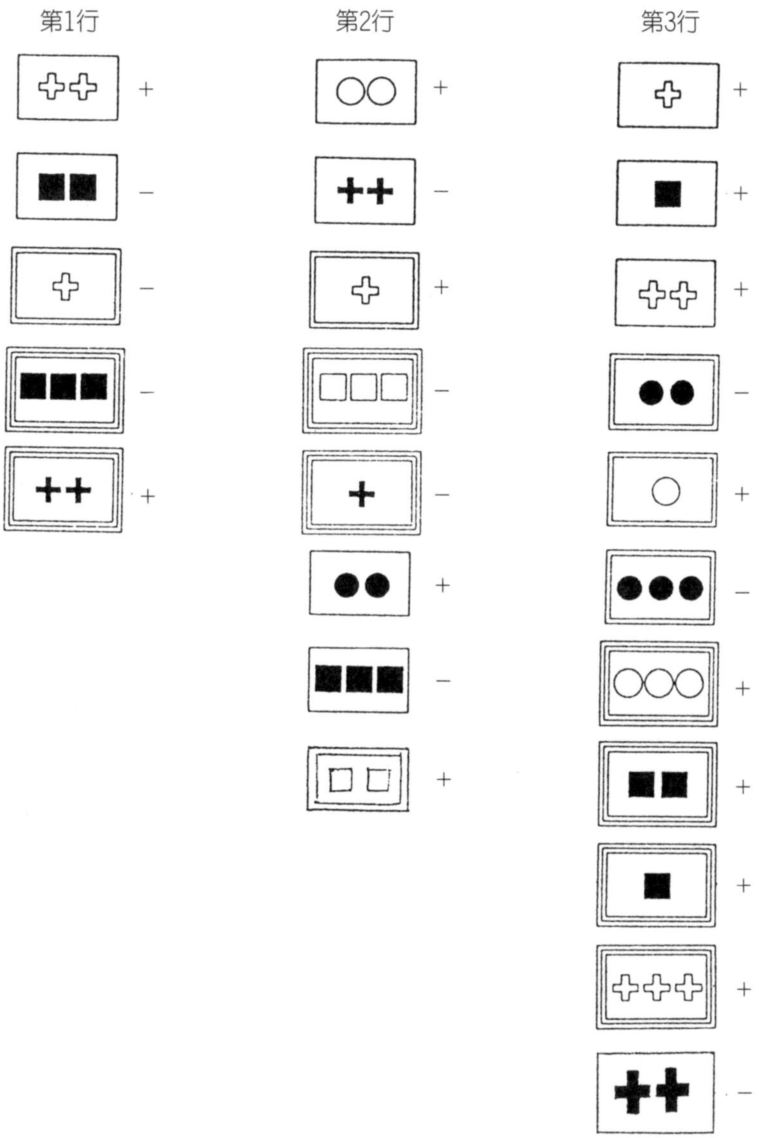

第1行　　　　第2行　　　　第3行

圖6-2　受試者由每一行的示例中學習概念

註：修改自Anderson, J. R. (1990). *Cognitive psychology and its implications* (3rd ed.) (p.307).New York:W. H. Freeman and Company.

念（conditional concept）的學習。這三種概念的學習，以連言概念最容易，選言概念其次，條件概念最難。除此三種，在一般實驗室中通常採用的概念學習尚有兩種組合規則：**雙**

條件概念（biconditional concept）和**單言概念**（affirmative concept）。單言概念只牽涉一個屬性，例如：「任何黑色」，是最易學習的概念。雙條件概念和前三種都牽涉兩種屬性的規則組合，其形成如「假如是黑色，必是方形；假如是方形，必是黑色」，難度有的研究者（例如：Haygood & Bourne, 1965; Bourne & Guy, 1968）認為是五種之中最難的，有的研究者（例如：Laughlin & Jordan, 1967; Laughlin, 1968）則認為比連言或選言概念容易。

　　布魯納等人（Bruner et al., 1956）發現在他們的研究中，大部分的受試者同時採用一種或兩種策略來形成概念。最多使用的是**整體策略**（wholistic strategy），其次是**部分策略**（partist strategy）。**整體策略**是受試的第一假設就包括第一個例證所涵蓋的各種屬性，然後隨後來的例證逐步修正，若接到的肯定（或否定）例證符合原先的假設就不予更正，否則就必須修正。**部分策略**是受試在剛開始就選擇一種連言概念（符合第一例證的）作假設，並不像整體策略考慮所有可能的屬性。然後接下來的例證若符合假設，就保留假設；否則他們重新選擇一個符合前面例證的假設。這個歷程需要記憶過去的例證，所以受試容易失敗，因此較少受試使用。而整體策略因受試只需記憶目前的假設，不需記憶過去的例證，所以較容易使用。以下舉一個使用整體策略的例子，較容易明白。

　　假如受試接到的第一張圖片是：

[一邊線，兩個黑色十字]

而且得到回饋，是個肯定例，受試會假設該概念包含的屬性有

一邊線、兩個圖形、黑色和十字形。接下來的圖片是：

　　　［一邊線，兩個綠色圓圈］

受試會判斷不屬於該概念，因為不符合假設。結果得到回饋，判斷正確，因此保留原假設。接下來的圖片是：

　　　［二邊線，兩個綠色十字］

不符合原假設，所以判斷不在概念中。但受試被告之判斷錯誤，其為正例，受試因此根據原假設和新圖片間的共同點來建立新假設，而形成：

　　　［兩個十字］

二、由典型例證學習

　　上述的假設驗證通常用在人為概念的學習，對自然概念的學習則通常採用另一種策略，那就是由典型例證學習。人為概念的界線清楚（如前述實驗中學習的概念），自然概念的界線則較模糊不清（Rosch, 1973）。例如：「傢俱」的概念，傢俱到底應該包括哪些東西呢？自然概念的另一特點是一類別中的某些成員比其他成員更能代表該類別，而最具代表性的就是其原型。所以桌子、椅子比檯燈、書架更能代表傢俱，知更鳥比企鵝更能代表鳥類，蘋果比蕃茄更能代表水果……等。人們對典型例證的反應（例如：「蘋果是水果嗎？」等的問題）比非典型例證反應快

（Rosch, 1973）。因此對自然類別的學習，可能開始只包括較典型的例證，以其特徵為基礎，才逐步包括較不典型的例證。

雖然自然概念的學習很多時候可能採用典型例證學習，但有研究者（Martin & Caramazza, 1980）發現受試者有時也採用假設驗證，而且也有研究者（Richardson, Bhavnani, & Browne, 1982）認為以特徵為基礎的學習無法解釋整個事實。所以人們對自然類別的學習應具有相當的變通力，採用何種策略視情況而定。

第二節 推理

日常生活中我們常在推理和作決策，有時是不知不覺中進行，例如：「他開車上班」，我們自然認為（推理）他擁有一部車；還有「早餐吃什麼」（決策）……等。這些是比較不重要的推理和決策，比較重要的往往相當困難，因而引起我們注意，甚至困擾我們，占據我們整個心思。例如：買什麼樣的車、房子？選擇什麼工作？這就是比較傷腦筋的決策。至於推理，許多為情所困的人是否曾作過如下推理？

> 假如她喜歡我，她會和我一起出去，
> 她和我一起出去，
> 因此，她喜歡我。（Best, 1999）

然而這樣的推理在邏輯上是錯誤的。「她和我一起出去」可能有許多理由，不一定因為「喜歡我」。但是有多少人犯這樣的錯誤呢？難怪世上有那麼多為情所苦的人。所以可見我們平常的推理不見得很有效、很合邏輯。假如我們的推理能經由練習

而改進，那麼對我們的生活效率定有幫助。因此，心理學家對推理和決策歷程的探討大致採取兩種模式：一種是探討人們實際推理和決策的**敘述模式**（a descriptive model），一種是探討人們應該如何推理和決策，以達某理想標準的**規範模式**（a normative model）。比較兩者，就能顯現人們推理和決策的缺失。本節擬先就推理部分（事實上很難劃分推理和決策），介紹形式推理，並比較人們實際的推理情形。

形式推理（formal reasoning）又稱形式邏輯，其基本形式有兩種：**演繹**和**歸納**（deduction and induction）。以下分別說明。

一、演繹推理

演繹推理是根據一組前提而得出一個結論，例如：

凡是大一學生都住宿舍。
李四是大一學生。
所以李四住宿舍。

由於演繹推理是根據形式規則推論，所以結論較確定（相較於歸納推理）。但是根據邏輯規則推理，結論有效（valid）卻不一定為真（true），因為前提本身有可能是偽（false），例如：

所有鳥類都會飛。
企鵝是鳥類。
所以企鵝會飛。

「企鵝會飛」的結論是根據邏輯規則推演而來，所以有效，但是我們都知道這結論不真，因為與事實不符。這就是因為「所有鳥類會飛」的前提是偽的關係。所以邏輯推理不能確保我們的結論一定是真。雖然如此，我們能夠邏輯推理仍然很重要，因為假如我們不能，即使有最真的前提，我們還是有可能犯錯。

演繹推理有許多種形式，在此介紹最重要的兩種：**三段論法**（syllogism）和**條件式推理**（conditional reasoning）。

㈠三段論法

三段論法是亞里斯多德首創，它的形式包括三段：大前提、小前提和結論。如下所示：

大前提：所有的A是B　　　　文例：所有的學生都上學

小前提：C是A　　　　　　　　　小華是學生

結　論：所以C是B　　　　　　　所以小華上學

（B：大詞，A：中詞，C：小詞）

三段論法使用的量詞有：「所有」、「一些」以及「沒有」，因此有四種敘述說明A和B的關係：「所有A是B」、「有些A是B」、「沒有A是B」、「有些A不是B」。欲判斷三段論法的結論是否有效，可利用圖解。因為有時候我們根據結論的敘述是真，就判斷其為有效，事實卻不然。如下例：

所有的貓是動物

有些動物是寵物

———————————

所以有些貓是寵物

你判斷這推論有效嗎？很多人認為有效，因為「有些貓是寵物」是事實。再看下例：

> 所有的恐龍是動物
> 有些動物是寵物
> _____
> 所以有些恐龍是寵物

在此例中，形式和前例相同，只是內容不同，但是因為結論是偽，所以比較容易看出推論錯誤。其實只要畫圖，就很容易看出推論是否有效。以下畫出A和B的一種可能關係：貓（或恐龍）和動物的關係，動物和寵物的關係，可能如圖所繪，那麼貓（或恐龍）和寵物就沒有交集，因此結論「有些貓（恐龍）是寵物」就是無效的推論。

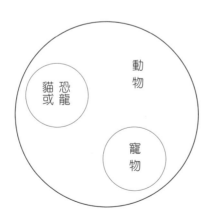

人們常常展現這種**信仰偏見效果**（belief-bias effects）。他們傾向於接受他們認為結論是真的爭辯，而拒絕他們認為結論是偽的爭辯（Evans, Barston, & Pollard, 1983）。在日常生活中，結論是真或許有時比結論是否有效來得重要，但是在有些情況

下，由於先前信仰的偏見，可能導致很不好的結果，因為已喪失了理性探討問題的機會。

(二)條件式推理

條件式推理是認知心理學家探討最多的形式推理。在介紹之前，請你先做下面的問題：

【問題例一】

E K 4 7

這裡有四張卡片，每張卡片一面是數字，一面是字母。如果卡片上一面是母音，則另一面必是偶數。請你翻最少張的卡片以確定這四張卡片皆符合規定。

（Wason, 1966）

你要翻哪幾張卡片呢？答案我們稍後再討論。

條件式推理以「若p，則q」的形式說明在怎樣的情況下，會有怎樣的結果，這是先決條件，然後再根據提供的狀況，判斷結論是否有效。例如：

假如下雨，我就帶雨傘。

下雨了，

因此我帶雨傘。

這是**正引法**（modus ponens），形式是「若p，則q；p，因此q」是有效推論。另一個有效推論是**反引法**（modus tollens），形式是「若p，則q；非q，因此非p」，使用上例的條件，推理

如下：

假如下雨，我就帶雨傘。
我沒有帶雨傘，
因此沒有下雨。

條件式推理還有另外兩種形式，只是都代表某種邏輯錯誤，是無效的推論。我們還是使用上例的條件，推理如下：

假如下雨，我就帶雨傘。
沒下雨，
因此我沒帶雨傘。

這是犯了所謂**否認前提**（denying the antecedent）的錯誤，形式是「若p，則q；非p，因此非q」。因為條件只指明下雨情況下，我帶雨傘，並沒有說明不下雨的情況下，我帶不帶雨傘，所以沒下雨，我還是有可能帶雨傘（以防下雨，或者遮陽）。因此結論「我沒帶雨傘」是無效的。另一種無效的推論如下：

假如下雨，我就帶雨傘。
我帶雨傘，
因此下雨了。

我帶雨傘，可能有許多原因，不一定是下雨了，所以推論錯誤。這是犯了所謂**肯定後件**（affirming the consequent）的錯誤，形式是「若p，則q；q，因此p」。這些條件式推理的形式

歸納於表6-1^{註6-1}。

表6-1　條件式推理

形　式	名　稱	舉　例
若p，則q， p 因此q	正引法 （有效推論）	假如這件物體是正方形，那麼它是藍色的。 這件物體是正方形， 因此這件物體是藍色的。
若p，則q， 非q 因此非p	反引法 （有效推論）	假如這件物體是正方形，那麼它是藍色的。 這件物體不是藍色， 因此這件物體不是正方形。
若p，則q， 非p 因此非q	否認前提 （無效推論）	假如這件物體是正方形，那麼它是藍色的。 這件物體不是正方形， 因此這件物體不是藍色的。
若P，則q， q 因此p	肯定後件 （無效推論）	假如這件物體是正方形，那麼它是藍色的。 這件物體是藍色的， 因此這件物體是正方形。

註：修改自Best, J. B. (1999). *Cognitive psychology* (5th ed.) (p.352). Belmont, CA: Wadsworth.

再看下面一個例子，你能判斷其形式，以及是否為有效推論嗎？

假如你們選我，稅不會上升。

a.他被選上了，因此稅沒有上升。

b.稅上升，因此他沒被選上。

c.他沒被選上，因此稅上升了。

d.稅沒上升，因此他被選上了。

現在讓我們回到問題例一，你選擇哪幾張卡片呢？答案是

註6-1 條件式推理另有四種形式，是比較不可能發生的推理情況，分別為：「若p，則q；p，因此非q」，「若p，則q；非q，因此p」，「若p，則q；非p，因此q」，「若p，則q；q，因此非p」。

翻卡片E和7。你答對了嗎？這就是利用上述的推理形式。許多人選擇卡片E和4是錯誤的，因為選擇卡片4是犯了「肯定後件」的錯誤。翻卡片E是正確的（正引法），但無須翻卡片4，因為不管背面是子音或母音都不會違反規定（並沒有規定子音背面不可以是偶數）。翻卡片7是必要的，因為背面可能是母音，那就違反了規定（反引法的利用）。再試做下面的問題，看你是否答對。

【問題例二】

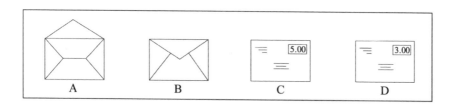

如果卡片密封，那麼必須貼五塊錢的郵票。現有A、B、C、D四張卡片，假如你是分類郵政工，你要如何翻最少張的卡片以確定規則沒被破壞？（修訂自Johnson-Laird, Legrenzi, & Leg Jrenzi, 1972）

應該翻哪幾張卡片呢？答案是B和D。你答對了嗎？是否覺得這個問題比問題例一容易多了？這可能有兩個原因，一個是你已學會了條件式推理的形式，另一個是這是你熟悉的情況。正如蔣生賴德等人（Johnson-Laird et al., 1972）的研究，受試在這種有意義的情境下，推理較佳。蔣生賴德等人使用的是英國郵政規定，格里格斯和寇克斯（Griggs & Cox, 1982）將同樣的問題測試美國大學生，發現對美國大學生在推理上並沒有幫

助，可能就因為美國學生並不熟悉英國的郵政規定，所以沒有背景知識來幫助推理。在問題例二中，我已將其修改為我們的郵政規定，因此有助於你的推理吧！高丁（Golding, 1981）的研究進一步支持這種可能性，他發現同樣的郵政問題對老一輩熟悉該規定的英國受試者有幫助作用（該郵政規定在那時已不使用），而對年輕不熟悉該規定的受試者卻沒有幫助。這些證據顯示人們日常的推理非常依賴先前的知識和經驗，而抽象推理的能力則很貧乏。這在歸納推理方面尤其顯著。

二、歸納推理

歸納推理由一組事實（或例證）總結出一般性結論。例如：

前天烏雲密布，就下雨。
昨天烏雲密布，就下雨。
今天烏雲密布，就下雨。
───────────────
歸納：烏雲密布，就下雨。

所以歸納推理是根據經驗所作的可能性判斷。看了上例的歸納，你會覺得不一定烏雲密布就下雨啊！由於歸納推理無規則可循，只是一種可能性的判斷，歸納的結論永遠無法完全確定，因為明天的經驗可能推翻它。在日常生活中，我們的決策往往不是演繹推理的結果，而是由歸納推理而來，因為我們作決策常是根據過去經驗，從許多的可能途徑中歸納選擇一個最好的。有關歸納式推理，在下節「決策」中，有更詳盡的探討。

第三節　決策

　　我們的決策,尤其是重要的決策,常是在一種不確定的狀況下,估計成功的可能性。能準確估計可能性,方能作出聰明的決策。然而我們都能客觀、理性地估計可能性嗎?試做下面的問題:

　　研究者選擇**30**位成功的工程師和**70**位律師,施予人格測驗,並據以寫出他們的描述。現在從**100**位中隨機抽出**3**位的描述,請你根據描述,判斷他們是工程師的可能性。(修訂自**Kahneman & Tversky, 1973**)

1. 迪克,30歲,已婚,沒有小孩。他是個能力強、高動機的人,期許自己在工作領域中要相當成功。他廣為同事所喜愛。迪克在**100**人中是工程師的可能性是?**%**。

2. 傑克,45歲,已婚,有四個小孩。一般來說,他保守、謹慎、有進取心。他對政治、社會問題沒有興趣。休閒時間大部分從事他的嗜好,包括家庭木藝、航海、解數學謎題。傑克在**100**人中是工程師的可能性是?**%**。

3. 弗瑞德,沒有任何資料提供。弗瑞德在**100**人中是工程師的可能性是?**%**。

你的答案各是多少%呢?在該研究中的受試者估計迪克是工程師的可能性是大約50%,傑克95%,弗瑞德30%。只有弗瑞德的估計是正確的。在100人中,只有30位是工程師,所以隨機

抽出的可能性也只有30%。但是一加上個人描述，我們就忘記客觀的可能性。迪克的描述適合任何行業，他可能是醫生、律師、工程師、政治家、科學家或教授等，所以沒有理由認為迪克是工程師而不是律師，因此估計50%的機會是工程師。對傑克的估計更離譜，由於受工程師刻板印象的影響，我們很快就下結論他一定是工程師，而忽略客觀的可能性。所以可見人們多麼容易忽略客觀的可能性，而相信自己直覺的人格理論。

因此我們並不像我們所想的那麼理性地作決策。許多研究者發現我們利用許多**捷思法**（heuristics）作決策。利用捷思法估計可能性有時是合理的估計，但很多時候並不是。以下介紹幾種捷思法，和一種規範模式的決策法，以作為比較或改進決策的參考。

一、捷思法

㈠代表性

人們估計事件的可能性，受衡量其與母群體之基本特性的相似度所影響，稱**代表性捷思法**（representativeness heuristic）。如上述的問題，受試者錯誤的可能性估計就是受工程師代表性所影響。對於傑克的描述，傑克比較像工程師，不像律師，因此受試者估計他是工程師的可能性很大，而忘記了工程師在100人中所占的低比例。再看下面例子：

遊戲的每一回，20顆彈珠隨機分給五個小孩：愛倫、班、卡爾、丹和愛德。

	I			II
愛倫	4		愛倫	4
班	4		班	4
卡爾	5		卡爾	4
丹	4		丹	4
愛德	3		愛德	4

在很多回的遊戲中，第 I 種或第 II 種分配是比較可能的結果？（Kahneman & Tversky, 1972）

你的答案是什麼？假如你選擇第 I 種，你就和卡尼蒙及杜浮斯基（Kahneman & Tversky, 1972）研究中的受試者所犯的錯誤一樣，以為「隨機」就是不規則或混亂，所以第 I 種分配比較能代表「隨機」的過程。其實第 II 種分配是比較可能發生的情況。

還有人們估計可能性的時候，傾向於忽略樣本大小。當被問及在1,000個小孩中尋找600個男孩是否像在100個小孩中尋找60個男孩，許多受試者回答一樣。其實後者是比較可能找到的。

(二)便利性

我們估計事件的可能性也受其例證是否能輕易浮上心頭所影響，這稱為**便利性捷思法**（availability heuristic）。例如：我們對離婚率的估計，可能藉回想親友之間是否有人離婚。當便利性和真正發生率有高相關時，估計可能就相當準確，但很多時候並非如此。例如：當人們被問及在英文五個字母的字中，以k為首的字和以k為第三個字母的字，何者較多？大多人回答以k為首的字多，因為人們比較容易想到以k為首的字。事實上是k在中間的字多（Tversky & Kahneman, 1974）。

在生活中的預估也發生這種情形。史洛維克等人（Slovic,

Fischhoff, & Lichtenstein, 1976）讓受試者估計41種死亡原因的可能性，包括疾病、意外事件、謀殺、自殺、天然災害……等。大多數人過分高估意外事件、癌症、龍捲風……等死亡原因，主要因為這些事件常被媒體報導。反而如中風、糖尿病、心臟病……等實際奪走更多生命的原因，因為較少被報導，而被過分低估。這種情形就是由於媒體常報導，加深人們印象，使人很快就想到。

㈢問題呈現方式

　　問題呈現方式（a decision frame）也會影響一個人的決策，如下面的問題以不同方式呈現，造成受試不同的決策：

　　　　想像美國正為一種不尋常的亞洲疾病的爆發作準備，該疾病預計會奪走600條人命。有兩個對抗疾病的計畫被提出：
　　　　計畫A如被採用，有200人會獲救。
　　　　計畫B如被採用，有三分之一機會600人都獲救，三分之二機會沒人獲救。
　　　　假如是你，你會採用哪一個計畫？（Tversky & Kahneman, 1981）

大部分的受試者選擇計畫A。雖然統計上，計畫B會拯救相同的人命，但是200人獲救顯然比冒險性的決策較有吸引力。同樣的問題，再以不同方式問另一組受試者：

　　　　計畫A如被採用，有400人會死亡。

計畫B如被採用，有三分之一機會無人死亡，三分之二
機會600人死亡。

結果大部分的受試者選擇計畫B，有三分之一機會無人死亡，
顯然比肯定有400人死亡讓人容易接受。事實上，第二種情況
和第一種情況的選擇是一樣的，只是正反面說法不同，就造成
受試者不同的決策。

㈣賭徒謬誤

　　有些事件有客觀發生的可能性，例如：擲銅板連續幾次擲出
人頭，接下來會擲出人頭還是梅花呢？有很多人會猜擲出梅花，
因為不可能一直擲出人頭吧！事實上每次擲出人頭或梅花的機會
是一樣的，二分之一。每一次的機會是獨立的，不會互相影響。
但是人往往主觀上認為機會比較大，這就是**賭徒謬誤**（gambler's
fallacy）的產生。賭徒在連續輸了好幾次後，總認為這次一定會
贏，勝的機會比輸的機會大，因此繼續賭下去，無法自拔。其實
客觀的可能性是一樣的。

㈤定錨調整

　　定錨調整捷思法（the anchoring adjustment heuristic）指的
是我們作出初次估計（第一印象）後，以後的估計只是根據初
次的估計上下調整而已（Slovic & Lichtenstein, 1971; Tversky &
Kahneman, 1974）。然而我們對初次估計（錨）的調整往往不
夠，以致因初次估計產生的偏見持續存在。許多人格研究顯示我
們對人的偏見常由第一印象而來。第一印象不佳的往往需要日後
許多肯定的接觸才能扳正過來。例如：有些學生抱怨由於學期初

他們表現不好，老師就認定他們是笨學生。以後有好的表現，老師也以為是僥倖得來的。所以第一印象的重要在此。

㈥事後之明

研究者（Fischhoff, 1975, 1977; Fischhoff & Beyth, 1975）發現人們的思考常受**事後之明**（hindsight effect）所影響，以致與事實有所偏差。當被要求從事情發生之前的觀點來估計事情發生的可能性時，人們往往無法忽略他們知道的後果。即使特別被警告，也仍然如此。我們或許都有這樣的經驗，在一件不幸的事情發生後，我們忍不住回顧，嘆道：「我就知道會這樣」，又或者「我們應該能預先知道啊！」忍不住自責，或者責備主其事的人應該能事先防範。有時或許事情應該能預期得到，但是很多時候只是事後之明在作祟。不幸事件發生之前，有誰能預料呢？事後之明的現象最常發生在「大家樂」和「六合彩」的賭徒身上，是不是常聽到他們捶胸頓足的大嘆：「我就知道這支會開，可是……」？

從以上幾種捷思法的探討，人們決策時對可能性的估計並不是那麼客觀、理性，所以作出的決策有時合理，有時就不見得。以下介紹一種探討決策的規範模式，或能作為改進或預測決策的參考。

二、預期價值

能準確估計可能性是決策的重要技能，但要作出好的決策，光是準確估計可能性是不夠的，還必須評估各種行動的結果。將不同結果的價值（values）和可能性合併就稱為**預期價值**（expected value）。其計算法是將每一個可能結果的價值和其

可能性相乘，然後將乘積相加。瑞德（Reed, 1988）曾舉一個簡單的賭博情境作說明。在賭博情境中，可能性是贏和輸的可能性，價值是贏和輸的多少，預期價值則是每次人們決定賭博時，可預期贏或輸的平均金錢。現在提供你一個機會賭博，你必須決定賭是否對你有利：

> 玩擲骰子，只要6出現，你就贏5元。任何其他數目出現，沒有贏。不過每玩一次的代價是1元。你決定要參加嗎？

你可以利用預期價值來估計每擲一次骰子你可以平均贏或輸多少。其公式如下：

預期價值＝可能性（贏）×價值（贏）＋可能性（輸）×價值（輸）

在此贏的可能性是六分之一，價值是4元（5元－1元玩的代價）；輸的可能性是六分之五，價值是1元。帶進公式得：

預期價值＝1/6×4（元）＋5/6×（－1）（元）＝－1/6（元）

這意思是你每玩一次平均要輸六分之一元。根據規範模式作決策就是有肯定預期價值就參加，有否定預期價值則不參加。下次你若想賭博，不妨算算你的勝算有多少，再作一個理智的決定吧！

第四節　啓示與應用

綜合本章的討論，歸納出下列的啟示與應用：

1. 在概念形成或推理時，人們一旦形成假設，很容易傾向於尋找符合假設的線索，而忽略和假設相反的線索，因此造成偏差。人際關係的形成也是如比，偏見一旦產生，就很難改變（定錨調整捷思法）。所以我們不可不慎。

2. 從推理、決策的探討，可知我們的推理、決策有時並不是很理性、合邏輯的，有時因此造成生活的不利，所以我們有必要訓練自己的邏輯思考。在作決策時，儘量衡量客觀的可能性，以作出明智的決定。

3. 當結果關係重大時，決策並不是一件很容易的事，譬如：醫學上的決策。有研究者（Elstein, Shulman, & Sprafka, 1978）探討醫生如何作成診斷（決策），並且將規範式決策融入討論中，進而提供醫學系學生一份決策指引。他們嘗試應用規範模式決策和認知心理學的知識來為學生建立一個實際的工具，故是一份相當有用的決策指引。有興趣的讀者可參見附錄或閱讀他們的著作《醫學的問題解決》（*Medical Problem Solving*）。

本章摘要

1. 概念形成，根據認知心理學家看法，大致有兩種方式：假設驗證和由典型例證學習。

2. 在概念學習歷程中，人們常必須考慮包括在概念中的相關屬性，以及屬性間的組合規則。組合規則常用的有五種：單言概念、連言概念、選言概念、條件概念和雙條件概

念。學習的難度是單言概念最容易，其次連言、選言、條件、雙條件。

3. 由典型例證學習自然概念，可從人們對典型例證反應比非典型例證反應快得到印證。

4. 推理和決策的研究者有兩種取向：敘述模式和規範模式。

5. 形式推理有兩種基本形式：演繹和歸納。演繹推理根據邏輯規則推論，所以結論較確定；歸納推理無特定法則，只是根據經驗，所以是一種可能性的判斷。

6. 根據邏輯規則推理，結論有效但不一定真，因為前提有可能為偽。

7. 演繹推理兩種重要形式為三段論法和條件式推理。三段論法要注意「信仰偏見效果」，以免造成錯誤推論。條件式推理可分正引法、反引法，為有效推論；否認前提和肯定後件為無效推論。

8. 有證據顯示人們日常的推理很依賴過去的經驗和知識，抽象推理的能力比較缺乏。

9. 我們的日常決策大部分是歸納推理的結果，我們常根據過去經驗，作可能性的判斷。

10. 我們很多時候使用各種捷思法估計可能性，結果並不是很理性客觀。捷思法有：代表性、便利性、問題呈現方式、賭徒謬誤、定錨調整、事後之明等捷思法。

11. 一個規範模式的決策：預期價值可提供我們一個客觀理性的決策方式。

12. 在啟示與應用方面，我們應避免主觀所造成的偏差，而且有必要訓練自己的邏輯思考，儘量客觀作出明智的決定。有研究者將規範模式決策應用於醫學上的決策，提供醫學系

學生一份有用的決策指引。

重要名詞

概念形成（concept formation）

推理（reasoning）

決策（decision making）

問題解決（problem solving）

單言概念（affirmative concept）

連言概念（conjunctive concept）

選言概念（disjunctive concept）

條件概念（conditional concept）

雙條件概念（biconditional concept）

整體策略（wholistic strategy）

部分策略（partist strategy）

敘述模式（a descriptive model）

規範模式（a normative model）

形式推理（formal reasoning）

演繹（deduction）

歸納（induction）

三段論法（syllogism）

條件式推理（conditional reasoning）

信仰偏見效果（belief-bias effect）

正引法（modus ponens）

反引法（modus tollens）

否認前提（denying the antecedent）

肯定後件（affirming the consequent）

捷思法（heuristics）

代表性（representativeness）

便利性（availability）

問題呈現方式（a decision frame）

賭徒謬誤（gambler's fallacy）

定錨調整（anchoring adjustment）

事後之明（hindsight effect）

預期價值（expected value）

問題討論

1. 請舉例說明概念形成的可能方式。

2. 我們說一個演繹推理「有效」並不等於說其推理為「真」。請舉例說明為何兩者是不同的概念？

3. 請由生活中舉一個利用條件式推理的例子。請列出主要的四種形式並註明p和q，以及有效和錯誤的推論。

4. 我們日常生活中推理（或決策）受哪些因素影響而使得推論偏差？請各舉一例說明。

附錄：醫學系學生的決策指引

1. 列出可能的假設

  (1)多個相對的假設（multiple competing hypotheses）。針對病人主要的抱怨，以及初步發現，想出許多診斷的可能性。避免草率的診斷。

(2)可能性（probability）。首先考慮最普通的診斷。

(3)有用性（utility）^{註6-2}。認真考慮可以獲得有效治療的診斷，並且在該診斷中沒有治療是很嚴重的遺漏。

2. 蒐集資料

(4)有計畫的測試（planned testing）。訂一個考慮可能性和有用性兩者的合理計畫來測試你的假設。排出實驗室測試的順序，首先是最普通的疾病（可能性），然後是最需要治療的疾病（有用性）。

(5)分支和篩選（branching and screening）。生理的檢查應使用分支的程序。發展充分的篩選技術，使得過分仔細的檢查不必要。

(6)費用／利益計算（cost/benefit calculation）。考慮有害測試的可能影響以及費用。在這些和能取得訊息之間作一個平衡。

(7)精確性（precision）。為決策所需的可信度努力。多的就沒必要。

3. 合併資料並選擇行動方針

(8)反證的證據（disconfirmatory evidence）。主動尋求並評量可能排除假設的證據，以及可能證實的證據。

(9)多重診斷（multiple diagnoses）。不要忘了有多種抱怨的病人可能有不止一種疾病。

(10)修正可能性（revise probabilities）。蒐集資料後，修正

註6-2 有用性相對於價值（utility versus value），在決策過程中是很重要的概念。凡事物都有其客觀的價值，但對每個人來說，價值可能不同，這稱為有用性。所以價值是客觀的，有用性是主觀的。相同價值的結果對兩個不同的人可能有兩種不同的有用性。例如：彎腰撿起路旁一張百元鈔票對每個人來說有相同價值（100元），但對一個乞丐比對一個富人來說，其有用性要大得多。

可能性。假如你的發現比較像診斷A，而非診斷B，那麼修正你的觀點，採納A。

⑾可能性和有用性（probability and utility）。當行動方針被選定，考慮那些恰當診斷的可能性，以及將隨之而來的利益和代價。合併這兩種考慮來估計預期價值，並選擇以達到最大預期價值。

第七章　問題解決

【本章內容細目】

所有的認知活動在本質上可以說是問題解決的，因為人類的認知是有目的性的，往往有其欲達成的目標，並且會去除達到目標之間的障礙（Anderson, 1983）。一個問題的存在就是我們目前的狀態和我們所要的狀態間存有距離（或差異）；而問題解決就是想法將這距離（或差異）去除，也就是想法達到我們所要的目標。所以前章提及的概念形成、推理和決策都是一種問題解決。由此可見，問題解決是很重要的高層次認知活動。而其實只要一想我們每天面對多少大小不同的問題，許多煩惱的產生也都是由於某一問題沒有得到解決，那麼問題解決的重要性不問可知。

因為不可能希望生活中都沒有問題產生，那麼藉著心理學家對問題解決的探討，希望我們對問題解決能有所了解，並能成為有效率的問題解決者。

（第一節） 問題解決的步驟

最早嘗試分析問題解決步驟的是瓦拉斯（Wallas, 1926），他將問題解決分成四個步驟：

1. **準備期**（preparation）──問題解決者選好問題，蒐集背景資料，採取初步行動。

2. **醞釀期**（incubation）──若初步行動無法解決，就將注意力轉移至其他活動（包括睡眠或娛樂）。

3. **豁朗期**（illumination）──問題解決者靈光一閃得到答案，亦即「頓悟」，或者「啊哈」（Aha！）的現象。

4. **驗證期**（verification）──問題解決者輕鬆地驗證答案。

有許多偉大的科學家或發明家證實了這些步驟的存在，其中最

有名的是阿基米德發現「阿基米德原理」的過程，他在洗澡時大叫：「我找到了！」我們每個人或許也有這樣類似的經驗（當然不一定在洗澡），只是大多時候我們的發現沒那麼了不起。

壽叟（Solso, 1991, p.443）引述了一個較詳細的問題解決步驟如下：

認知活動	問題性質
1. 確認問題 （indentifying the problem）	六月我即將從大學畢業，是我人生一個階段的結束。（是長大的時候了。）
2. 問題表徵 （representation of the problem）	我將失業，又沒有錢，必須找工作。（不能永遠依賴爸媽。）
3. 計畫解決的行動 （planning the solution）	我將寫履歷表，調查工作市場，請教親友、老師。（看看外面有什麼機會。我甚至可以去西藏當喇嘛。）
4. 執行計畫 （execute the plan）	我將應徵我有興趣的公司。我將去面試。（決定冒險一試。）
5. 評估計畫 （evaluate the plan）	我將衡量自己的需求和願望來考慮每個工作機會，並作出決定。（誰提供高薪、長假和及早的退休。）
6. 評估解決的行動 （evaluate the solution）	我將回顧這個問題的解決過程，並且在將來的問題中使用這些知識。（我哪裡出錯了？）

　　假如我們回想我們曾經解決過的問題，我們或許會發現頗類似上述的步驟，只是這些歷程都在無意識中進行，我們不會刻意去想我們是在哪一個步驟。這些步驟都很重要，不過問題表徵顯得更重要，因為它常關係著問題解決的難易。所以接下來我們探討問題表徵。

第二節　問題表徵

一、表徵方式與解題難易

　　問題表徵（problem representation），亦即問題的呈現，可以有許多種方式，而表徵的方式往往直接影響問題解決的難易。試看下面幾個非常有趣的問題：

【問題例一】

某日日出時，有一個和尚開始爬山，經由一條羊腸小徑至山頂的寺廟朝拜。和尚以不同的速度爬山，沿路停下休息數次並吃東西。他正好在日落時抵達寺廟。在廟內禪修數日後，他開始沿相同路徑下山，也是日出出發，以不同速度下山，並隨作休息。他下山的平均速度當然比他上山的平均速度快；不過，他仍然正好在日落時抵達山下。請證明和尚曾在一天中的相同時間經過山道中的某一點。（Glass, Holyoak, & Santa, 1979）

　　有許多人覺得這個問題很難，嘗試以數學公式來解決這個問題，但都解不出來。其實假若以心像來表徵這個問題，想像有兩個和尚同一天一個上山一個下山，他們一定會在山道中的某一點相會，也就是在一天中的相同時間經過山道中某一點。又或者以畫圖方式來表徵這個問題也都比較容易回答。

　　許多人解這個問題總想找出山徑中某一點，所以一直朝數學公式方面想，以致越弄越糊塗；其實問題中並沒有要求我們指出在哪一點相會。（這也牽涉影響問題解決的因素，容後再述。）

再看下面的問題：

【問題例二】

有一塊普通的棋板，其64個方格（32個白，32個黑）
剛好可被32個長方形的骨牌所涵蓋（1個骨牌蓋2個方
格）。現在，假如有2個黑方格從模板的對角切下來
（如圖7-1所示），請問31個骨牌是否能蓋滿剩下的62
個方格？

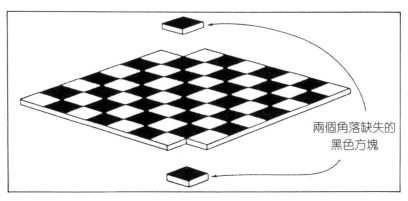

兩個角落缺失的
黑色方塊

圖7-1 缺角的棋板

註：取自Reynolds, A. G. & Flagg, P. W. (1983). *Cognitive psychology* (2nd ed.)
(p.239).Boston: Little, Brown and Company.

你是否覺得這個問題不太容易回答？那麼換作下面的問題，是否
一目瞭然？

在一個小村中，有32個年輕的單身漢和32個未婚少女。
村民努力撮和，成就32對姻緣。但在一個夜晚，發生
了一件意外，喪生了兩個單身漢。請問媒人是否可能
就剩下的62人當中，撮合31對美滿的婚姻？（修訂自

Reynolds & Flagg, 1983）

這答案一看就知道是「不可能」。而前題的意思正是如此，一個骨牌能覆蓋的是一黑一白方格，如今去掉兩個黑的方格，如何能夠蓋滿呢？再看下面一題，只有幾個字不同，答案就可能出錯。

【問題例三】

·表徵1

有一個人以60美金買一匹馬，然後以70元賣掉。之後他又以80元買回來，再以90元賣掉。請問在這樣的買賣中，他賺了多少？

    a.賠10元   b.不賺不賠   c.賺10元

    d.賺20元   e.賺30元

·表徵2

有一個人以60美金買了一匹白馬，然後以70元賣掉。之後他以80元買了一匹黑馬，再以90元賣掉。請問在這樣的買賣中，他賺了多少？

    a.賠10元   b.不賺不賠   c.賺10元

    d.賺20元   e.賺30元   （Maier & Burke, 1967）

回答表徵1問題的人很容易選c（錯的答案），因為他們將兩筆買賣當作一筆買賣；回答表徵2的人就很容易答對而選d。

    由以上三例，可見問題表徵的方式深深影響問題解決的難易。但是一個好的問題表徵應具備哪些條件呢？

二、定義良好和不良的問題

綜合一些心理學家的看法，一個好的問題表徵應具備下列條件：

1. **初始狀態**（*initial state*），說明問題的起點是什麼。

2. **目標**（*goal*），說明欲達到的狀態是什麼。

3. **物件**（*objects*），說明可利用來解決問題的物件、資源……等。

4. **操作規則**（*operators*），可利用來解決問題的規則。

5. **限制**（*restrictions on the operators*），解決問題時不可違犯的限制。

若具備這些條件就是**定義良好的問題**（well-defined problems），否則就是**定義不良的問題**（ill-defined problems）。數學上的問題大都是定義良好的問題，例如：$ax-b=x$的代數問題，「$ax-b=x$」是初始狀態，目標是只有 x 在等號左邊，其他的在右邊，物件是有關的代數符號，操作規則是代數的規則，限制是只能用正當代數操作來解方程式。由於定義良好，我們通常比較容易求得一個正確答案。

然而生活上的問題有許多都是定義不良的問題，尤其是初始狀態和目標往往不清楚，所以不容易有圓滿的解答。例如：問題是寫一篇好小說，好的標準是什麼呢？我們要寫到哪一種程度才算好呢？目標狀態不清楚。又寫作者必須具備怎樣的初始知識才能開始寫小說呢？無疑的，他必須具備某些基本寫作技巧以及一些真實的生活經驗或相關知識，但是如何定義呢？初始狀態不甚清楚。所以很難有一個放諸四海皆準的答案。心理學家因此建議要將問題儘量定義明確，才容易解決問題。這也是為什麼心理學

家所使用的問題大部分都是定義相當良好的原因。

（第三節） 問題解決方法的尋求

從問題的初始狀態到目標狀態之間有許多途徑，這些途徑稱**解決途徑**（solution paths），其中之一（或某些）聯繫初始狀態和目標，並導致問題的解決。而問題中所有可能的途徑稱**問題空間**（the problem space）。所以問題解決可以說是解決者嘗試從初始狀態和目標之間的問題空間，尋求正確的解決途徑，因此問題解決是一種**尋求歷程**（a search process）。問題空間的大小影響尋求的難易，譬如在大房間裡找一片隱形眼鏡要比在小房間裡難得多。有些看似簡單的問題卻有很大的問題空間，譬如四個號碼的號碼鎖，它的問題空間就包括$10 \times 10 \times 10 \times 10 = 10,000$個途徑。

另一個比問題空間重要的因素是尋求的程序，其基本上有兩種：**定程式法**（algorithms）和**捷思法**（heuristics）。以下分別說明：

一、定程式法

定程式法為一種隨機尋求，途徑的選擇不需任何特殊知識，所以是將所有可能的解決方法列出，直到找到正確答案為止。例如：要將ENRLA五個字母組成字，就要列出120種可能的組合方式。如此一定能找到正確答案，只是解決問題的效率很低。

二、捷思法

捷思法是運用問題中的訊息來找正確或較可能的途徑，如前

章所討論的，它必須依賴問題解決者的知識和經驗。譬如：上例的拼字，我們運用英文的知識，知道EA常一起出現，然後再把R放在EA後面，想到有LEARN這個字，很快就找出答案。捷思法由於不需探討所有的可能性，所以較有效率，但不保證一定會找到答案。以下介紹幾種捷思法：

㈠方法─目的分析

方法─目的分析（means-end analysis）是找出目前狀態和目標（或次目標）之間的差異，並使用一些方法來減少這差異。問題解決者通常藉著在目前狀態和目標之間建立許多次目標，然後逐一減少當前狀態和次目標間的差異，最後達到目標。一個利用方法─目的分析的簡單例子，例如：我要如何去上班的問題。我的思考是這樣的：

> 我現在所在之處（在家，初始狀態）和我想去之處（辦公室，目標）之間有什麼差異？差異是距離。我需要什麼來減少這距離？一部車。我有一部車。我還需要什麼？我需要鑰匙來發動車子。鑰匙在哪裡？在我的外套裡。（Reynolds & Flagg, 1983, p.245）

很有名的河內之塔（Tower of Hanoi）問題就是利用次目標來解決。如圖7-2所示，幾個在A樁的碟子必須移至C樁，規則是一次只能移動樁上最上面的碟子，而且小的碟子不可以在大碟子下面。有一個很有趣的傳說，相傳在河內附近有一群和尚在解決這樣的問題，只是碟子有64個之多。謎語破解之時就是世界結束之日。不過，據估計每秒鐘一個移動就需要一兆年

COGNITIVE PSYCHOLOGY

（Raphael, 1976）。因此我們還可以不必太擔憂。

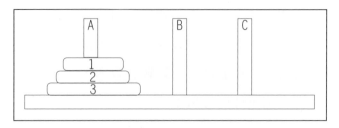

圖7-2　三個碟子的河內之塔問題

註：取自Glass, A. L. & Holyoak, K. J. (1986). *Cognition* (2nd ed.) (p.381). Rutgers U. &U. of Michigan.

　　我們在這裡簡化該問題，只使用三個碟子，看如何解這個問題。格拉斯等人（Glass, Holyoak, & Santa, 1979）描述了使用次目標來解這個問題的歷程：

　　　　想要解這個謎題需要先將最大的碟子（碟子3）放在C樁。所以首先建立將碟子3移至C樁的次目標。碟子3要能移動，必須將碟子1和2先移開，所以移開碟子1和2是進一步的次步驟。接下來必須先移開碟子1，又一個次目標。但是碟子1應該移至B樁或C樁呢？往前想幾步。假如將碟子1移至B樁，那麼碟子2只好移至C樁，但是那樣子碟子3就無法移至C樁了。然而，假如將碟子1移至C樁，以及接下來的步驟，就能完成將碟子3移至C樁的次目標：

　　　　　碟子1至C樁

　　　　　碟子2至B樁

　　　　　碟子1至B樁

　　　　　碟子3至C樁

第一個次目標完成後，下一個次目標就是移碟子2
至C樁。進行如下：

碟子1至A樁

碟子2至C樁

然後最後一個步驟（碟子1至C樁）解開謎題。

方法—目的分析是很有力的方法，恩斯特和尼維爾（Ernst
& Newell, 1969）以及賽門（Newell & Simon, 1972）曾據其
發展一個模擬人類解決問題的電腦程式，稱**一般問題解決者**
（General Problem Solver，簡稱GPS）。這於「**電腦模擬**」
（computer simulation）一節中，再作探討。

㈡倒推法

我們一般解決問題是使用前推式處理，但是有些問題卻適合
從目標倒推向前（working backward）。例如：數學上的一些證
明題往往需要使用**倒推法**尋找證據。試作圖7-3的幾何題。已知

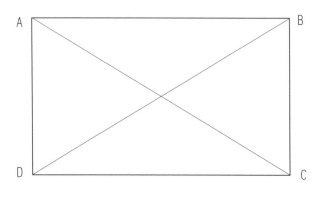

圖7-3　已知□ABCD是長方形，證明$\overline{AC}$等於$\overline{BD}$

ABCD是長方形，證明AC和BD等長。學生的思考可能是這樣：

「AC和BD等長，那麼ADC和BCD兩個三角形必須相等；所以我要先證明這兩個三角形相等……」如此由目標倒推向前。魏克格倫（Wickelgren, 1974）曾舉一個利用倒推法解決的有趣問題，試試看你是否解得出來。

有一種三個人玩的遊戲，每次遊戲結果是一個人輸，兩人贏。輸的人必須給贏的人當時擁有錢的一倍。現在有三人玩了三場遊戲。結束時，每人輸一場，每人都有8元，請問每人最初多少錢？

這個問題無法使用前推法解決，必須由目標狀態倒推向前，因為我們只知道目標狀態。我們知道玩了三場遊戲，那麼第三場有一人輸，兩人贏，最後卻每人都有8元，可見是贏了第三場的兩個人在第二場時只有4元。而輸者各付4元給他們，卻剩下8元，所以其在第二場時有16元。如此往前推理第二場發生的事情，再倒推至第一場的情況而求出解答。你依法倒推看看，是否能求出解答。（答案參見本章末「附錄」）

魏克格倫指出倒推法要有效，必須問題有單一明確的目標，並且有清楚、可描述的結束狀態。

(三)類比法

類比法（analogy）是指舊問題的解決方法可用來引導新問題的解決。這種方法在數學上也常使用。學生利用舊問題的架構來解決新問題。例如：知道一植樹問題的算法，以後遇有類似植樹問題，就如法解決。在生活中也常使用類比法解決問題，例如：你要請12人吃飯，而食譜上菜的分量是供4個人吃的，你就

可把各樣材料大致增加兩倍。

第四節 妨礙問題解決的因素

前文討論的都是利用先前的知識或經驗有助於問題解決，其實有些情況下利用先前的經驗或知識反而妨礙問題的解決。本節中將介紹探討最多的兩種妨礙問題解決的因素：**心向**（Einstellung effect, or problem-solving set）和**功能固著**（functional fixedness）。

一、心向

心向指的是人們傾向重複使用先前成功的解題經驗來解決新問題，不管其是否恰當或是否有更有效率的方法。上節提到類比法，學生利用舊問題的架構有助於解決新問題，但是若使用不當，看到類似問題，就不管三七二十一套公式解決，有時就會答錯。這就是受心向的影響。前文提到的和尚上下山問題，有許多人答不出來，原因就是從前解類似的問題都是利用數學方式解決，以致思考一直繞著找出山徑中的一點打轉，而忘了問題中並沒有要求指出哪一點。無法突破心向的影響，不能以新的方式來看問題，所以解不出來。

路金斯（Luchins, 1942）的水桶問題最能說明心向的現象。實驗中他讓受試者解許多相似的水桶量水問題。如圖7-4，A、B、C表示三個水桶的容量，要如何利用這些水桶量出目標的水量？第1題是例題，說明目標水量可用A－3B量得。接下來實驗組作2到11題，而控制組從第7題開始作。第2題到第6題都是相同的，可用B－A－2C求得水量。第7、8、10和11題可用B－A－

2C，也可用更簡單的方法A－C或A＋C量出；第9題則是不能用B－A－2C，必須用A－C。加入第9題的用意是要看實驗組，是否能發現第2題到第8題的心向。結果證實有心向影響，控制組大部分以較直接方式解第7、8、10和11題，而實驗組卻仍以較複雜的B－A－2C解題，既使是解第9題之後的10、11題。由此可見，心向的影響力實在很大。

問題	水桶容量（夸爾）			目標（夸爾）
	A	B	C	
1	29	3		20
2	21	127	3	100
3	14	163	25	99
4	18	43	10	5
5	9	42	6	21
6	20	59	4	31
7	23	49	3	20
8	15	39	3	18
9	28	76	3	25
10	18	48	4	22
11	14	36	8	6

圖7-4　路金斯（Luchins, 1942）的水桶問題

註：取自Luchins, A. S. (1942). Mechanization in problem solving. *Psychological Monographs*, *54*, Whole No. 248.

二、功能固著

功能固著是由鄧克（Duncker, 1945）所提出來的，意指人們囿於物體的原來功能，在新的情境中不能有效地以不同方法使用它來解決問題。梅爾（Maier, 1931）的繩索問題最能說明功能固著的現象。在實驗中，如圖7-5，受試者必須將天花板垂掛下來的兩條繩索綁在一起。但是由於兩條繩索距離很遠，受試者無法同時抓到它們。在房間裡還有其他物件，包括一張椅子、一把

鉗子。假如是你，你要怎麼解決呢？一般的解決方法是將鉗子綁在一條繩子的尾端，當作擺錘。當用力擺動繩子後，就可以抓住繩子，並將兩條繩子打結。但是只有39%的受試者在10分鐘內找到答案。大部分的受試者將鉗子當作工具，沒有想到鉗子可以當擺錘。這就是受試者固著於鉗子的傳統用法，不能以新的用法使用它。有許多創造性解決問題的課程，就是要訓練學生突破這種功能固著的現象。

圖7-5　梅爾的繩索問題

註：引自Maier, N. R. F. (1931). Reasoning in humans II : The solution of a problem and its appearance in consciousness. *Journal of Comparative Psychology, 12,* 181-194.

第五節 電腦模擬

心理學家一直有興趣利用電腦來模擬人類的解題行為。他們認為假如電腦程式產生像人類一樣的問題解決行為，那麼一系列的程式操作就是人類思考歷程的精確表徵（Mayer, 1977）。他們一般的做法是要求受試者在解題時將思考大聲說出來（所謂的**放聲思考法**（thinking aloud）），然後實驗者仔細分析得來的口頭報告**原案**（protocols），並將其設計為電腦程式。而電腦的問題解決步驟就可和人類的步驟（由受試者的口頭報告透露）相比較。

電腦模擬的邏輯顯然有許多缺點，如梅兒（Mayer, 1977）指出，即使電腦顯現和人類相同的行為輸出，並不意味著兩者使用相同的認知歷程。而且，口頭報告可能無法精確地反映內在狀態，因為受試者有時可能會忘記報告一閃而過的念頭。雖然還有許多其他批評，但是電腦模擬無疑提供了我們了解人類思考和問題解決的初步理論。以下探討第三節中提及的一個電腦模擬程式GPS。

GPS是最廣泛被引用的電腦模擬程式，並且深深影響後來的電腦模式。它使用的策略是方法－目的分析。一開始它會將問題表徵轉換成初始狀態、目標、操作規則和限制等，然後將問題分成許多次目標，再逐步使用恰當的解題技巧達成每一個次目標。而問題就在建立次目標，然後去除次目標和目前狀態間的差異中一步步解決。

既然GPS也使用方法－目的分析的捷思法，那麼它的解題表現是否和人類的一樣？研究者（Egan & Greeno, 1974）發現在解河內之塔的問題上，GPS和人類有很相似的表現。兩者都使用計

畫並建立次目標解決問題。但是在解另外一些問題上，GPS和人類卻有很大的不同。例如，下面的問題：

三個小矮人（hobbits）和三隻怪獸（orcs）站在河的一邊，準備渡河。河邊有一艘船，一次最多只能載兩個人或怪獸。所有6個都要被載到河的對岸。假如任何時候怪獸數目超過人的數目，人就會被怪獸吃掉（不管在河的哪一邊）。現在他們要如何安全渡河（沒有人被怪獸吃掉）？

這個問題許多人覺得很難，你解得出來嗎？答案如圖7-6所示。很多人的困難發生在第6步（Thomas, 1974），有可能是因為人和怪獸要回到原來的河邊是和目標相反的做法。研究者（Simon & Reed, 1976）認為在解這類問題上，人們一次只能考慮一個步驟，他們通常沒有建立次目標。然而GPS由於建立次目標，所以在第6步沒有困難。不過在第11步，人類比較有彈性，知道將兩隻怪獸同時載過河。GPS則因為此時的次目標集中於將河邊剩下的一隻怪獸載過河，而忽略了划船的怪獸也要一併過河。

　　GPS還有一些缺點，例如：它只能處理定義良好的問題；以及它無法從過去的解題經驗學習，每一次都是新手（Glass & Holyoak, 1986）。雖然其後的一些電腦模式作了許多改進，例如：自動學習系統，但是電腦模擬和人類真正的問題解決尚有一段距離。人類雖然免不了會受困於心向和功能固著，但是人類具有最富彈性和適應性的智慧系統。

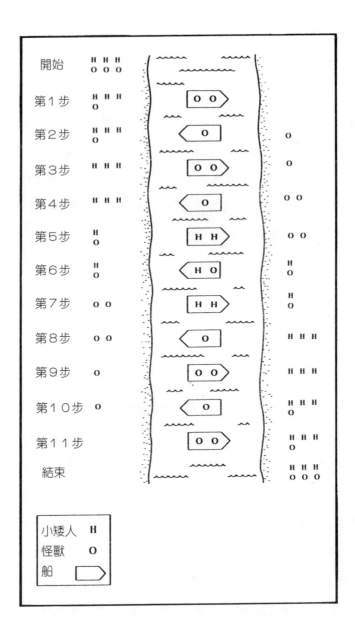

圖7-6　小矮人和怪獸渡河的問題解答

註：引自Reynolds, A. G. & Flagg, P. W. (1983). *Cognitive psychology* (2nd ed.) (p.261).Boston: Little, Brown and Company.

第六節　啓示與應用

綜合本章的討論，我們可以得到如下啟示：

1.當遇到難解的問題時，首先想是否有較恰當或易懂的方式表徵問題，那有助於問題解決。還有儘量將問題定義清楚，尤其是目標狀態是什麼必須弄清楚，才能引導問題的解決。

2.我們在使用或教學生使用捷思法（例如：類比法）解決問題時，要避免過度使用或受心向影響。盲目套公式的結果很可能妨礙我們解決新問題的效率。

除了探討問題解決的理論及有關知識，心理學家在應用方面也作了許多實際上的工作。以下是有關應用方面：

許多心理學家探討專家和生手在許多領域中的問題解決是否有差異，結果發現確實有不同。海勒和格林諾（Heller & Greeno, 1979）歸納了專家和生手在算術、代數、物理和熱力學等方面的解題差異，如表7-1所示。他們也注意到隨著問題解決者的能力增強，解決的程序也有所改變。既然專家和生手的問題解決策略有所不同，那麼我們是否可藉著找出專家的解題策略，而教給生手，使他們成為較佳的問題解決者？雖然專家在其專業領域中累積的多年知識，並不是生手在短期內就可獲得的，但是其問題解決策略是生手可以學習的。因此，心理學家想要知道是否可以透過問題解決策略的教導，使生手成為較佳的問題解決者。

表7-1　生手和專家的差異

	生 手	專 家
問題表徵 （problem presentation）	依賴口頭的問題敘述；沒有使用語意和輔助的訊息	有必要時就畫圖；依賴有力的、自發的中介表徵
知識結構 （knowledge structure）	沒有問題分類訊息可用；原理（或原則）分開貯存	有強的問題分類訊息隨時可用，有相關聯的解決程序
最初分析 （initial analysis）	沒有非正式質的分析；認明不知和已知的值；直接列方程式	假如解答不是顯而易見，對問題特性作質的多方思量以決定最佳程序
解決策略 （solution strategy）	幾乎隨機尋找含有所要的數量的方程式；不斷代換值，直到找到答案	執行計畫求解；很少需要採用另一程序重做

註：取自Heller, J. I. & Greeno, J. G. (1979, January). *Information processing analyses of mathematical problem solving.* Paper presented at the Applied Problem Solving Conference, Evanston, IL.

　　史康費爾德（Schoenfeld, 1979）就做了這樣的實驗。他教學生五種數學上的解題策略（捷思法）──畫圖、尋找歸納辯論、利用反駁辯論法、從類似的較簡單問題著手，和建立次目標，結果學生的解題能力進步了。所以他的結論是：假如我們能成功地找出真正有用的解題策略，並有效地教給學生，對學生的解題表現會有很大影響。

　　另外有些心理學家利用電腦發展**電腦輔助教學**（computer-assisted instruction，簡稱CAI）或**人工智慧**（artificial intelligence, AI）來幫助學生解決問題。布朗和伯頓（Brown & Burton, 1978）就發展了一個電腦模式，來診斷學生在加法和減法上為什麼犯錯。如圖7-7中的加法和減法例子，你診斷得出學生為什麼犯錯嗎？有些錯誤概念很容易看出來，有些則很難，因為有時可能有好幾個錯誤概念造成學生解題的錯誤。若有電腦幫

助我們診斷出學生在基本技能上的錯誤概念，我們就可以有效地
幫助學生增進解題能力。

```
                    加法問題

     15              12              35
   +  7            +  7            +48
   ────            ────            ────
     13              10              20


                    減法問題

    382             769             423
   -197            -481            -289
   ────            ────            ────
    195             288             144
```

圖7-7　加法和減法的犯錯例子

本章摘要

1. 問題解決的步驟可分成準備期、醞釀期、豁朗期和驗證
   期；也可分成確認問題、問題表徵、計畫解決的行動、執
   行計畫、評估計畫和評估解決的行動。

2. 問題表徵的方式有時會決定問題解決的難易。定義良好的
   問題應具備初始狀態、目標、物件、操作規則和限制等條
   件。缺乏上述條件就是定義不良的問題。

3. 問題解決方法的尋求可分兩大策略：定程式法和捷思法。
   定程式法是隨機尋求可能的解決方法，直到找到答案，所
   以保證一定能找到答案，但是效率很低。捷思法是運用問
   題解決者先前的知識或經驗，來尋求正確答案，雖然不一
   定會找到答案，但較有效率。

4. 捷思法有方法—目的分析、倒推法、類比法……等。方

187

COGNITIVE
PSYCHOLOGY

法─目的分析是建立許多次目標，然後逐步去除目前狀態和次目標間的差異，最後達到目標。倒推法是由目標倒推向前而求得解答。類比法是利用舊問題的架構來解決新問題。

5. 妨礙問題解決的因素有：心向和功能固著。心向是重複使用先前成功的解題經驗來解決新的問題，不知考慮新的、更有效的方法。功能固著是囿於物體原來的功能，在新的情境中不能以不同方法來有效使用它。

6. 雖然電腦模擬不免有許多缺點，但是它提供了我們了解人類思考和問題解決的初步理論。GPS是利用方法─目的分析而設計的電腦模擬程式。它在有些問題解決上和人類相似，在有些問題上卻又不同。

7. 本章的啟示是使用較恰當的方式表徵問題，並儘量將問題定義明確。還有教學生應用捷思法解決問題，也要提醒避免受心向影響。在應用方面，心理學家由比較專家和生手的解題差異，進而研究教導生手解題策略是否會增進他們的解題能力。結果是肯定的。另有心理學家發展電腦模式來幫助學生解決問題。

重要名詞

準備期（preparation）

醞釀期（incubation）

豁朗期（illumination）

驗證期（verification）

問題表徵（problem representation）

初始狀態（initial state）

目標（goal）

物件（object）

操作規則（operators）

定義良好的問題（well-defined problems）

定義不良的問題（ill-defined problems）

解決途徑（solution paths）

問題空間（problem space）

尋求歷程（a search process）

定程式法（algorithms）

捷思法（heuristics）

方法—目的分析（means-end analysis）

一般問題解決者（General Problem Solver, GPS）

倒推法（working backward）

類比法（analogy）

心向（Einstellung effect, or problem-solving set）

功能固著（functional fixedness）

電腦模擬（computer simulation）

放聲思考法（thinking aloud）

原案（protocols）

電腦輔助教學（computer-assisted instruction, CAI）

人工智慧（artificial intelligence, AI）

問題討論

1.試解下面的問題：

DONALD

+ GERALD

ROBERT

在上式加法問題中，已知：(1)D＝5；(2)從0-9的每一個數目有個對應字母；(3)每個字母的對應數目必須不同於其他字母，現在求每個字母的對應數目是什麼。

你解得出來嗎？有許多人無法解這個問題，你認為他們的困難（或你的困難）原因出在哪裡？

2. 兒童教養問題的專家常建議不要給孩童模糊不清的命令，諸如「把房間整理乾淨」、「好好唸書」，這種命令我們可視為是定義不良的問題，試討論為何這些命令是定義不良的問題，要如何改善使成為定義良好的問題？（取自吳靜吉等，1986，頁277）

3. 定程式法和捷思法解決問題有何不同？請由生活中舉例說明。

4. 你在生活中曾使用過何種捷思法解決問題？請舉兩種非書上介紹的。

5. 請討論電腦模擬人類問題解決的優缺點。

附錄

1. 倒推問題的解答

賭完第二場後，三人各有4元、4元、16元。因為有16元的人在第三場時輸，所以在第二場時必是有4元的兩人中一人輸一人贏（三人各輸一場）。因此兩人中贏的人在第二場之前只有2元，而有16元的人也是贏來的，所以應

只有8元。而輸的那人因為給出2元和8元，所以應有14元（4+2+8）。這是第一場結束後各有14元、2元、8元。因為14元和8元的人都已各輸一場，所以在第一場時必是有2元的人輸。因此有14元和8元的人是贏來的，他們原來應該有7元和4元；而有2元的因為給出7元和4元，所以原來應有13元（2+7+4）。所以三人最初各有7元、13元、4元。

2.

	DONALD		526485
+	GERALD	解答 → +	197485
	ROBERT		723970

第八章 語言結構、理解與記憶

【本章內容細目】

人類勝於動物的地方除了人類擁有較複雜的思考能力，還在於人類能夠利用語言符號表達思考。人與人之間的溝通，以及文化的累積與傳承，都依賴人類的語言能力。所以語言的重要性不問可知。語言學家和心理學家都有興趣研究關於語言的問題，只是語言學家偏重於描述語言的結構或規則（包括語音、語意、文法等），而認知心理學家則偏重於研究語言的發展和語言的認知表徵、記憶……等。一般而言，語言學家研究的是屬於能力本位方面（competence-based），亦即語言使用者的語言能力潛力；而心理學家研究的是屬於表現方面（performance），亦即語言使用者實際使用語言的行為。綜合語言學和心理學兩種取向的則是所謂的**心理語言學**（psycholinguistics）。想要了解人類的語言行為必須具備這兩方面的知識，因此在本章中擬介紹的幾個主題，無可避免的將包括一些語言學和認知心理學的語言概念，但是為方便有一綜合性的了解，並不刻意劃分這兩種領域。

第一節　語言與思考的關係

語言與思考的關係密切，但是其間的關係為何？是語言決定思考，亦或是思考決定語言，又或是兩者本是相同的？這三種關係皆有其支持者，以下分別介紹，供讀者判斷參考。

一、行為學派的看法

行為學派強調刺激—反應聯結的外顯行為，否認內在的歷程，但是面對許多證據顯示人類有內在的思考行為（例如：心算），行為主義之父——華生（John B. Watson）不得不提出解說。華生認為思考只是**無聲的口語**（subvocal speech）[註8-1]，也

就是當人們在從事思考的心智活動時，他們只是無聲地在對自己說話。有很多時候，當人們在思考時，我們確實可以看到他們無聲地自言自語；但是也有些時候，我們看不到任何明顯的口動，華生對這樣的現象，辯稱我們是利用全身思考，譬如：用我們的手臂，就像聾啞人在睡眠時使用手語。

史密斯等人（Smith, Brown, Toman, & Goodman, 1947）為驗證華生的假設，做了這樣一個實驗。史密斯本人接受全身肌肉麻痺的處理（因而須靠人工呼吸器而活），所以不能從事口動或任何肌肉的活動。但是在麻痺期間，史密斯能注意到周圍的活動，了解語言，記憶事件，並能思考它們。因此，思考似乎可以在沒有任何肌肉活動的情形下進行。如今有更多的證據顯示思考可以是抽象的，非語言的表徵，例如：我們可以使用心像思考。而且沒有語言的動物似乎也有思考能力（例如：猩猩）。所以思考依賴語言的說法是不能成立的。

二、語言學的決定論

許多語言學家主張語言決定或強烈影響一個人的思考方式或對世界的知覺，他們的觀點比華生的稍弱，因為他們並非主張語言和思考相同。其中最有名的是沃夫（Whorf, 1956）。他研究許多不同的語言，發現不同語言在其結構中強調不同的事物。他因此相信這些強調一定會對語言使用者在思考周遭的世界方面產生很大的影響。他舉了一些例子，例如：愛斯基摩人有許多不同的字形容雪，每個字代表不同狀況的雪，而說英語者卻只有一個字形容雪；菲律賓的赫拿諾人（Hanunoo）對米的種類有92種名

註8-1 無聲的口語指的是牽動發音器官的肌肉——舌、唇、頰及口腔等，但卻沒有發出任何可聽到的聲音。

稱；阿拉伯人有許多不同方式稱呼駱駝。他認為如此豐富的名稱必會使得語言使用者對世界的知覺不同於只有一個名稱的人。

這個說法就像我們對親戚的稱呼遠多於西方人，所以使得我們比西方人重視家族關係。但是反過來說也有可能啊！是不是因為我們重視家族關係，而使得我們有那麼多細分的稱呼呢？所以愛斯基摩人比說英語者有較多的字形容雪，是不是因為雪在他們的生活經驗中是非常重要的？因此這些現象無法說明是因為語言的影響而對事物有如此的細分，或是因為生活中事物的重要性而造成語言上的細分。

有一個正式的實驗來驗證這個假設。在英文中，有11個基本的顏色——黑、白、紅、綠、黃、藍、棕、紫、粉紅、橙和灰；但是在印度尼西亞新幾內亞的丹尼人（Dani）所使用的語言卻只有兩個基本顏色字——mili代表暗、冷的顏色，和mola代表亮、暖的顏色。11個基本顏色各有其最具代表的顏色，稱為「焦點色」（a focal color）。說英語者在處理與記憶焦點色方面比非焦點色容易（例如：Brown & Lenneberg, 1954）。假如辨認焦點色容易是由於說英語者有這些特別的顏色字，那麼這就是語言影響思考的很好例子。羅許（Rosch）為驗證這個假設，做了一連串比較丹尼人和說英語者的實驗，看丹尼人在處理焦點色方面是否不同於說英語者。其中有一個實驗（Rosch, 1973），她讓受試者學習焦點色和非焦點色的無意義名稱，然後比較這兩種能力。結果發現說英語者學習焦點色的武斷名稱較容易，而丹尼人也是學習焦點色的名稱比非焦點色容易，雖然在其語言中並無這些焦點色的名稱。所以，這個研究顯示不管語言上名稱的差異，丹尼人和說英語者在看顏色方面是相似的。而事實上許多語言對這11種顏色發展出基本的顏色字（我國語言除粉紅色外，亦大致

如此）就可視為是思考影響語言的例子（Anderson, 1990）。

三、思考影響語言

思考影響語言或語言只是思考工具之一的說法尚可從人類先有思考能力，再發展語言能力（幼兒在能有效地使用語言之前已有相當複雜的認知）；以及許多沒有語言能力的動物似乎能夠思考等證據得到支持。假如我們接受思考的發生先於語言，那麼認定「語言是溝通思考的工具」是很自然的。

另外還有來自認知心理學的證據：前文提及羅許對焦點色的研究，由於人類視覺系統對某些顏色特別敏感，使得語言中因此出現一些特定的、短的、高出現率的字來對應（在英文中有11個基本顏色字）。因此，視覺系統可說決定了語言對顏色的區分。另一個證據是格林保（Creenberg, 1963）對世界各種語言**詞序**（word order）的研究。每一種語言都有它表達主詞（S）、動詞（V）和受詞（O）的詞序。英語和華語都是屬於SVO詞序的語言，譬如：「她摘花」的句子，她是主詞，摘是動詞，花是受詞。格林保發現六種SVO的可能順序只有四種在自然語言中使用，其中一種還使用的相當稀少。以下是六種可能詞序及其在世界語言中的出現率（比率取自Ultan, 1969）：

SOV　44%　　　VOS　2%

SVO　35%　　　OVS　0%

VSO　19%　　　OSV　0%

前三種詞序（共占全世界語言的98%）有一個很重要的共同點，是主詞總在受詞之前。這和我們的認知符合。一個行為總

由行為者作出,然後影響其他人或物。所以很自然地一個句子的主詞出現在前(Anderson, 1990)。由此可見,語言結構受思考影響。

第二節 語言結構

語言學家將語言結構視為一階層組織,由簡單到複雜,亦即由語音單位、意義單位到句子。而語言不論其形式為何,都是由**語音**(phonology)、**語意**(semantics)、**語法**(syntax)三大部分所組成,集合這三大部分的知識就稱為文法。因此,本節中將依序探討這些組成分。

一、音素和詞素

㈠音素

語音的最基本單位是**音素**(phoneme)。每一個音素由一個單獨的符號代表,例如:/p/、/t/、/d/……等。每一種語言的音素有限,英語有45個音素,華語則有37個音素(注音符號);但是根據這些音素可組成無數個不同的字。由於不同語言使用不同音素,這就是為什麼不易學說外國語的原因。例如:法語中有/r/小舌顫動音,但是華語中沒有這個音素,所以我們要學這個音就格外困難。反過來說,華語雖然只有37個音素,但是尚有四聲(有時還有輕聲),這是英語或法語所沒有的,難怪西方人學華語很難掌握正確的音調。不同語言尚有其不同的音素組合規則,例如:英語中不可有連續超過三個子音在一起組成音節,通常必須少於兩個。

(二)詞素

　　語言的最小意義單位稱**詞素**（morpheme）^{註8-2}。在英語中，詞素通常是個字，但也可能是字首或字尾。例如：「understand」是個詞素，字首加上「mis」成為「misunderstand」，就有兩個詞素；字尾再加上「ing」，成為「misunderstanding」，就有三個詞素。所以英語中的字首，如「im-」、「in-」、「mis-」、「dis-」……等，和字尾，如「-ful」、「-ly」、「-ing」、「-ed」……等，因具有意義，都是詞素。在華語中，詞素通常是個方塊字，例如：「水」、「火」等；但是在兩個字組成的詞中，則視情況而定，如「火車」就有兩個詞素，因為是「火」和「車」兩個意義組成的；而如「箱子」、「抽屜」等則只有一個詞素，因為只有一個意義（參見張春興，1991）。將詞素合併可以產生無數個字（或詞），這不管在英語或華語，都可以節省記憶許多新的字彙。不過，詞素的組合也有一些規則和限制，例如：英語中可數名詞字尾是/s/音的，複數必須加「-es」，不可加「-s」。有研究顯示我們說話時將詞素視為分離個體作處理，譬如：有人想說「McGovern favors busting pushers」，卻說成「McGovern favors pushing busters」，「bust」和「push」這兩詞素掉換位置，而「ing」和「ers」兩個詞素卻留在原位（引自吳靜吉等，1986）。

註8-2 「morpheme」有學者譯成「字素」（吳靜吉等，1986），但也有學者（張春興，1991）譯成「詞位」。在英語中的「字」（word）事實上對等於華語的「詞」，（華語的方塊字在英文中稱「character」）所以像英語的「train」是一個字，在華語譯成「火車」是個詞。因此「morpheme」譯成華語應當是「詞位」較恰當，但是我覺得「素」比「位」更能表達「基本元素」的涵義，所以在此將它譯成「詞素」。

二、語意和語法

我們要了解一個句子，通常同時考慮句子的語意和語法。語意是字的意義，語法是片語或句子中詞素的組合規則。語法正確又有明確語意的句子，我們很容易了解，但是當兩者缺一或互相矛盾時，我們的了解情形是怎樣的呢？

有些句子語法不正確，卻有語意，例如：小學生常會向老師報告：「老師，他給我打。」雖然此句不合語法，但是我們卻能夠了解他的意思。還有幼兒說的話雖常不合語法，如「媽水果吃」，我們也都能夠了解其意思。相反地，有些句子語法正確，卻沒有明確意義，例如：「樹畫人」雖語法正確，語意卻不明，因此使人很難了解。如此，我們似乎比較依賴語意來詮釋句子。以下讓我們看看幾個正式實驗的研究結果：

史作尼和尼爾生（Strohner & Nelson, 1974）讓二歲和三歲的幼兒聽下面的句子：

貓追老鼠（**The cat chased the mouse**）。
老鼠追貓（**The mouse chased the cat**）。

然後以動物布偶演出句子的意思。結果發現幼童對兩個句子的詮釋都是一樣的——貓追老鼠，因為這符合他們對貓和老鼠的知識。所以幼兒依賴語意勝於語法。

費仁蹦（Fillenbaum, 1971）讓成人詮釋下面的句子：

約翰被埋葬且死了（**John was buried and died**）。

假如根據語法詮釋，應該是約翰先被埋葬，然後再死。結果超過60%的受試者將其詮釋為約翰先死，然後被埋葬。所以當語意和語法相矛盾時，似乎語意較能決定句子的詮釋。

　　貝茲等人（Bates, McNew, MacWhinney, Devesocvi, & Smith, 1982）使用不同方式探討，他們讓受試者詮釋下面的詞串：

　　追狗橡皮擦（Chased the dog the eraser）。

假如根據語法，受詞跟在動詞之後，那麼似乎意味著橡皮擦追狗。但是在語意上卻應該相反。結果大部分的美國人根據語法詮釋為「橡皮擦追狗」，只有少數人詮釋「狗追橡皮擦」。實驗的另一部分比較美國人和義大利人的詮釋是否有差異。他們讓受試者詮釋這樣的句子：

　　橡皮擦咬狗（英文：The eraser bites the dog；
　　　　　　　　義大利文：La gomma morde il cane）。

結果美國人幾乎都依據語法而詮釋為橡皮擦在咬；相反地，義大利人卻喜歡依賴語意而詮釋為狗在咬。所以，說義大利語者似乎比說英語者較依賴語意線索。

　　筆者認為前人的研究若使用詞串，有部分受試者可能以為要合理詮釋詞串，自然儘量就語意而忽略語法，故不能據此評斷受試者較依賴語意勝於語法。因此，筆者（鄭麗玉，1995）曾採類似史作尼和尼爾生（Strohner & Nelson, 1974）的方法，利用標準語法結構的句子，共六種句型（如下所示），探討三、四、五

（可能主動）貓追老鼠。

（不可能主動）老鼠追貓。

（可能被動）老鼠被貓追。

（不可能被動）貓被老鼠追。

（可逆主動）小狗追小馬。

（可逆被動）小狗被小馬追。

歲兒童和成人對於句子的詮釋是否有發展上的差異。結果顯示三歲組兒童較依賴語意詮釋句子，語法較未發展，但語意仍在擴展中；四歲組兒童較不依賴語意，但語法正在發展中；五歲組兒童則語法發展漸趨穩定，較依賴語法詮釋句子，但被動句子不免受語意干擾；成人組則語法發展完成，能根據語法正確詮釋語意和語法衝突的「不可能主動句」和「不可能被動句」。所以，可見華語的發展仍是循先語意後語法的發展通則；而在語法發展完成後，在語意和語法矛盾的標準語法結構中，中國成人是依賴語法詮釋句子。因此，前人的研究若以為成人較依賴語意詮釋句子，其結果可能值得商榷，因為成人可能以為情境需要，有意依賴語意而忽略語法，就像日常生活中當我們聽到「老鼠捉貓」，我們可能以為自己聽錯了，而認為應該是「貓捉老鼠」。

三、片語結構文法和轉構文法

㈠片語結構文法

　　傳統上我們將句子分析成由片語組成的階層式組織，如一個句子通常可分析成由一個名詞片語和動詞片語的組成，而名詞片語可分析成冠詞（或形容詞）和名詞的組成，動詞片語可分析成動詞和名詞片語的組成，如圖8-1所示。這種將句子分析成片語結構（phrase structure）的文法就稱為**片語結構文法**（phrase-structure grammar）。

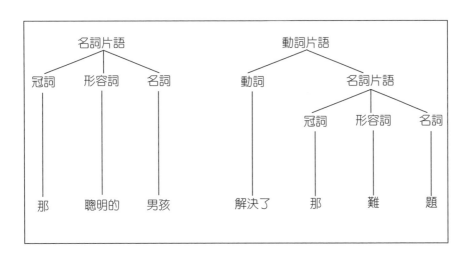

圖8-1　句子分析成片語結構的樹狀圖

　　有許多證據顯示，片語結構在處理自然語言方面扮演很重要的角色。人們在產生句子時，似乎是以片語為單位，所以說話時傾向於在大的片語單位間停頓。本墨（Boomer, 1965）發現說話者在主要片語間的停頓時間為1.03秒，而子句內的平均停頓時間為0.75秒。所以說話者傾向於以一次一個片語方式產生句子，並

且常需要在一片語之後停頓以計畫下一個。另有研究者（例如：Cooper & Paccia-Cooper, 1980）觀察受試者說出事先準備好的句子（非即席的），雖然停頓時間縮短，但還是在主要片語間停頓較久。研究說話時所犯的錯誤也支持片語結構。梅克雷和奧斯古（Maclay & Osgood, 1959）發現當說話者重複或糾正他們自己時，常重複或糾正整個片語。

片語結構文法除能反映語言處理的部分實況，優點還有只要根據片語結構和其改寫規則產生的句子都是合乎文法，不需要一定以前聽過這句子。如此兒童在學習語言上就輕鬆多了，只要學習特定規則，就能產生無數句子，不需記憶各種可能性。另一優點是片語結構能夠解釋清楚某些句子的模糊性，如下面的句子：

They are cooking apples.

到底是「他們正在煮蘋果」，還是「它們是烹煮的蘋果」？根據片語結構就能分析清楚（見圖8-2）。

然而片語結構文法也有其不足處，如下面兩個句子：

George is reluctant to please.（喬治不情願去取悅。）
George is difficult to please.（喬治很難取悅。）
（取自 Reynolds & Flagg, 1983, p.273）

若根據片語結構分析，這兩個句子有相同的結構，但是其意義卻完全相反，這是片語結構無法說明的。還有某些句子的模糊性，片語結構文法也無法解釋清楚，如下面句子：

The children are ready to eat, Mr. Swift.

（取自 Reynolds & Flagg, 1983, p.274）

若使用片語結構分析，只有一個樹狀結構，但句子卻有兩個涵義，可能是「孩子們已準備好吃飯，」或「孩子已準備好，可以吃了，」（或許史威福特先生是吃人魔。）由於片語結構文法無法解釋這些模糊性，瓊斯基（Noam Chomsky）因而提出**轉構文法**（transformational grammar）。

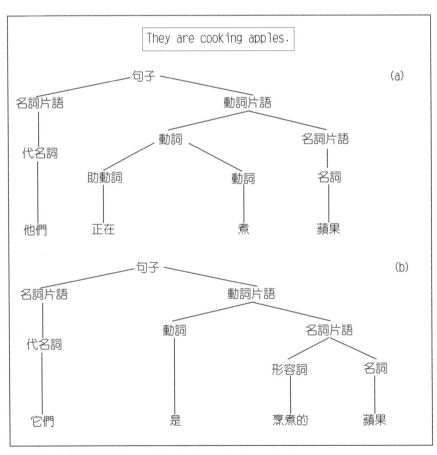

圖8-2 片語結構說明模糊句子的兩種可能涵義「They are cooking apples」可分析成：(a)他們正在煮蘋果，和(b)它們是烹煮的蘋果。

COGNITIVE PSYCHOLOGY

(二)轉構文法

瓊斯基（Chomsky, 1957）認為片語結構的單一層次文法學說，無法解釋像上述句子的模糊性，所以提出轉構文法。其理論主要是將句子分為**表層結構**（surface structure）和**深層結構**（deep structure），以及由深層結構轉為表層結構所依據的**轉構規則**（transformational rules）。**表層結構**指的是可經由傳統分析來斷開和稱呼的真正句子部分。**深層結構**是潛藏的抽象邏輯結構，通常包括句子意義所必須的許多訊息。表層結構通常以深層結構為基礎，經由轉構規則衍生出來。

這樣的雙層次轉構理論讓我們可以解釋英語的複雜特性。例如：下面兩個句子表層結構表徵完全不同，意義卻相同：

John bought a new car.（約翰買一部新車。）
A new car was bought by John.

我們可以解釋為這兩個表層結構來自相同的深層結構，但是經由不同的轉構規則（主動vs.被動），所以衍生出不同的表層結構。下面兩個句子也是類似的情況：

He has no money.（他沒有錢。）
He doesn't have any money.

前述片語結構無法說明的兩個句子，可以轉構文法說明。若以相同轉構規則將兩個句子轉為右邊的句子，很顯然地右上的句子沒有意義。所以雖然這兩個句子有相同的表層結構形式（根據片語結構文法），但所指完全不同。另外「The children are

George is reluctant to please.→To please Geroge is reluctant.

George is difficut to please.→To please George is difficult.

「ready to eat, Mr. Swift.」一句的模糊性也可以轉構文法解釋清楚。我們可以說不同的轉構規則應用在兩個潛藏的深層結構上，結果巧合地導出相同的表層結構（Reynolds & Flagg, 1983）。

簡而言之，瓊斯基在1957年出版的《語法結構》（*Syntactic Structures*）一書中所提的轉構文法，又稱**轉構衍生文法**（transformational-generative grammar），意指當一串要點或深層結構形成，藉著一組規則（轉構規則），可以衍生出許多合於文法的句子（即表層結構）。例如：應用各種轉構規則於同一深層結構：否定轉構規則會引出否定句（「John did not buy a new car.」）；疑問轉構規則會引出問句（「Did John buy a new car?」）；被動轉構規則會引出被動句（「A new car was bought by John.」）等。多重應用轉構規則會衍生更複雜的表層結構，例如：被動否定句（「A new car was not bought by John.」）和被動疑問句（「Was a new car bought by John?」）等。

根據以上的邏輯，心理語言學家可以將源自同一深層結構的許多句子，依據表層結構所需使用的轉構規則數目排列其複雜性並加以驗證。否定句（negatives, N）、疑問句（questions, Q）和被動句（passives, P）都比簡單、主動、肯定、敘述句（simple, active, affirmative, declarative; SAAD）要複雜，但又比被動否定句（passive negatives, PN）或被動疑問句（passive questions, PQ）不複雜。有許多研究驗證這樣的句子衍生理論。舉米勒和麥卿（Miller & Mckean, 1964）的研究為例。他們使用

四種句型（SAAD、P、N和PN），讓受試者在改良的速示器上方的四分之一處看一個目標句子，然後在完成要求的轉構後，從速示器下方四分之三處所呈現的18個測驗句中選出一個正確的答案。結果發現增加一個轉構（如從SAAD到N）所需的時間大約和減少一個轉構（如從N到SAAD）的時間相等，而且否定的轉構最簡單（平均時間0.407秒），被動轉構其次（平均時間0.910秒），牽涉被動和否定的雙重轉構所花時間最長（1.528秒）。雙重轉構的時間又展現一種相加的關係，大約等於其每一部分轉構時間的總和。所以顯示受試者是在使用轉構規則產生句子。

另有其他研究也頗符合瓊斯基的轉構文法理論，只是都不免遭受後來學者的批評。例如：上述米勒和麥卿的研究，雷諾斯（Reynolds, 1970）指出他們的受試者在看目標句之前都知道何種轉構變化被要求。假如這種預知不存在，情況可能完全不同。在雷諾斯的研究中，受試者聽目標句，然後在視覺上被指示要反應何種句型。結果這些轉構類型的預知除去後，所謂累加的效果消失了。而且，在雷諾斯的研究，否定的變化花的時間總是最長，而被動的變化常最快。為什麼會和米勒他們的研究結果相反？原來，雷諾斯使用的是不可逆的句子，如「老人捉了魚」（「The old man caught the fish.」）；米勒他們使用的是可逆的句子，如「珍喜歡那老婦人」（「Jane liked the old woman.」）。由於可逆句改成被動時，兩個名詞皆可作主詞，所以可能造成受試者的混淆，以致被動的轉構時間受到影響而變長。相反地，不可逆句被動的主詞明顯，所以不受影響。除此之外，心理學家也質疑這種簡單的序列線性的語言產生模式能充分解釋人類訊息處理的彈性和複雜性（Reynolds & Flagg, 1983）。

雖然不免遭受批評，但自瓊斯基的理論提出，給予語言學界

和心理學界很大的啟示和影響。畢竟語言不是如行為學派所主張的被動和重複的活動。人類語言大多數時候是衍生性的、創造性的。轉構文法也說明了為什麼相同的意思我們可以有無數種的說法，因而激起心理學家對巴特雷特（Bartlett）的再建構記憶理論重新感到興趣（參見本章第四節）。

第三節 語言理解

語言理解牽涉兩種歷程，一為資料導向（由下而上）的歷程，一為概念導向（由上而下）的歷程。**資料導向**歷程是由訊息本身來理解，前節述及的從語音、語意和語法來理解語言就是資料導向的歷程。然而我們是否曾經有過這樣的經驗？朋友（或親人）突然跑來說了幾句話，其語音、語意、語法都正確，我們一時之間就是不知道什麼意思。那是因為語言理解還受**概念導向**歷程的引導。我們常必須根據我們的預期、先備知識和脈絡線索（各種情境線索）來形成假設，預測說者將要說什麼。而其實無形之中，我們常以自己的預期、先備知識和語言資料互動，所以各人對語言的理解不盡相同。本節將就屬於概念導向歷程的一些影響因素作探討。

一、主題、脈絡線索和先備知識

資料的**主題**（theme）可以引導我們預期將要聽（或看）到什麼，從而促進理解。第五章第四節提及的「洗衣服」實驗，先給標題的那一組理解和記憶要比沒有給標題組和後給標題組要好，就是因為主題喚起受試者的先前知識而對將聽（或看）到什麼產生預期，才有助於了解較模糊的訊息。另外一些實驗

（例如：Bransford & Johnson, 1973; Johnson, Doll, Bransford, & Lapinski, 1974）是讓受試者看一些沒有主題的句子，如下句：

稻草堆是很重要的，因為布撕裂了。

有的受試者知道主題是有關跳降落傘，有的受試者不知道。結果是給主題的受試者理解與記憶得較好。

　　同樣地，**脈絡線索**（contextual clues）也有助理解，我們曾經在第三章第三節中討論過脈絡效果即是。現在再看一個有趣的實驗，布倫斯弗和蔣生（Bransford & Johnson, 1972）唸下面的一段短文給受試者聽（你可試著讀一遍，看你能理解和記憶多少）：

　　　　假如氣球破了，聲音就無法傳出，因為每一樣東西距正確的樓層都太遠。一扇密閉的窗戶也可能阻擋聲音的傳送，因為大部分的建築都隔音不錯。既然整個操作有賴穩定的電流，只要在電線的中間有破裂就會引起問題。當然那傢伙可以喊叫，但是人類的聲音沒有大到可以傳那麼遠。還有一個問題是器具的弦可能會斷。那麼訊息就沒有伴奏。很顯然地，最好的情況是距離近一點。那麼就會少一點潛在問題。面對面的接觸，最少的事情會出錯。

受試者聽完後，在七點量表上估計自己的了解程度，然後試著回憶。總共有三組受試者，一組是只聽短文，一組是先看一張圖畫（如圖8-3），一組是聽完短文後再看圖畫。結果和「洗衣

服」的實驗類似。先看圖畫的一組理解和記憶要比另兩組佳。後看圖畫的一組和沒看圖畫的一組表現得差不多。這些結果顯示,有恰當的脈絡可以幫助理解,而知識若沒被適時的引發(後看圖畫組)也沒有什麼助益。

有較豐富的**先備知識**(prior knowledge)也有助於人理解某件事。譬如:有豐富棒球知識的人對一局棒球的報導會比一般較少知識的人記得多,那是因為他們能夠將新的訊息和貯存有關棒球賽的知識整合(Chiesi, Spilich, & Voss, 1979)。有些學生不能理解和記憶指定的閱讀材料,有可能是因為他們記憶中有太少的知識結構讓他們產生聯結。以下我們介紹這方面的因素。

二、基模理論

基模理論(schema theory)是認知心理學中一個很重要的發展(Alba & Hasher, 1983),它的一個基本假設是文章(口說或書寫的)本身不具意義,只是提供聽者或讀者方向來使用自己貯存的知識提取和建構意義(Adams & Collins, 1979)。所以基模理論強調的是聽者(或讀者)和文章之間的互動。這牽涉資料導向和概念導向兩種歷程。在讀或聽的過程中不管於哪一層次(字母和字的層次、語法、語意和詮釋的層次等)皆利用己身知識和訊息互動。這證諸於我們的經驗,不正是如此?聽一段話或看一篇文章,輸入相同,可是每個人領會的意義卻不一樣。以下分別介紹幾個重要的概念:

(一)基模

基模(schema)指的是關於事件、情境或物體的有組織的知識單位(Moates & Schumacher, 1980)。例如:我們的「颱風」基模包括刮大風、下大雨、積水(有些地區還淹水)、樹可

211

COGNITIVE PSYCHOLOGY

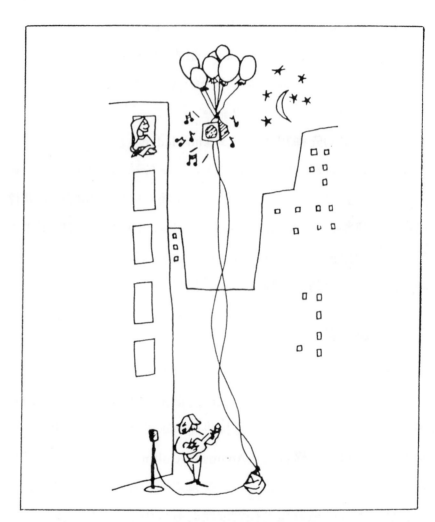

圖8-3 「氣球」短文的脈絡圖畫

註：取自Bransford, J. D. & Johnson, M. K. (1972). Contextual prerequisites for understanding: Some investigations of comprehension and recall. *Journal of Verbal Learning and Verbal Behavior*, *11*, 717-726.

能倒了、停電、一些必要的防颱準備以及蔬菜漲價……等。由於基模會引導新訊息的接收和舊訊息的提取，所以當我們聽到颱風要來時，我們會做一些防颱準備，如買蠟燭、準備手電筒、有的人還會搶購蔬菜……等，這些行為都受颱風基模的引導。曾有研究者（Pichert & Anderson, 1977）讓兩組受試者閱讀相同的短

文，其內容描述兩個男孩在一間房子裡玩耍。有一組受試者被指示以可能買房子的觀點閱讀，另一組以宵小的觀點閱讀。結果發現受試者的回憶深受他們以什麼觀點閱讀所影響。例如：從宵小觀點閱讀者記得的可能是一架彩色電視機，而不是屋頂上的漏水；而從買房子觀點閱讀者則恰好相反。所以可見閱讀時須激起適當的基模來幫助理解，因為激起的基模會引導新訊息的接收。

由於每個人有自己的基模，所以對事情的詮釋、理解和別人不會完全一樣。舉東、西方人基模不一樣的例子做說明：我們的「喜事」基模和西方人的不同，我們是大紅色代表大吉大利，西方人卻不是。他們可以白色來慶祝，我們卻會以為觸霉頭（雖然由於受西方影響，新娘現在都穿白紗，不再穿大紅色的鳳冠霞帔）。因此可想而知，當東、西方接觸，免不了鬧一些笑話，而人與人間誤解的產生也可能基於不同的基模。

有研究證實假如沒有恰當的基模可用，理解和記憶都會很差（Bransford & Johnson, 1972; Dooling & Mullet, 1973）。而且，如前述的棒球實驗，假如人們具有豐富的知識，亦即豐富的基模網絡，他們會理解和記憶得比其他人多。因此當學生有無法理解教材的情形發生時，可能必須先幫他們建立必備的基模。

㈡劇本

劇本（script）是有關於活動和歷程的基模。它具有基模的特性，只是特別強調活動（Abelson, 1981）。我們記憶中貯存有許多劇本，譬如：上餐廳、上圖書館、看電影、搭飛機……等劇本。由於有上餐廳的劇本，所以當我們上餐廳時，我們知道該怎麼做，不會手足無措或鬧笑話。布倫斯弗（Bransford, 1979）引一個有趣的上餐廳例子來說明當輸入的訊息和我們的劇本不一樣

時的情形。假設有人告訴你下面這件事，你要如何理解？

　　吉姆去那餐廳並要求坐在走廊的位子。他被告知要
等半小時。40分鐘後，對他歌聲的掌聲顯示他可以進
行他的準備。二十個客人點了他最拿手的起司蛋白牛奶
酥。吉姆很欣賞坐在主廳的客人。兩小時後，他點了餐
廳的招牌菜——烤雉雞。真是不可思議，能夠享受這樣
精緻的美食而還有15元！他當然會很快再來。

你可能很難理解，因為這和我們上餐廳的劇本不合。不過，假
如有人先告訴你這些訊息：

　　吉姆去一家很特別的餐廳。顧客可以選擇為其他顧
客表演（唱歌或跳舞等）。欲表演者需坐在走廊的位
子。假如表演受喜愛，他就可以向其他顧客宣布他的拿
手菜。假如有人點他的菜，他就可為他們準備並獲得一
些酬勞。作完菜之後，他可以點餐廳的菜並從酬勞中支
付帳單。

因為有新的餐廳劇本，你現在讀一遍前面的故事，會發現比較
容易理解了。

(三)故事基模

　　基模的一個很重要的類化例子是金區（Kintsch, 1977）提出
來的**故事**（或**敘述**）**基模**（story or narrative schema）。故事基
模的基本單位是**插曲**（episode）。插曲由**闡述**（exposition）、

曲折化（complication）和**結局**（resolution）三部分所組成。**闡述**部分介紹人物和背景。**曲折化**部分則是故事中的人物遭遇到一些問題或障礙需要克服。**結局**是克服障礙的過程並結束故事。

　　兒童的故事基模比較依循固定的方式，例如：童話故事總是以「從前從前（Once upon a time）……」為開頭來闡述人物和背景。透過接觸許多故事的經驗，兒童發展了故事基模來幫助他們理解所聽（或讀）到的故事。假如故事不符合他們的故事基模，他們就有理解困難。所以在選擇兒童的閱讀材料方面，必須考慮這一點。

　　成人的故事基模比較有彈性，成人故事有時從問題開始，慢慢再完成闡述部分。假如故事的形成像兒童故事一樣完全符合故事基模，成人反會覺得無趣，因為在理解上較不需推論，不具挑戰性。不過成人對故事的理解仍受其故事基模所影響。由於不同文化的人可能有不同的故事基模，所以在巴特雷特的「鬼的戰爭」（參見第五章第二節）故事中，受試者的回憶錯誤傾向於和其文化背景一致，因為他們嘗試以自己（不恰當）的基模來理解故事。

三、推論的理解

　　在語言理解時，我們常必須且不自覺地使用推論，也就是「意在言外」的情形。譬如第五章第二節有關建構的記憶（下節中將再述）曾提及「約翰釘釘子」的例子，受試者不自覺地推論「約翰使用鐵鎚」。另有一些研究者發現我們在物體的空間關係上使用推論。布倫斯弗等人（Bransford, Barclay, & Franks, 1972）讓兩組受試者分別聽如下的兩個句子。

1.三隻青蛙在一塊浮木<u>旁</u>休息，一尾魚在<u>它們</u>之下悠游。

2.三隻青蛙在一塊浮木<u>上</u>休息，一尾魚在<u>它們</u>之下悠游。

兩個句子只有「旁」和「上」一字之差。他們告訴受試者試著去了解句子，並且稍後將需回答有關的問題。但是受試者最後真正接受的測驗是再認法的測驗。兩組受試者各接受和原來句子只差一字（它們改成它）的句子，如下：

3.三隻青蛙在一塊浮木<u>旁</u>休息，一尾魚在<u>它</u>之下悠游。

4.三隻青蛙在一塊浮木<u>上</u>休息，一尾魚在<u>它</u>之下悠游。

（注意原來接受「旁」句的受試者，在測驗時仍接受「旁」句。）結果是接受「上」句（第二句）的受試者較會誤以為測驗句（第四句）是他們學習時真正聽到的。因為接受「上」句的受試者所作的推論是：三隻青娃在一塊浮木上休息而一尾魚在它們之下悠游，那麼魚必也在浮木下悠游；所以不自覺地以為測驗句是他們真正聽到的句子。

雖然我們會不自覺地推論以填補訊息中的空檔（fill in the gaps in messages），但是假如訊息的呈現破壞了所謂的**已知─新的契約**（given-new contract），那麼理解的速度會降低。哈維藍德和克拉克（Haviland & Clark, 1974）呈現如下兩組句子給受試者，要他們儘快按鈕假如他們覺得了解句子的意思：

1.艾德生日時收到一隻鱷魚。那鱷魚是他最喜愛的禮物。

2.艾德生日時要一隻鱷魚。那鱷魚是他最喜愛的禮物。

受試者對第二組句子反應較慢，因為第二組句子破壞了「已知—新的契約」。「那鱷魚是他最喜愛的禮物」中的「那」和「他」意謂著聽者已經知道他是誰，而他（艾德）真正收到一隻鱷魚。所以「艾德收到一隻鱷魚」是已知的事實，而關於已知事實的新訊息是艾德最喜歡這個禮物。這就是「已知—新的契約」。新的訊息必須根據舊的（已知的）事實而來。然而第二組句子違反了這個契約，因為聽者只知道艾德要一隻鱷魚，並不知道他真正收到一隻鱷魚。所以當聽到「那鱷魚是他最喜愛的禮物」時，必須先推論「他收到一隻鱷魚」，在理解上就需花較長的時間。因此，破壞「已知—新的契約」會降低理解速度。

第四節　語言記憶

　　語言在記憶中的表徵可分三種方式：逐字的、再建構的和建構的記憶。以下分別說明。

一、逐字的記憶

　　逐字的記憶（verbatim memory）是屬於痕跡論，認為物理刺激和記憶表徵間的關係是一對一。也就是語言在記憶中是以個別字為主要的貯存單位。譬如：呈現這樣一個句子「颱風過後，蔬菜都漲價了」，然後要你一字不漏地再說出來，這就是逐字的記憶。逐字的記憶通常在我們背歌詞、詩等時使用。

　　有許多研究發現句子的逐字記憶是以「意元」（參見第四章第二節）處理，而意元通常根據句子的片語結構（Johnson, 1970, 1972; Epstein, 1967; Tulving & Patkau, 1962）。（當然意

元也可能以其他方式產生，如材料的性質、實驗者的操弄……等。）例如：「The old man thanked the boy.」可視為3-1-2的句子，亦即我們以三個意元來處理這個句子，而此三個意元分別有三個、一個、兩個字（Wright, 1968）。所以嚴格說來「逐字的記憶」不是很恰當的名稱，因為句子的處理鮮少以「字」為單位，而是以「意元」。事實上，我們平常對語言的記憶也很少是一字不漏的照抄，而是以其他方式。以下兩種是較常使用的方式。

二、再建構的記憶

再建構的記憶（reconstructive memory）是語言記憶的最普通方式。（參見第五章第二節）。我們通常記得的是大意，而非特定的字。譬如：你讀了前面一段文章，請你說一遍前文在講些什麼。你現在大概只能用你的話將大意說一遍，而無法一字不漏地說出來。同樣地，我們請另外一個人照做一遍，他也只能用他的話將大意說出來，而你們兩個人說的也不會一樣。這就是再建構的記憶。我們記得的是語言的大意，然後在提取時以自己的話再建構出句子（或訊息）來。所以相同的輸入，可以有許多不同的再建構方式；而再建構出來的，因為種種因素，和原來的訊息未必相同。

再建構記憶貯存的就是轉構文法中某種深層結構的形式，以個別句子為主要單位。深層結構通常是包括核心要點的最簡單句子，以某種不可知的歷程形成（Reynolds & Flagg, 1983），然後經由不同轉構規則，再衍生出不同的表層結構（即各種不同說法）。

三、建構的記憶

建構的記憶（constructive memory）就是推論的記憶（參見第五章第二節）。我們記得的是推論而來的，而非明白陳述於文中的。前文「推論的理解」中所引用的例子就是屬於建構的記憶。

建構的記憶貯存的是高度抽象的表徵或基模（Reynolds & Flagg, 1983）。我們利用自己的基模去建構與了解語言，如巴特雷特「鬼的戰爭」中的受試者以自己的基模去建構與理解故事，所以回憶時所犯的錯誤反映受試者的文化背景和過去經驗。（注意巴特雷特的研究結果有可能是屬於建構的記憶，也有可能是屬於再建構的記憶，兩者的劃分並不是很清楚。）總之，我們對訊息的貯存很少照本登錄，而是主動地整合進我們複雜的記憶系統。

第五節 啟示與應用

從本章的討論，歸納出下列幾點重要啟示與應用：

*1.*在學習前寧可多花一些時間建立必要的先備知識，或將恰當的背景知識激發出來，以利學習；而不可將全部時間花在一遍又一遍的重複學習上，如此方能事半功倍，有效學習。

*2.*應用基模理論於閱讀上：在閱讀前，應先建立充分的基模；以利了解閱讀材料；尤其是外語的閱讀，更需建立必要的文化基模，以免誤解或無法理解。

*3.*在生活適應上，建立合適的基模和劇本，對事情作合理的推論，有恰當的反應，可減少人與人之間的誤解。而有機會旅遊

國外，所謂「入境問俗」，建立或擴充合宜的劇本，當有助於旅遊愉快。

*4.*由推論的理解研究，可知我們平常不自覺地就作許多推論，所以許多認知心理學家探討廣告是否會在無形中誤導我們的推論。這種傳達不實訊息給消費者的廣告（就其效果，而不論廣告者的意圖而言），就是**誤導**（或欺騙）的**廣告**（misleading advertising）。由於這當中牽涉一個人如何了解廣告，所以（不管其是否為法律問題）也是心理學的問題。

在這裡所要討論的誤導廣告不是那種一看就知是假的廣告，如「我們的餅乾都是小精靈做的」（因為這種不會誤導消費者），而是那種看起來是真，卻暗示某些超過它本身的廣告（Harris, Dubitsky, & Bruno, 1983）。以下舉幾種例子：

⑴**省略比較者**　「始納福使你更健康。」（和什麼比較呢？是和從前的你，還是和別種產品比較？）

⑵**祈使句暗示因果關係**　「今夏曬一身美麗的古銅色。使用美美健膚霜。」

⑶**否定問句暗示肯定的回答**　「難道買止痛藥，品質不是最更要的考慮？」

⑷**使用不全的統計數字**　「80%的牙醫推薦使用上好牙刷。」（幾個人中的80%？五個？）

海瑞斯等人（Harris et al., 1983）為驗證人們是否真的會推論出超過廣告本身的暗示，讓一半受試者聽直接陳述的廣告(a)，一半聽暗示的廣告(b)。最後所有受試者評估測驗廣告(c)的真實性。

(a)長長的一天後，你是否有疲倦、酸痛的腳？你應該穿

明月皮鞋，明月皮鞋有革命性的新鞋墊。仁慈對待你酸痛的腳。明月皮鞋會減輕疲倦、酸痛的腳。

(b)長長的一天後，你是否有疲倦、酸痛的腳？你應該穿明月皮鞋，明月皮鞋有革命性的新鞋墊。仁慈對待你酸疼的腳。明月皮鞋就適合你。

(c)明月皮鞋使你疲倦、酸痛的腳感覺較好。

結果不論是聽到直述或暗示廣告的受試者都作出(c)的推論，相信(c)的陳述是真的。所以誤導的廣告確實會引人作出超過其實的推論。我曾經注意一下我們的電視廣告，發現其中也有類似的一則，「你要健康美麗嗎？運動後，請喝×××。」或許你注意一下，也會發現不少誤導的廣告。

本章摘要

1. 語言與思考的關係有三種可能性：行為學派認為思考是無聲的口語，語言學家認為語言影響思考，而認知心理學家則認為思考影響語言。

2. 語言由語音、語意、語法三大部分組成，而集合這三大部分的知識就是文法。

3. 語音的最基本單位是音素，每一音素由一單獨符號代表，例如：/p/、/t/、/d/等。語言的最小意義單位是詞素，在英語中，詞素通常是個字，但也可能是字首或字尾。

4. 欲了解一個句子，需考慮句子的語意和語法，但有些句子語法不正確，卻有語意；有些句子語法正確，卻沒有語意。通常當語意和語法相矛盾時，語意似乎較能決定句子

的詮釋。但語言的不同可能也有所不同，美國人較依賴語法，而義大利人較依賴語意。華語的發展也是循先語意後語法的法則；而語法發展完成後，在語意和語法矛盾的標準語法結構中，中國成人是依賴語法詮釋句子。

5. 片語結構文法將句子分析成片語結構，可部分反映我們產生句子的方式，還可解釋清楚某些句子的模糊性。轉構文法將句子分成表層結構和深層結構，以及包括結構間轉換所依循的轉構規則。表層結構是句子呈現在外的部分，深層結構是潛藏的，較接近句子的意義。表層結構通常以深層結構為基礎，經由轉構規則衍生出來。有些句子表層結構不同，深層結構卻相同；有些句子正相反。轉構文法可以解釋這類句子的模糊性，因為其中經由轉構規則的運作，就可能造成這些情況。這是片語結構文法無法解釋清楚的。

6. 語言理解牽涉資料導向和概念導向的歷程。有時概念導向的歷程比資料導向的歷程還重要。影響概念導向歷程或強調兩者互動的重要因素有：主題、脈絡線索、先備知識、基模和劇本等。具備這些因素，都有助於理解語言。

7. 基模是有組織的知識系統，劇本是有關於活動的基模。基模會引導人們對訊息的詮釋和建構意義。劇本會引導人們作合理的反應、恰當的行為。故事基模會影響兒童對故事的理解。成人有時也不免受影響。

8. 語言理解時，我們常不自覺地使用推論。然而語言的呈現若破壞「已知—新的契約」，則這樣的推論往往會降低理解的速度。

9. 語言記憶可分逐字的記憶、再建構的記憶和建構的記憶。

逐字的記憶是一字不漏的記憶。再建構的記憶是只記大意，提取時再建構出細節。建構的記憶則是推論的記憶。

10. 在啓示和應用方面：學習上，注重學習前必備知識或基模的激發與建立，有助學習。生活上，建立恰當的基模和劇本，有助適應。推論的理解研究應用在廣告方面，發現有些廣告利用我們自然推論的特性，常誤導我們作出超過廣告本身的推論。這就是誤導的廣告。

重要名詞

心理語言學（psycholinguistics）

無聲的口語（subvocal speech）

詞序（word order）

語音（phonology）

語意（semantics）

語法（syntax）

音素（phoneme）

詞素（morpheme）

片語結構文法（phrase-structure grammar）

轉構文法（transformational grammar）

轉構衍生文法（transformational-generative grammar）

表層結構（surface structure）

深層結構（deep structure）

轉構規則（transformational rules）

主題（theme）

脈絡線索（contextual clues）

先備知識（prior knowledge）

基模理論（schema theory）

基模（schema）

劇本（script）

故事（或敘述）基模（story or narrative schema）

插曲（episode）

闡述（exposition）

曲折化（complication）

結局（resolution）

已知─新的契約（given-new contract）

逐字的記憶（verbatim memory）

再建構的記憶（reconstructive memory）

建構的記憶（constructive memory）

誤導（或欺騙）的廣告（misleading advertising）

問題討論

1. 你認為語言與思考的關係為何？為什麼？

2. 請依下列情況，各舉一新例：

　(1)語法正確，卻沒有語意的句子

　(2)語法不正確，卻有語意的句子

　(3)表層結構不同，深層結構相同的句子

　(4)表層結構相同，深層結構卻可能不相同的句子

3. 請比較片語結構文法和轉構文法的優缺點。

4. 語言理解的歷程為何？有哪些重要的因素？

5. 請各舉一新例說明基模和劇本的重要性。

6.語言的記憶可分哪幾種？請各舉一例說明。

7.請由生活中舉一誤導的廣告，並說明其為何為誤導。

第九章　語言獲得

【本章內容細目】

前章中探討了語言的結構、理解與記憶的問題，對語言的重要性有所了解，本章繼續探討的是有關語言獲得的問題。人與人之間溝通的主要工具是語言，有些動物之間似乎也有它們溝通的工具（例如：犬吠、蜂舞），但是我們如何說只有人類有語言的能力？那麼語言具有什麼特徵？人類的語言相當複雜，人類是否循任何階段發展語言？人類如何能在出生後短短的四、五年內學得語言？人類是以什麼方式獲得語言的呢？這些都是心理學家有興趣探討的問題，也是本章將一一介紹的。

第一節 語言的特徵

「語言是什麼？」有些人以「語言是溝通的工具」來定義語言，但這樣的定義太簡略了。有些動物也有它們簡單的溝通方式，譬如：鳥的鳴叫可表示求偶和領土的申明，蜜蜂的舞姿可傳達同伴某種訊息⋯⋯等，但是這些和人類的語言都相差太遠。不管全世界的人類使用多少種語言，人類的語言都複雜得多。哈克特（Hockett, 1960）曾提出所有人類語言共同具備的13項**設計特徵**（design features），並且檢查許多動物的溝通系統是否也有這些特徵。圖9-1是這13項特徵的圖示。

第1項特徵是**發聲—聽的管道**（vocal-auditory channel）。雖然還有其他形式的溝通（例如：手勢、蜂舞），但是這項特徵使得人們在溝通時，身體和其他部位可以從事活動，例如：人們可以一邊工作一邊聊天。**廣播式傳送和方向的接收**（broadcast transmission and directional reception），以及**快速消退**（rapid fading）是聲音的物理特徵。藉著雙耳對聲音的接收，我們可以確定聲音的方位。快速消退有別於書寫記錄或動物足跡等較持久的存在。

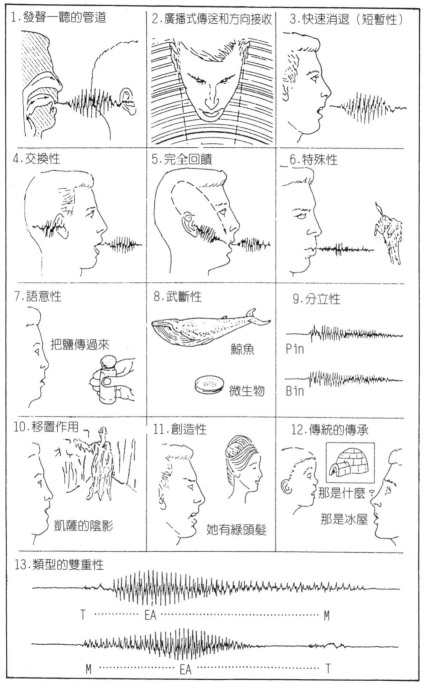

1. 發聲一聽的管道

2. 廣播式傳送和方向接收

3. 快速消退（短暫性）

4. 交換性

5. 完全回饋

6. 特殊性

7. 語意性

把鹽傳過來

8. 武斷性

鯨魚

微生物

9. 分立性

Pin

Bin

10. 移置作用

凱薩的陰影

11. 創造性

她有綠頭髮

12. 傳統的傳承

那是什麼？

那是冰屋

13. 類型的雙重性

T .... EA .... M

M .... EA .... T

圖9-1　哈克特13項設計特徵的圖示

註：取自Hockett, C. F. (1960). The origin of speech. *Scientific American, 203*(3), 88-96.

交換性（interchangeability）是指我們可以複製了解的訊息。並不是所有動物都具有這種能力，譬如：有些鳥類的求愛動作和性別角色有關，異性是無法複製的。**完全回饋**（total feedback）是我們可以聽到自己所講的話。有許多動物的溝通系統並沒有這個特徵，譬如：有些動物的皮會變色，但自己是看不見的。**特殊性**（specialization）指溝通的形式（嘎嘎大叫、吹口哨、手勢等）有其基本目的，譬如：吹口哨以呼狗來。

語意性（semanticity）指聲音信號的發出有其語意性，譬如：發出「鹽」的聲音，聽者知道指的是什麼。「把鹽傳過來」不會傳成糖或味素……等。語意和某一聲音之間的關係是**武斷的**（arbitrary），亦即一語音代表某一語意是武斷、固定的，不能隨意隨時更動。譬如：「鯨魚」是代表海中最大的那種魚，不能隨意隨時變成代表任何小魚或別的東西。

分立性（discreteness）是指語言由分開的語音單位組成，這些基本的語音單位就是音素（參見上章）。譬如：由「f」音轉到「t」音，我們可以分辨是「f」音和「t」音，不會認作是第三個音。有些溝通形式不是分立性而是連續性的（例如：蜂舞）。**類型的雙重性**（duality of patterning）指一小組的無意義元素（音素），可以經由一組規則組合和再組合成較大的高階的有意義元素（字或詞素）。如此可以有限的音素組合成無數的字。**傳統的傳承**（traditional transmission）指的是溝通系統中的許多元素是一代傳一代的。語言的學習需要文化經驗，而有些動物的溝通似乎是天生的，不受其他成員影響。

移置作用（displacement）指人類可以談論不在此時此地的事情。大部分動物的溝通不具此特徵；若有，也受到相當的限制。例如：蜜蜂的舞姿可以告訴同伴花粉的距離和品質（移置作

用），但是當研究人員捕獲偵測蜂，將其帶至高處的糖水旁，再予釋放；它卻只能傳達好花粉在附近的訊息，而無法告訴同伴是在高處。所以蜜蜂的溝通只限於水平距離訊息的傳達，而不包括垂直距離（參見黃秀瑄、林瑞欽編譯，1991）。

創造性（productivity）是人類語言很重要的一個特徵。它使我們能夠說出從來沒有被說過的事情，而人們還是能夠了解。所以人類的語言是個開放的系統，似乎由一些規則所主宰，這些規則可以將有限的元素組合、再組合成無限的單位。許多其他的溝通系統並不具有這種無盡的再組合特徵，是封閉的系統。

哈克特除了提出這13項設計特徵，還就這些特徵比較人類的語言和其他溝通系統，發現移置作用、類型的雙重性和創造性是人類語言的最重要特徵，是其他溝通系統較少出現的。類型的雙重性和創造性說明了人類語言依循某些規則，可將有限的元素組合成無限的表現，而移置作用讓人類可以論及不在現場、不在此時的事物，使溝通的內容更為廣泛。此三項特徵正點明了人類語言的彈性和開放性，是優於其他溝通系統的重要所在。

第二節　語言的發展階段

在語言獲得期間，所有兒童經歷相似的發展階段，只是每一階段的年齡因兒童而異，所以這裡引用的年齡僅供參考。以下分幾個重要的階段說明。

一、從出生的哭到一歲

嬰兒在出生後的第一個月裡，哭聲是沒有分化的，通常為了許多不愉快的情境（尿布濕了、餓了、肚子不舒服……等）而

哭。第二個月，哭因為不同原因而逐漸有區別。在接下來的兩、三個月裡，嬰兒似乎在玩弄發音器官，但所發出的音並沒有意義，大部分是a、e、o、u等母音，和p、m、b、k等子音。到大約第五個月時，進入所謂的**牙牙學語期**（babbling period）。嬰兒將母音和子音相結合，發出一些重複的音節，只模糊的接近成人的語音，如：dadada、bababa、mamama等。此時世界各地的嬰兒所發出的音非常相似，並不限於自己母語的聲音。只是慢慢地由環境中得到回饋，逐步修正，發音越來越接近自己的母語。在大約六個月時，嬰兒開始好玩地模仿自己的聲音，而大約九個月時，模仿父母。牙牙學語期的重要在於嬰兒學習控制和操弄發音器官，奠定日後學習語言的基礎。而聾兒由於在此時無法獲得聽覺上的回饋，在語言發展上開始落後聽力正常的兒童。

二、單詞期

大約在一歲時，兒童開始發出有意義的**單詞**（holophrase），如看到父母會叫「爸爸」、「媽媽」。此時兒童使用單詞表達許多意義，如兒童說「鞋鞋」（中國兒童學單詞時喜歡用疊音詞），隨著情境可能表示「我要穿鞋」、「這是鞋」或「鞋掉了」等不同意思。所以假如不依據情境判斷，很難理解這些單詞所指為何。

三、電報語

大約在一歲半至二歲，兒童開始說出兩個詞或三個詞來代表句子，例如：「媽媽鞋」、「媽媽抱抱」等。這些詞比單詞表現的意思較明確，通常包括句子的重要部分，主要是名詞、動詞、形容詞等的組合；其他如介詞、冠詞、連詞、字尾、助動詞等較

不重要的部分則省略。由於表現形式仍不完整，猶如成人的電報文件，所以稱**電報語**（telegraphic speech）。

此時兒童依賴**詞序**（word order）理解句子，所以有將被動句子視為主動的錯誤發生（Bever, 1970）。例如：在「那人被狗追」一句中，他們將表層結構的主詞（那人）視為句子的主事者（agent）而認為是「那人追狗」。要到後來，他們才學到詞序不是一個了解句子結構關係的完全指標。

英語兒童要到開始說出三個詞時，才開始學習字尾的變化（inflection）。有研究者（Bellugi, 1964）發現（如圖9-2）字尾變化出現的年齡在兩個兒童並不一樣，但次序卻一樣。都是先出現進行式的-ing，複數名詞-s，過去式規則動詞-ed，名詞所有格-s，最後出現第三人稱動詞-s。這出現的次序和平常的使用率並沒有很高的相關，而且同是詞素-s，複數名詞和第三人稱動詞-s的出現卻相差好幾個月。布朗（Brown, 1973）認為學習次序可能和概念的難易有關，較容易學習的概念，其詞素的運用較早。

字尾變化	出現的年齡（以月計）		合併兩位母親的語言，出現的次序
	亞當	夏娃	
現在進行式，-ing	28	19 ½	2
名詞複數，-s	33	24	1
規則動詞過去式，-ed	39	24 ½	4
名詞所有格，-s	39 ½	25 ½	5
第三人稱動詞，-s	41	26	3

圖9-2　在兩個兒童的語言中，英語字尾變化的出現

註：取自Bellugi, V. (1964). *The emergence of in ections and negation systems in the speech of two children.* Paper presented at New England Psychological Association meetings.

字尾變化的規律使用後，接下來就有**過分類化**（overgeneralization）的現象產生。兒童本來正確使用不規則動詞的過去式（例如：ran, went, told）和複數名詞（例如：feet, teeth），但是在開始學習使用字尾變化後，將這些不規則動詞的過去式一律加-ed，複數名詞加-s。例如：他們會說「Mary goed home.」隨著接觸規則動詞過去式和複數名詞-s的經驗增加，他們似乎悟出過去式和複數字尾變化的規則，而將這些規則套用在任何的動詞和名詞上。一直要到後來，他們學到規則的例外，才又重新正確地使用不規則的形式。

四、完整句

兒童在說出電報語的同時，也開始說一些結構完整但沒修飾語的簡單句，例如：「媽媽睡覺。」大陸學者（朱曼殊等，1979）發現完整句隨著年齡增加而趨複雜。二歲兒童的話有大部分是完整句，但屬於無修飾語的簡單句；二歲半兒童開始使用一些簡單修飾語，例如：「我也要上學」；三歲兒童開始使用較複雜的修飾語，例如：「我家住在很遠很遠的地方」。三歲半兒童使用複雜修飾語的數量快速增加，約為三歲兒童的兩倍，以後直到六歲都有增加，只是增加的幅度漸緩。兒童在二、三歲後也開始使用複雜句和複合句，這些句子持續發展到入學。

西方學者雖然注意到兒童在四、五歲前語言的發展快速，但發現兒童對一些規則限制的學習以及語彙的增加仍持續到十歲或以上。尤其是學習主詞和動詞的一致，雙重否定的去除（如「He don't want none」）等（Dale, 1972）。

第三節　語言的獲得

許多有關語言獲得的理論嘗試回答兒童如何能在短短幾年內學會複雜的語法規則，還有龐大的字彙和發音規則，然而沒有一個理論能很周全的解釋語言獲得的種種現象。雖然任一理論難免顧此失彼，但對這些理論的探討仍有助於我們了解語言獲得的真相。在此從三大主要理論取向來介紹。

一、行為學派學習理論

以行為學派增強、刺激—反應聯結、模仿等學習理論來解釋語言獲得的主要有三種觀點：

㈠有限狀態文法

解釋語法規則學習的早期觀點受行為學派聯結論的影響，認為兒童從成人的語言中學習到字與字的聯結。例如：兒童聽到像「那狗……」和「……狗叫」的兩組話，受到增強後，就能產生像「那狗叫」的句子。所以句子的產生是由左到右，左邊的字限制右邊的字的選擇，而選擇是從有限數目的可能答案中選擇一個，故稱**有限狀態文法**（finite-state grammar）。如此句子中的每一個左邊的字是刺激，下一個（右邊的）字是反應。一連串刺激—反應的聯結就形成句子。

這樣的說法有很大的問題。假如句子的學習是透過這樣由左到右的聯結，那麼每個句子兒童要學習多少個可能的聯結？在短短的幾年當中，兒童是不可能學會那麼多聯結的。而且有些句子似乎破壞有限狀態文法，但卻合乎文法。例如：

無色的綠色概念憤怒地睡著

（Colorless green ideas sleep furiously.）

很少人聽過「無色的─綠色」，「綠色─概念」的配對，但這個句子合乎文法的結構。相反地，我們將一些常出現的字組成句子，卻可能沒有意義，也不合乎文法。例如：

是他去報紙在深深的一端

（Was he went to the newspaper is in deep.）

這些字常一起出現（是──他、他──去、去──報、報──紙等），但組合在一起並不合文法。所以可見人們不是逐字形成句子，而是以較大的單位。（以上兩個例子轉引自黃秀瑄、林瑞欽編譯，1991，頁349）

(二)模仿說

社會學習論認為兒童的行為是模仿成人的行為而來，所以語言的獲得也是模仿成人的語言行為。有很多時侯，我們確實發現兒童模仿成人的語言，但是**模仿**（imitation）不能解釋兒童所有的語言學習。例如：前文提及的過分類化現象，成人從來沒有說過諸如「Daddy told me」、「There are two gooses」的句子，但是兒童將規則類化到所有的動詞和名詞上。還有研究者發現兒童學到語尾變化的順序和在成人語言中的使用率沒有很大的關係（Brown, 1973; Bellugi, 1964）。另外研究者（McNeill, 1966）也注意到有時母親刻意多次糾正孩子的語法，仍不得要領。

孩子：Nobody don't like me.（沒人不喜歡我）

母親：No, say「nobody likes me.」（不，說「沒人喜歡我」）

:

（重複八次這樣的糾正）

:

母親：No, now listen carefully; say「nobody likes me」

孩子：Oh! Nobody don't likes me.

而且模仿說也無法解釋兒童語言的創造性，所以模仿說實不能解釋兒童所有的語言獲得行為。

(三)增強說

　　增強（reinforcement）的說法是史基納（Skinner）提出來的，認為語言的獲得是經由父母親的正、負增強而來。兒童若說出形式良好的話（well-formed utterance），容易被了解，因而需求容易被滿足。如此，說形式良好的話就得到增強。但是有研究者（Brown & Hanlon, 1970）發現即使兒童說出形式不良的話（ill-formed utterance），父母親大多時候都能夠了解兒童的需求。所以似乎形式不良的話並非因為需求受挫而消失。還有父母親對兒童的話同不同意，通常視其與事實相不相符而定，而非視其合不合文法而定。亦即只要句子符合事實，不管文法正不正確都會得到父母的增強（參見圖9-3）。所以即使有時當兒童說出語法正確的句子，確實受到父母親讚嘆的增強，但增強說仍無法

完全解釋兒童的語言獲得。

同　意	
Adam: Draw a boot paper. *Eve*: Mama isn't boy, she a girl. *Sarab*: her curl my hair.	*Adam's mother*: That's right. 　　　　　　Draw a boot on paper. *Eve's mother*: That's right. *Sarab's mother*: Um hmm.
不同意	
Adam: And Walt Disney comes on 　　　Tuesday. *Eve*: What the guy idea. *Sarab*: There's the animal　farm- 　　　house.	*Adam's mother*: No, he does not. *Eve's mother*: No, that's not right. 　　　　Wise idea. *Sarab's mother*: No, that's a light- 　　　house.

圖9-3　對兒童的話同意和不同意的例子

註：取自Brown, R. & Hanlon, C. (1970). Derivational complexity and order of acquisition in child speech. In J. R. Hayes (Ed.), *Cognition and the development of language*. New York: Wiley.

二、生物—天賦論

　　有些語言學家和心理學家有感於人類能快速獲得語言複雜規則的共同性，提出**生物—天賦的觀點**（the biological-nativist position）來解釋語言獲得。基本上，他們認為人類能快速學習語言是基於天賦的能力，是生物遺傳決定的。他們並不否認後天的學習，但特別強調天賦能力所扮演的重要角色。在此介紹藍尼柏格（Lenneberg）的生物觀點和瓊斯基的**語言獲得裝置**（language acquisition device）理論為代表，最後並討論對**生物—天賦論**的批評。

㈠生物的成分

藍尼柏格（Lenneberg, 1967）是首先提出語言獲得由於天生能力的學者之一。他以三個標準來斷定語言獲得行為的先天性：人類種族間的相似性（little variation within the species）、特定機體的相關（specific organic correlates）和遺傳（heredity）。

1.種族間的相似性

雖然人類使用的各種語言有非常不同的表層結構，但是在文法上卻有相當的一致性。我們可以發現許多語言的普遍性，例如：將深層結構轉成各種表層結構的語法規則、名詞片語和述詞片語的基本分類，以及主詞—動詞—受詞關係的使用……等。之所以有這些相似性，可以說是由於人類的生物傾向，即傾向獲得和使用語言。

2.特定機體的相關

藍尼柏格認為語言發展和一般生理發展（例如：運動神經的發展）的相關比和特定學習經驗的相關要密切。他提出語言**關鍵期**（the critical period）的說法。主張語言的獲得有關鍵期，大約在二歲和青春期之間，超過這個時期，語言的獲得就不可能。關鍵期下限的定出，是由於在此之前發音技巧和語言器官控制等的缺乏。上限的定出，藍尼柏格認為由於腦部的**側化**（lateralization）在青春期完成。一般而言，左腦司語言。在腦部側化之前，腦皮質有可塑性，不同的部位可保留負責特定的功能，包括語言。腦部側化完成後，腦皮質失去可塑性；若語言尚未發展，失去原來司語言的地區，則自然再要學習語言就有困難。

藍尼柏格認為關鍵期的上限是青春期，主要根據三種資料。第一種資料來自對兒童和成人**失語症**（aphasia）的觀察。成人

患失語症若無法在短期內（三到五個月）恢復則不太可能回復語言能力。而九歲以下的兒童，若受傷只限於腦半球，通常能完全恢復。接近青春期患失語症則有中等程度的語言傷害。這樣的結果頗符合青春期是關鍵期上限的說法，因為失語症的恢復可視為語言的再學習。

第二種資料是來自對蒙古症兒童的研究。蒙古症兒童在兒童期語言仍有緩慢的進展，但到青春期則似乎達到了語言的上限。

第三種資料是對兒童和成人學習外國語言的非正式觀察。兒童同時學習兩種（或數種）語言似乎沒有困難，而成人要學習第二種語言就非常困難，即使學會了也常常帶有口音。

3.遺傳

兒童即使在很不利的情況下，似乎也能發展正常的語言，而人類以外的動物卻永遠無法發展類似人類語言的溝通技巧。所以語言能力，像走路能力，可能是生物遺傳決定的；環境只是幫忙釋出生物的潛能。

(二)語言獲得裝置

天賦論者（nativists）主張人類天生具有學習語言的能力，並嘗試探討此天生能力的本質。瓊斯基（Chomsky, 1965）是天賦論者之一，他提出**語言獲得裝置**（簡稱LAD）來說明其語言天賦的觀點。他認為人類生而具有語言獲得裝置，使他們可以不需刻意教導，就能輕易獲得語言。LAD的功能就像眼能視與耳能聽的功能一樣，在兒童發育到某一程度，開始幫助兒童分析周遭語言，快速學得語言規則。LAD是具有彈性的，它能適用於各種語言結構，是人類所共有的。它包括一些基本的語言訊息和一組分析程序。它隨著兒童和周圍的語言環境互動，而歸納、修

正出該環境中的語言規則來。

　　天賦論者的一般觀點為：語言獲得是經由逐漸發現聯繫某一特定語言的表層結構和潛在的、普遍性的深層結構的轉構規則。所以，換言之，LAD是以普遍性的深層結構為基礎，加上從環境中得來的（特定的）表層結構，逐漸發現聯繫此兩者的轉構規則。這可以說明為什麼**語言能力**（language competence）是人類所共有，但不同環境中發展出來的**語言表現**（language performance）卻不同。我們可以將一幼兒置於世界任何一個國家，一段時間後他都能夠學會當地的語言，道理即在此。

　　LAD是抽象的，不容易證實其是否存在，但可以從一些事實觀察，支持語言天賦的觀點。例如：有些大腦左側（布洛卡區，Broca's area）受傷的病人有失語症的現象，說話困難、緩慢、斷續；而大腦左側顳顱葉（魏尼克區，Wernicke's area）受損的病人雖然說話流利，似乎合乎語法，卻沒有意義。所以可見語言有生理基礎，是天賦的。還有觀察嬰兒，發現兩個星期大的嬰兒似乎就能夠區分人的語音和別的聲音，一個月大的嬰兒能區分b和p的聲音，所以人類似乎具有天賦的語言能力，對語言的聽力特徵特別敏感（黃秀瑄、林瑞欽編譯，1991）。

㈢對生物—天賦論的批評

　　雖然我們不可否認生物遺傳在我們語言的學習上扮演部分角色，但是生物—天賦論仍不免遭受一些批評，尤其是對藍尼柏格理論的批評。首先，種族間的相似性有可能是基於人類各種族間有些相似的需求，就像人類都需要使用刀、錘子等工具一樣，反映在語言上，以致有基本的相似性，並不一定是因為生物遺傳。

　　第二，研究者（Krashen, 1973; Krashen & Harshman, 1972）

發現腦部側化大約在五歲就已完成，並不是在青春期。而且右腦負責語言的功能被低估了，右腦有可能負責一部分的語言功能。

第三個批評來自對野童語言獲得的研究。世界上有一些案例是兒童小時被棄置在荒野，和野獸一起長大，後經人類發現（曾經發現的有狼童、豹童、羊童、豬童……等），帶回人類社會再施以教育、語言訓練等。這些兒童大部分在青春期以前沒有機會接觸人類的語言，所以對他們施以語言訓練，看他們能否獲得一般人的語言，是對生物─天賦論最好的驗證。現舉最有名的金妮（Genie）案例。

金妮從20個月大就被父母關在一個小房間裡，直到13歲7個月被發現，救出來。她完全沒有接觸語言的機會。被發現時，她是情緒困擾的、非社會化的、沒有語言的（Fromkin, Krashen, Curtiss, Rigler, & Rigler, 1974）。沒有醫學證據說明她有腦傷或其他的疾病。研究人員開始教她語言。依照生物─天賦論的說法，金妮超過關鍵期的上限，應該無法獲得語言。但是在兩年的訓練後，金妮的語言有相當的發展，雖然比一般兒童發展慢，而且語法方面特別有困難，可能無法有一般人的語言能力。然而金妮超過青春期卻仍然能獲得語言（即使不是全部，也有部分），因此語言關鍵期的說法值得商榷。（我國晚近也有類似的案例，山地男童周子飛從兩歲起被禁閉斗室達六年之久，被發現時不會說話。學者戴浙及其同事對其加以研究，並教導語言，同樣發現周童在語法方面特別有困難。）

不過研究者（Curtiss, Fromkin, Krashen, Rigler, & Rigler, 1974）發現金妮使用右腦處理語言。一般右手者使用左腦司語言。金妮在被關之前已經發展成右手使用者，所以應該是左腦控制的人。但是後來由於缺乏足夠的語言刺激，使得左腦沒有正常

發展。由於金妮有空間知覺和圖形辨認的能力（這些右腦所負責），右腦得到了某些程度的發展。所以被發現之後，在醫院治療期間，語言的獲得就由右腦負責。然而可能右腦司語言的空間（或容量）不如左腦大，因此語言的學習能力受影響，可能永遠無法達到正常人的語言水準。

　　所以兒童期獲得語言者，語言側化到左腦（約95%右手慣用者及三分之二左手慣用者）；若超過時間則左腦得不到正常發展，而語言以及其他心智功能原本該側化到左腦的也將得不到正常發展。因此與其說語言獲得有關鍵期，不如說左腦的發展有關鍵期（Curtiss, 1979）。

　　第四個批評來自對動物能否學習人類語言的研究。根據生物—天賦論，語言是天賦的能力，所以動物應該無法獲得人類的語言。但是動物真的無法學會人類的語言嗎？有許多心理學家嘗試教猩猩語言，由於猩猩不具有人類的發音器官，所以永遠不可能像人類一樣的說話，因此一般教猩猩手語。假如猩猩能使用手語溝通，並符合哈克特設計特徵中最重要的特徵，我們是不是可以說動物能學習人類的語言？

　　研究者（Gardner & Gardner, 1969）曾經教一隻名叫華秀（Washoe）的母猩猩**美式手語**（American Sign Language，簡稱Ameslan），結果華秀的語言發展到後來能夠主動教小猩猩手語，能夠用手語表示不在場的物品和概念，能夠發明新的恰當的手語組合（Fouts, Hirsch, & Fouts, 1982）。另外一位研究者（Patterson, 1978a, b）教一隻名叫口口（Koko）的母猩猩手語，口口會反應和問問題，會說明她感覺快樂或憂傷，會提及未來和過去的事件。所以這些猩猩的手語都具有語意、創造性、移置作用等重要設計特徵，我們似乎可以下結論猩猩可以學習人類

語言。

最後，我們雖然不易驗證語言獲得裝置的有效性，但是它不能解釋語言能力上個別差異的事實（張春興，1991），而且沒有說明兒童是如何學習抽象規則的。接下來，讓我們看另一主要理論取向──認知取向的觀點。

三、認知取向

認知取向的觀點，基本上不認為語言的學習是受增強或由天賦的語言結構而來，而是兒童先發展一般的認知結構，先認識和了解周遭的世界，然後積極尋求新的方式來表達他嘗試明確陳述的關係。所以他會主動地注意成人所使用的語言結構或方式，以表達他新了解的關係。因比，當兒童獲得語言時，就是他在學習或發現表達概念的語言方式。

換言之，兒童開始學習語言之前必須先建立一些認知概念，例如：物體恆存的概念、因果關係的概念、語詞可以代表東西的概念……等，然後以此為基礎或線索，學習如何將這非語言的表徵系統轉變成語言的表徵系統，這就是語言的獲得（Piaget, 1963; Macnamara, 1972; Bowerman, 1977）。總之，認知心理學家的看法是，生命早期幾年的語言學習和使用，是由於一些較一般性的認知能力的結果（Sinclair-deZwart, 1971），而非特別的語言能力，如生物─天賦論者提出的語言獲得裝置。他們提出的是一般性的了解世界（語言和非語言）規律的**認知獲得裝置**（Cognitive Acquisition Device，簡稱CAD）（Reynolds & Flagg, 1983）。CAD包括的是一組學習原理或推論規則，這些推論規則並不限於學習語言，而是適用於一般的學習。

對於語法的學習，兒童就是經由發展認知結構影響字

詞的學習（語意結構），然後這些再有助於語法結構的發現（Bowerman, 1977）。史洛賓（Slobin, 1966）發現俄文中各種語法形式的出現次序就是依據相關的語意難度，而非文法複雜度。首先出現的是那些語意上較具體的，例如：名詞語尾、複數；然後是牽涉關係的類別，例如：時式、動詞的人稱。條件句的形式（「if...then」）在文法上很簡單，但語意上較複雜，所以較後才獲得。文法的陰陽性是最難獲得的，因為它跟語意完全沒有相關。

在語言獲得的階段中，兒童不斷地發展規則，以較複雜的方式來說舊的東西。例如：兩歲的兒童可能說，「No eat meat」，四歲的兒童就可能說，「No, I don't want any meat」。所以兒童是在學習新的規則來處理相同的語意脈絡（記得過分類化的現象）。有研究者（Bever, 1970; Slobin, 1973）曾提出兒童可能使用的一些策略：⑴注意語尾（蒐集有關複數、所有格語尾變化的例子），⑵注意詞序和詞素，⑶將觀察到的詞序應用在各種情況，包括不恰當的，以致有過分類化現象，⑷當遇到N-V-N的句子形式時，將第一個名詞當作主事者，第二個名詞為受事者。所以有一時期兒童將被動句子當作主動句子。直到後來才修正此策略，開始注意語態的其他線索，如介詞「by」。所以，兒童似乎能夠選擇性地注意所聽到的語言特徵，並採取策略萃取有用的訊息。

認知取向的觀點強調一般性的、非語言表徵對語言表徵的啟發，然則語言輸入本身對語言獲得有何重要性？前述行為學派的模仿說和增強說都無法解釋語法的發展，那麼父母的語言對兒童的語言發展有何影響？一般成人的語言對兒童來說是既複雜又不規則，兒童不易從中歸納出語法規則。但是心理學家（例如：

COGNITIVE
PSYCHOLOGY

Snow, 1972）發現父母對幼兒的語言有別於正常成人的語言。父母對幼兒的話常是緩慢、仔細、重複地說。文法很簡單，字彙也都是屬於此時此地的（here-and-now）。如此，幼兒面臨的語言環境是包括簡單、正確、具體清楚的句子，對幼兒來說，正方便從中歸納出簡單的語法規則。如果成人的語言缺乏上述特徵，兒童就不易獲得語言（至少在語言獲得的早期），這可從兒童不易從觀看電視或聽收音機學習語言得知。這一點也是生物—天賦論無法說明的。

第四節 啟示與應用

　　雖然行為學派學習理論和生物—天賦論，對語言獲得的解釋都不夠充分，受到相當的批評，但無可否認的，兒童在學習語言的早期確有模仿成人語言的情形，也因受到成人的增強而說得更多更好；而語言學習也確實具有生理基礎。所以三大學派的理論應該是相輔相成，讓我們更能了解語言獲得的奧秘。綜合這些理論，我們也獲得了一些啟示：在語言獲得的早期，儘可能重複提供兒童簡單、清楚、明確的句子，且不脫離「此時此地」的原則，兒童所犯的錯誤不必強加糾正，只需正確示範或適度擴展不全的語句，兒童自會歸納規則，獲得語言。

本章摘要

1. 哈克特提出13項語言的設計特徵為：發聲—聽的管道、廣播式傳送和方向的接收、快速消退、交換性、完全回饋、特殊性、語意性、武斷性、分立性、類型的雙重性、傳統

的傳承、移置作用、創造性。其中又以移置作用、類型的雙重性和創造性為較重要特徵，說明人類語言的彈性和開放性，是其他溝通系統少有的。

2. 語言的發展可分為幾個重要的階段：從出生的哭到一歲、單詞期、電報語期和完整句期。從出生到一歲是牙牙學語期，嬰兒練習操玩發音器官，所發出的音沒有意義，卻奠定日後學習語言的基礎。單詞期，嬰兒開始發出有意義的單詞。電報語期，幼兒說出兩個或三個詞代表句子，通常是名詞、動詞、形容詞，其他較不重要的詞則省略。完整句期的發展是由沒修飾語的簡單句，到有簡單修飾語，再到有複雜修飾語的簡單句。而複雜句和複合句的發展要持續到入小學。一般而言，語言發展到十、十一歲才完整。

3. 解釋語言獲得的可分三大主要理論取向：行為學派學習理論、生物—天賦論和認知取向。

4. 行為學派主要以聯結論、模仿說、增強說來解釋兒童的語言獲得行為，但各有其不足處。

5. 生物—天賦論主要認為人類具有天生的語言學習能力，所以只需少數的語言刺激，兒童就能快速學習語言。以藍尼柏格的生物觀點和瓊斯基的語言獲得裝置說為代表。藍尼柏格提出關鍵期的說法，但受到許多批評，尤其是來自對野童的語言獲得研究。對動物能否學習人類語言的研究，發現猩猩能學會美式手語，則對語言天賦的說法感到強烈質疑。

6. 認知取向的觀點認為語言獲得不是來自特殊的語言能力，而是來自一般的認知能力。兒童先對周遭世界有所認識，累積一些認知概念，然後積極尋求表達的語言方式。從認

知結構影響語意結構，再轉而影響語法結構的學習。所以語法出現的次序和語意難度有關，和文法難度較無關。由於具有認知獲得裝置，只需提供兒童恰當的語言輸入，兒童自會歸納出簡單的語法規則。

7. 綜合三大學派理論，得到的啓示是：儘量重複提供兒童清晰、明確、簡單的句子，且不離「此時此地」原則，兒童若犯語誤不必強加糾正，只需正確示範或適度擴展不全的語句，兒童自會歸納規則，獲得語言。

重要名詞

設計特徵（design features）

發聲—聽的管道（vocal-auditory channel）

廣播式傳送和方向的接收（broadcast transmission and directional reception）

快速消退（rapid fading）

交換性（interchangeability）

完全回饋（total feedback）

特殊性（specialization）

語意性（semanticity）

武斷的（arbitrary）

分立性（discreteness）

類型的雙重性（duality of patterning）

傳統的傳承（traditional transmission）

移置作用（displacement）

創造性（productivity）

牙牙學語期（babbling period）

單詞（holophrase）

電報語（telegraphic speech）

詞序（word order）

過分類化（overgeneralization）

有限狀態文法（finite-state grammar）

模仿（imitation）

增強（reinforcement）

生物—天賦論（biological-nativist position）

語言獲得裝置（Language Acquistion Device, LAD）

關鍵期（critical period）

側化（lateralization）

失語症（aphasia）

天賦論者（nativists）

語言能力（language competence）

語言表現（language performance）

美式手語（American Sign Language, Ameslan）

認知獲得裝置（Cognitive Acquisition Device, CAD）

問題討論

1. 你認為是哪些重要的語言特徵，使人類的語言有別於動物的溝通系統？除了哈克特的13項設計特徵，人類的語言是否還有別的特徵？

2. 請略述語言的發展階段，並舉例（非書上的）說明。

3. 請略述三大學派理論（行為學派、生物—天賦論、認知取

向）對語言獲得的解釋。你認為何者較有道理？為什麼？

4. 有所謂的語言關鍵期嗎？請說明。

5. 動物能否學會人類的語言？請說明。

6. 從語言獲得的理論，你得到什麼啓示？

第十章 雙　語

在全球人口中有大部分的人說雙語，**雙語**（bilingualism）可說是世界的潮流，因此成為許多領域的研究者都有興趣探討的主題，當然各有其不同的理由。語言學家的興趣在語言結構的比較；社會學家、人類學家和教育家則在雙語情境所引發出的種種語言、文化和教育問題；政治學家研究雙語者則因為語言問題常是政治問題。

認知心理學家對雙語現象也感興趣是因為其對兩種重要認知歷程有所啟示。一是語言獲得：第二語言的學習歷程有助於澄清前兩章中探討的第一語言學習。另一是雙語者呈現的心理現象教認知心理學家感到好奇。雙語者似乎有兩種方式貯存、處理和使用語言訊息。這兩種平行的能力有時交互作用，有時卻必須在功能上保持分立。

本章中除由認知心理學的觀點探討雙語現象，尚包括有關雙語的一些重要問題，諸如：何時開始學第二語言、雙語教育、雙語的影響……等。這些對於時下流行的華語、英語「雙語教學」，或國語、方言「雙語教學」所引發的問題，皆有若干啟示。

第一節　雙語的定義

雙語的定義相當分歧，有許多人強調兩種語言的流利度，如《韋氏字典》對雙語的定義是「能使用兩種語言，尤其有相等或幾乎相等的流利度」（*Webster's New World Dictionary of the American Language,* 2nd College Ed., 1972, p.140）。有些語言學家也強調流利的重要性，如布倫飛爾德（Bloomfield, 1933）認為雙語是兩種語言的操控能像本地人一樣，希爾瑞（Thiery,

1978）認為一個真正的雙語者，是能被兩種不同的語言社會，在大致相同的社會文化層次，接納為當中的一份子。然而如此嚴格的定義無法反映事實。具有兩種語言相同流利度的人畢竟是少數，大多數人使用兩種語言但卻沒有本地人的流利。他們不是單語者，若根據上述定義，他們也不是雙語者。那麼要稱呼他們什麼呢？因此有的學者喜歡將流利視為連續性的，例如：何根（Haugen, 1969）認為雙語包括從以另一種語言發出完整有意義的話到被視為本地語者之間的所有程度。另一學者（Macnamara, 1967）的說法也符合這個觀點，他認為一個人至少具有第二語言的一種語言技能（聽、說、讀、寫），甚至到最低的程度，就是雙語者。我們不是見過許多只會說，不會讀，也不會寫的單語者嗎？

假如雙語的定義不是兩極化，而是連續性的，心理學家很自然地想到評量雙語的程度。他們有興趣的是區分**均衡雙語者**（balanced bilinguals）和**不均雙語**者（nonbalanced bilinguals）。均衡雙語者指兩種語言同樣流利的人，不均雙語者則指一種語言較另一種語言流利的人。他們使用各種方式測量，例如：評定量表、流利測驗、彈性測驗或優勢測驗（dominance tests）等。例如：研究者可能以不同語言指示受試者，受試者必須儘快按鍵反應。受試者對兩種語言的反應時間可作為他們是均衡雙語者或不均雙語者的指標。然而這樣的區分仍有許多可議之處。有研究者（例如：Jakobovits, 1969）指出社會文化因素可能使得受試者以一種語言回答比以另一種語言慢。還有不同語言在不同的領域中被使用，因此熟悉度不同，流利度也因而不同，不能據此判斷受試者是否是均衡雙語者。古柏（Cooper, 1971）曾發現西班牙語—英語雙語者在唸字的工

253

作（word naming task）上根據不同領域的字而有非常不同的分數。大部分的雙語者根據不同的情況、不同的目的，使用不同的語言，因此真正的均衡雙語者可能是例外，而不是常態。

所以，對雙語的定義強調雙語者的「使用」兩種語言，而非流利，可能較恰當。《美國傳承字典》（*The American Heritage Dictionary*, 1982）的定義就是「屬於、有關或以兩種語言表達」（p.178）。而雙語廣義的更可以指一種語言裡的兩種方言，或同種方言裡的兩種變化（Ching, 1978）。若根據廣義的定義，我們有許多人從小就是雙語者（國語加方言），只是平常沒有意識到而已。

第二節　雙語之間的關係

一、對等、複合、從屬的區別

有些心理學家研究雙語獲得方式對雙語之間關係的影響。溫瑞區（Weinrich, 1953）將雙語分成三種類型：

類型A：對等類型（the coordinative type）
　　　　兩種語言的文字完全分開，各有其特殊的涵義。例如：英文字「wine」有其涵義，中文的對等字「酒」有其自己不同的涵義。

類型B：複合類型（the compound type）
　　　　雙語者知道「wine」和「酒」兩個字，卻只有一個共同的涵義。

類型C：從屬類型（the subordinative type）
　　　　雙語者透過強勢語言的文字來詮釋弱勢語言的文字。

換言之，**對等類型**的雙語者有兩組意義單位和兩種表達方式，**複合類型**的雙語者有一組意義單位和兩種表達方式，**從屬類型**的雙語者有第一語言的意義單位和兩種表達方式（如圖10-1所示）。

艾文和奧斯古（Ervin & Osgood, 1954）將溫瑞區的類型B和C合併為複合類型，並強調雙語者如何成為對等類型或複合類型。他們認為對等類型雙語者的形成是由於人們在不同的情境中學習兩種語言，使得兩種語言很少交流；複合類型雙語者則是在相同情境中學習兩種語言或經由第一語言學習第二語言。

這樣的區分曾引起相當大的爭議，因為有正反兩面的研究證據，使得研究者重新評估這樣的假設。不僅實驗證據矛盾，而且這些實驗本身有許多為人批評之處，例如：受試者的選擇。有實驗（Lambert, Havella, & Crosby, 1958）將對雙親分別說不同語言的雙語者和在不同文化情境下獲得語言的雙語者皆歸類於對等類型。然而對父親說一種語言，對母親說另一種語言，所指的物件是相同的，這不是一個涵義有兩種文字表達的複合類型嗎？

以實際情形看，對等和複合類型的區分也有許多問題。如

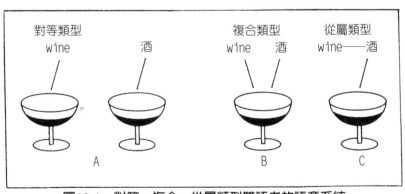

圖10-1　對等、複合、從屬類型雙語者的語意系統

註：取自Reynolds, A. G. & Flagg, P. W. (1983). *Cognitive psychology* (2nd ed.) (p.404).Boston: Little, Brown and Company.

羅培滋（López, 1977）指出，雙語者的兩種語言，某些字有相同的涵義，某些字有相似的涵義，還有某些字有不同的涵義。即使完全不同的文化也有文字代表相似的概念，否則語言間的翻譯就不可能。當雙語者比較兩種語言，必會發現有些字有重疊的涵義。如此，豈有完全對等類型的雙語者？所以雙語者可能無法完全是對等或複合類型的。有可能在某些領域是較對等的，在某些領域是較複合的，是程度的問題。

由於以上諸多原因，對等—複合的區分在1950年代及1960年代早期盛行後，已趨式微。

二、一個或兩個語彙

雙語者的內在**語彙**（lexicon）或辭典（dictionary）也是研究者有興趣探討的。大家知道單語者有一個相當豐富的語彙，包括每個字的各種意義、語法（名詞或動詞……等）、發音、字形以及用法的限制。但是雙語者有兩個語彙或一個呢？許多研究者紛紛探討這個問題。

認為雙語者只有一個語彙的看法，是指語言訊息貯存於單一的語意系統，故又稱**共同貯存**（common storage）或**相倚貯存**（interdependent storage）。兩種語言的文字組織於一個大的語彙中，只是每個字標明屬於何種語言。認為雙語者有兩個語彙的看法是指兩種語言分別貯存，各有其語彙，故又稱**獨立貯存**（independent storage）或**語言特定貯存**（language-specific storage）。以一種語言獲得的訊息只有透過翻譯的過程才能在另一種語言中得到。

主張一個語彙或兩個語彙的都各有研究支持。例如：柯勒斯（Kolers, 1966a）讓受試者回憶一系列字，結果受試者受每個

字的呈現頻率所影響，即使是以另一種語言呈現。也就是，呈現兩個字（不同語言但意義相近）中的一個字各三次，其影響回憶的效果等於一個字單獨呈現六次。所以這似乎說明共同的語彙貯存。泰勒（Taylor, 1971）的研究則支持兩個語彙。她要求英語—法語雙語者在一定時間內儘可能寫下一個字的各種聯想。有些受試者被要求只能使用一種語言寫下答案，有些受試者則可以自由轉換語言。結果發現儘管受試者可以自由轉換，他們還是偏好以一種語言聯想。亦即，語言內的聯繫力強過語言間的聯繫力。所以，泰勒的結論是兩種語言似乎分別組織於兩個分開的語彙之中。

　　然而也有研究推翻此兩種假設。柯勒斯（Kolers, 1968）要求雙語者就單一語言表中的許多刺激字產生聯想（類似泰勒使用的方法），結果發現受試者的兩種語言中有五分之一的反應是相同的。例如：英文「table」（桌子）的聯想是「chair」（椅子）；同樣的，西班牙文「mesa」（桌子）的聯想是「silla」（椅子）。柯勒斯認為這樣的比例太大，無法支持分開語彙的假設。然而他也發現大約四分之一的反應是兩種語言個別有的，這使得他也拒絕單一貯存的假設。

　　事實上，許多研究者（例如：Paradis, 1978; Kolers & Gonzalez, 1980）指出，這些研究存在著一些問題。它們假設回憶最好的字表（word list）之組織反映語彙的組織，以及受試者回憶時重組字表的方式反映內在的語彙。然而短期回憶隨機的字表，可能只告訴我們有關字表的回憶，而不是語彙的組織方式。亦即，實驗採用的方法不見得能反映所欲探討的問題。裴瑞帝斯（Paradis, 1978）認為大部分的研究沒有區別獨立於語言之外的概念貯存和語言的語意貯存。他提出三個貯存的假設：一個貯存

是有關雙語者的經驗、概念訊息，包括事物的功能、特徵、品質等心智表徵；另兩個貯存是雙語者的兩種語言，各自不同地聯繫於概念貯存。這個假設可以說明為什麼有些字很難翻譯成另一種語言，因為它們可能共有較少的概念特徵，而其他字可能共有較多的特徵。

　　裴氏的模式也可以解釋前述矛盾的研究結果。一個字和其翻譯的對等字若共有越多的特徵，它們就越能喚起相同的反應。使用這些字的研究就會得出一個貯存的假設。相反地，共有特徵越少的字，反應就越不同，使得研究者得出兩個語彙的假設。有些關於失語症的報告也支持裴氏的模式，例如：一個很有趣的案例（Lecours & Joanette, 1980），有個癲癇病人在發作期間完全失去語言能力，卻仍保有一般的認知能力，他知道在哪一站下車、用手點菜、在旅館住宿登記……等。顯然地，他的概念貯存沒有受到傷害，而語言貯存卻受到損傷，或至少無法取得。雖然裴氏的模式仍需更多實驗的支持，但無疑的是解決雙語者是否有一個或兩個語彙之問題的較佳方式。

三、一個或兩個開關模式

　　雙語者通常能將其兩種語言分開，是什麼特殊的機制使他們能夠從一語言轉換至另一語言？心理學家、神經學家和語言學家都對這個問題感到興趣。加拿大一個很有名的神經學家，彭飛爾德（Penfield, 1959）認為雙語者有一個很有效的自動開關（switch），能讓個體從一語言轉至另一語言。這個開關可以控制哪一個語言開（on），哪一個語言關（off）；一個系統開，另一個系統就關。然而心理語言學家很快指出**一個開關模式**（one-switch model）是不充分的，因為雙語者能同時說一種語

言，而聽別人說另一種語言。因此產出系統和接收系統可能是分離的，故需要一個較複難的開關模式。

這使得馬克納墨拉（Macnamara, 1967）提出**兩個開關模式**（two-switch model）：一個**輸出開關**（an output switch）和一個**輸入開關**（an input switch）。雙語者通常能決定說哪種語言，所以除了少數時候以外，輸出開關是在雙語者的有意識控制之下。這些少數時候是當過分學習或自動系列動作牽涉在內時，如數數、詛咒或祈禱。在這些情況下，雙語者才沒有意識到在使用另一種語言。和輸出開關不同，輸入開關是自動的，控制於進入的語言信號。假如聽到的語言是法語，開關就會自動轉至法語；假如聽到的是英語，則轉至英語。

垂斯曼（Treisman, 1964）曾報告一個雙耳分聽的實驗，受試者不注意的訊息和釘住的訊息可能是相同語言或不同語言。當兩種訊息都是相同語言，或使用的兩種語言都是受試者懂的，受試者在釘住訊息上展現較多困難。若不受注意的訊息是受試者不懂的語言，則無這樣的干擾。這個結果說明雙語者在雙耳分聽的工作上不能有選擇地拒聽一種語言。馬氏和其同僚（Macnamara & Kushnir, 1971）也發現受試者不能控制「自動的」輸入開關；假如他們嘗試要控制，反而阻礙它的功能。

有許多的研究證據支持兩個開關模式，不過仍有一個問題，那就是從一種語言轉換（switch）另一種語言是否需要時間。柯勒斯（Kolers, 1966b）要求法語—英語的雙語者大聲讀出英文、法文或兩種語言混合的短文。結果雖然混合語言的短文之理解不遜於單一語言的短文，閱讀速度卻大大的降低。例如：法語優勢的雙語者讀法文短文的平均時間是30秒，英文短文36秒，而混合短文則45秒。柯勒斯計算受試者口頭閱讀時的語言轉換時

間，每一個轉換大約需要0.3到0.5秒。柯勒斯的研究沒有區分輸入轉換時間和輸出轉換時間，所以馬氏和其同僚（Macnamara, Krauthammer, & Bolgar, 1968）使用阿拉伯數字為中性刺激。受試者被要求使用一種語言或另一種語言唸出阿拉伯數字，如此只有牽涉輸出開關。他們發現當雙語者在唸一長串的數字時，中間被迫從一種語言轉至另一種語言，平均的轉換時間是0.2秒，大約是柯勒斯發現的一半時間。他們因此下結論語言轉換需要時間。然而雙語者在實際生活中，語言轉換卻又好像沒有明顯停頓。馬氏（Macnamara, 1966）對此的解釋是雙語者若預期要轉換至另一語言，則讀出混合語言的字表之速度會改進。

這些研究**語言轉換**（code-switching）的結果及其假設，近年來遭到強烈的批評。首先，雙語者轉換語言是便於表達思想，使溝通更順暢，怎會反而需要多花時間？其次，馬氏及其同僚使用的材料有許多是不合文法的，呈現的不是自然的語言轉換（Paradis, 1980）。所以自然的語言轉換是否真需要時間以及使得語言處理更困難，都是值得商榷的。許多人相信並不會。

有些研究者甚至指出一個或兩個開關模式都無法解釋語言的獨立性和互動性。有時雙語者以一種語言的發音來讀另一種語言的文字（如以英語發音讀法文字），這就不是單純的一開一關的系統能解釋。應該是一種語言的某些方面是開（on），某些方面是關（off），而不是完全開或關。也有研究者（Obler & Albert, 1978）批評輸入開關是完全自動、受制於進入的語言信號之說法，因為雙語者有這樣的現象──當語言突然轉換，雙語者可能一時無法會意過來。這現象不是完全自動的輸入開關系統能夠解釋清楚的。裴瑞帝斯（Paradis, 1977, 1980）的立場更強烈。他認為兩種語言的文字看來就是字，就像同種語言中不同的字，實

在不需要設定一特別的轉換機制來使得兩種語言分開，因為它們本來就已經是分開的。語言間的選擇，和語言內風格或變化的選擇，沒有兩樣。當然裴氏的立場有待實驗的證明，但是綜合這些批評，一個心理語言模式必須能夠解釋雙語者在某些情況下能夠將兩種語言分開，而在某些情況下卻又能夠統整，如此方能被接受。

第三節 雙語的獲得

一、如何成為雙語者

　　人常因環境的需要而成為雙語者，尤其是兒童的獲得雙語。因為成人比較不容易隨著環境的轉換而轉換語言（不易學得，但學得後也不易忘記第二語言），所以本節中主要探討兒童的成為雙語者。兒童可能因為父母是不同省籍，而學會兩種語言；或因為在家使用方言，上學使用國語；還有因為隨父母遷居國外，除了會母語外，尚須學會當地的語言。在美國，有很多少數民族的兒童即是因為父母移居美國而成為雙語者。

　　若環境中有說兩種語言的需要或機會，兒童比較能維持雙語的使用，否則兒童很容易遺忘較弱或較不常使用的語言，復成為單語者。有些人或許有這樣的經驗，小時候曾隨父母在國外住過一段時間，因此學會當地的語言而成雙語者，但是回國後，因為沒有機會使用，很快地忘記該語言而回復為單語者。所以若有人說，「我小時候會講很流利的法語」，而現在卻一點法語也不會，這是很可能的。兒童似乎很容易學一種語言，卻也很容易忘記。柏林（Burling, 1978）敘述他兒子獲得雙語的過程，隨著環境的轉變，語言強弱的轉換，及最後復成單語者，確是如此。

柏林曾和太太及兒子史帝芬在印度蓋洛（Garo）地區住了大約兩年。到達時，史帝芬十六個月大，剛開始學說話。在幾週內，他開始說蓋洛語，不過英語仍較強。但是當他和保母及其他說蓋洛語的人互動後，蓋洛語逐漸取代英語。因為母親曾因病住院兩個月，使他遠離最重要的說英語者，加上父親時常跟他說蓋洛語，所以史帝芬被迫使用更多的蓋洛語。在史帝芬兩歲多一點時，他們家有機會在印度另一地區住兩個月，史帝芬在那裡接觸了幾個說英語者，所以在離開時，他的英語變得較前流利。

當史帝芬三歲多，他們家要離開蓋洛時，他已經真的是蓋洛語和英語的雙語者。他可以很容易從一種語言翻譯或轉換成另一種語言，只是無疑地，蓋洛語是他的強勢語言。但最有趣的是史帝芬的失去蓋洛語。在他們離開蓋洛，旅遊印度其他地區時，他試著和每一個印度人說蓋洛語，卻發現沒人會說蓋洛語。回美國後，他父親雖然時常跟他說蓋洛語，但是他只偶爾使用蓋洛語回答，而幾個月後，他似乎聽不懂父親的蓋洛語。在短短的六個月中，史帝芬連最簡單的蓋洛語都有困難。

因為有上述現象，許多父母為使自己的子女成為雙語者，尤其為維持弱勢語言，真是煞費苦心，使用各種不同的策略。有的使用「一個人，一種語言」策略，父母親各對子女說一種語言。有的使用「在家說一種語言，在外說另一種語言」策略。還有的是先和孩子說一種語言，直到確定孩子會這種語言後才帶進另一種語言。先學的語言通常是弱勢語言。第四種策略是在家庭裡外交互使用兩種語言，由題目、環境、人、地等因素決定使用何種語言。最後，有的家庭使用「語言時間」，早上說一種語言，下午說另一種語言，或者週日說一種語言，週末說另一種語言（詳見Grosjean, 1982歸納）。

這些策略很難說哪一種較成功，不過最不自然的策略較易失敗。譬如：使用「語言時間」策略不是很成功，因為一天中的時間或一週中的時間是很武斷的因素。其他的策略也有其問題，常隨孩子成長帶回同學及在校的時間增多，使得維持弱勢語言易形困難。許多兒童發現沒有說弱勢語言的需要，或者說弱勢語言會招來異樣的眼光時，漸漸不再說弱勢語言而成為單語者。

所以維持兒童雙語的基本因素是兒童覺得有需要在每天生活中使用兩種語言。因此，旅居國外的父母若希望子女不忘記自己的母語，最好讓子女有常回祖國的機會，或讓子女常接觸只會說母語的人。

以上是一些使用「非正式」的方法使兒童在自然環境中成為雙語者，至於使用「正式」方法，在學校學第二語言，因為平常沒有機會也沒有需要說第二語言，缺乏練習的結果通常比較不能使兒童流利地使用兩種語言。

二、何時開始學第二語言

什麼時候開始學習第二語言比較好呢？雖然青少年和成人也能成功地學得第二語言，但是一般來說，兒童要比成人容易成功。成人在記憶、注意力、推測、抽象思考、歸納等有助於語言學習的認知能力方面比兒童強，但是為什麼兒童學習第二語言比成人容易成功？這是許多心理學家想要了解的問題。

語言的學習，不管是第一語言或第二語言，似乎在青春期之前要比在青春期之後容易成功。關於第一語言的學習，在第九章語言獲得中已討論過，藍尼柏格（Lenneberg, 1967）的語言關鍵期說法應修正為左腦的發展有關鍵期（參看第九章第三節）。語言的學習若超過時間，無法側化到左腦（大部分人），

左腦得不到正常發展，語言也將得不到正常發展。而根據克雷遜（Krashen, 1973），語言側化在四、五歲就發生，不在青春期。所以許多學者反對藍尼柏格認為腦部的語言側化在青春期完成，從此語言的獲得就較困難的說法。至於第二語言的學習，由於腦部的語言側化早已完成（透過第一語言的學習），更不能以關鍵期、語言側化來解釋。有研究者（Hamer & Lambert, 1974）確實發現雙語者的左腦語言優勢和單語者的相似，並不像藍尼柏格所建議的，兒童容易學習第二語言是因為在側化完成（青春期）之前能夠多利用右腦的容量來處理語言。因此，最近學者認為關鍵期、語言側化、語言性向、智力等不是決定雙語程度的重要因素，而是諸如動機、態度等心理社會因素（Grosjean, 1982; Reynolds & Flagg, 1983）。

學習語言若是為了急於和同伴溝通，打成一片，這種**融合動機**（integrative motivation）要比學習語言是為了找工作或完成必修課程等較**功利動機**（instrumental or utilitarian reasons）強，因此較容易獲得語言（Gardner & Lambert, 1959）。兒童學習語言多半是屬於前者，而成人屬於後者。成人或青少年因年紀漸長，較有獨立能力，不需依賴他人，自我意識、種族意識較強，較不願融合於他族，或甚而害怕犯錯，因此學習語言的動機就打折扣。還有成長後，有許多事情占據心頭，諸如：功課壓力、約會、運動、工作……等，相對的學習語言的時間少，也較難專注。所以這些可能是為什麼成人或青少年較不容易獲得第二語言的原因（Reynolds & Flagg, 1983）。當然成人若動機強，也能學會第二語言，只是到青春期晚期想要獲得像本地人的發音則似乎變得很困難（Oyama, 1976）。

兒童在三歲以前獲得兩種語言稱為**同時獲得**（simultaneous

acquisition），而在襁褓期獲得一種語言，三歲以後再獲得另一種語言則稱**接續獲得**（successive acquisition）（MacLaughlin, 1978）。雖然有心理學家（Taylor, 1974）認為同時學習兩種語言比接續學習兩種語言要容易，因為獲得一種語言後，再要學習另一種語言，則語言的認知網路必須重組以容納第二種語言。所以當兒童還在學習第一語言時比較容易學第二語言，因為認知網路還未固定。但是雙語化的程度和同時獲得或接續獲得無關，而是如上所述，心理社會因素，諸如在家或在校使用該語言，才是決定兒童何時、什麼程度、有多久是雙語者的重要因素（Grosjean, 1982）。所以獲得兩種語言的年紀不是最重要的因素，兒童可在任何年紀成為雙語者（Grosjean, 1982）。

所以，什麼時候開始學習第二語言比較好呢？似乎只要在青春期以前學習都好，最重要的因素不在年紀，而在心理社會因素。兒童若覺得環境中有需要說第二語言，就容易成為雙語者。

三、兒童的雙語現象

同時獲得（在三歲以前學兩種語言）雙語的兒童在剛開始時有一段混合的語言時期，然後慢慢區別兩個語言系統，知覺到雙語。不過隨著環境，強勢語言會影響弱勢語言，兒童會避免使用弱勢語言中困難的字和結構，而且當環境改變時，強勢語言和弱勢語言會很快易位（Leopold, 1978）。

兒童處於區辨兩種語言階段時，常採取「人—語言」聯結策略，對某人固定說某種語言。若平常對他說慣某種語言的人突然講另一種語言，雖然他也懂，但是他會感到不安和不悅。這是因為利用人來決定使用何種語言，可以減輕在選擇用字和規則上的負擔（Volterra & Taeschner, 1978）。

雙語（或多語）兒童在很小的時候就有翻譯的技巧。他們常能視環境的需要為別人翻譯（Harris & Sherwood, 1978）。還有他們會根據許多因素，諸如：交談者使用的語言（或其強勢語言）、環境的需要（例如：在學校使用多數人的語言）、交談的功能、內容……等，而據以選擇使用的語言。他們也會使用語言遊戲，捉弄人而故意使用平常不用的語言，表示親密而使用少數人的語言，或使用語言將別人排除在外或包括進來（參考Grosjean, 1982）。

雙語者常有語言轉換（code-switching）的現象。語言轉換的現象在雙語兒童早期就出現。年紀小的兒童大多在一種語言中夾雜另一種語言的單字，而年紀較大的兒童則是成語或句子。他們轉換語言起先是為了一時在該語言中找不到適當的字表達，後來有別的原因，例如：澄清模糊的地方、引起注意，年紀大一點時還有為了強調（McClure, 1977），區別種族或團體等（Genishi, 1976）。

第四節　雙語教育

有關兒童的語言教育問題，各國採取不同的策略解決，有學者（Grosjean, 1982）根據教育的目的，將這些策略大致分成兩大類：一為促使語言與文化同化的教育，一為促進語言與文化多樣化的教育。以下將根據這樣的分類，簡單介紹幾種重要教育策略。

一、促使語言與文化同化的教育

有些國家為了同化少數民族，統一國家，所以教育上採

取的策略是強調國家語言，而不重視**少數民族語言**（minority language）。因此雙語並不是教育目標。大致有兩種做法：

㈠單語教育

為達到同化，最簡單而廣泛使用的方法是不分多數民族兒童和少數民族兒童，一律使用**多數民族語言**（majority language）教學。這種單語教育又叫**沈沒法**（submersion），等於將兒童丟進水裡讓他或沈或浮。假若兒童並不懂學校裡使用的語言，那麼可想而知他的學習將受很大的阻礙，而且覺得被冷落。尤其在大多數兒童都會學校語言而唯獨他不會的班級，他將更感到孤獨和沒有安全感。

單語教育也常導致兒童背離自己的母語和文化，尤其當少數民族語言和文化在學校受到輕蔑，兒童常會感到困惑、害怕、憤怒或退縮。雖然也有少數民族兒童很成功地適應，但是也有兒童因此學校功課落後，甚或退學。

㈡過渡期的雙語課程

鑑於單語教育對少數民族兒童的不良影響，許多國家的教育工作者和立法者紛紛轉向雙語教育。這些雙語課程在學校裡使用兩種語言——兒童的母語及正常學校語言，目的是要幫助兒童很快地過渡到**主流課程**（mainstream program）中，使用多數民族語言。不同的學校有不同的做法，但都是過渡性質，並沒有嘗試維持兒童的母語和文化。例如：有學校讓一年級的少數民族兒童接受90%的雙語教學（老師說雙語），10%的第二語言學習（多數民族語言）。第二年雙語課減為只有一半，其餘為主流課程。第三年，雙語教學時間只剩10%。最後全部為主流課程。

所以這個方法只是緩和兒童融合的過程，目的和單語教育一樣，是促使語言與文化同化。兒童有可能維持雙語，甚至雙文化（假如該少數民族有足夠力量維護），但是大部分兒童則最後都成為主流文化的單語者。

二、促進語言與文化多樣化的教育

由於種族意識的抬頭，各種族想要保存自己的語言和文化，或者想更有效地學習外國語言，或者想讓國民成為雙語、雙文化者，則教育課程採用兩種語言和文化。這些課程也叫「雙語教育」，但有別於過渡期的雙語課程。大致上可分兩種：**維持課程**（maintenance programs）和**浸入課程**（immersion programs）。

㈠維持課程

這些課程的目的是要維持多數民族文化和少數民族的文化遺產，並幫助兒童成為雙語者。所以教育的進行是採用兩種語言並介紹兩種文化的歷史、地理、文學、藝術和音樂……等，使兒童成為雙語言和雙文化者。

㈡浸入課程

這是另一種形式的雙語教育。兒童首先被教以第二語言，慢慢的他們的第一語言被帶入成為教學的第二種媒介。例如：一年級兒童的全部課程以第二語言上，二年級時加入每天一小時的第一語言課程，但其餘仍以第二語言上，三年級再多加一些第一語言課程。以後逐年增加，到六年級時可能有一半多一點的課程是以第一語言上。這種課程乍聽之下很像單語的沈沒課程，但是有很多不同點。浸入課程中的兒童通常來自優勢民族，他們的母

語受到尊敬，教室中的其他兒童都有相同的語言背景，父母親都支持該課程，教師對兒童的成就也有很高的期望。這樣做是因為父母親希望子女能有效地學習少數民族語言，成為雙語者。其結果確實比傳統教授第二語言的課程有效。兒童不僅保存了第一語言，而且第二語言的學習比其他同齡的兒童好註10-1。

第五節 雙語的影響

雙語的學習對一個人的影響是好，還是壞？原本只供處理一種語言的腦容量必須被兩種語言均分，會不會使得雙語者的任一語言因此不如相對的單語者？或者有些原本供處理其他非語言資料的容量被用來處理語言，使得雙語者在其他認知、心理動作或知覺能力有所不足？這些是對於學習雙語可能有的疑慮，心理學家早就對此一一探討。

有研究者（Doyle, Champagne, & Segalowitz, 1978; Padilla & Liebman, 1975）發現兒童在非正式的學習上（自然環境中）獲得兩種語言的速率及語言發展和單語者相似。從神經學方面來說，使用兩種語言也沒有比使用一種語言來得負擔較重（Segalowitz, 1977）。早期比較雙語兒童和單語兒童的大部分

註10-1 實施「浸入課程」最有名的是加拿大。加拿大的多數民族語言是英語，但是在少數幾個大城，諸如：聖·藍巴特（St. Lambert）、魁北克（Quebec），則以法裔加拿大人居多，因此在這幾個大城市中的英裔加拿大人就成為少數民族。而這些英裔加拿大人因有感於處在說法語的多數人中，乃希望子女能說英語也能說法語。他們不滿意傳統教授第二語言的方式（將語言當做一種課程學習，像我國學習英語的方式），希望他們的子女能以比較自然的方式獲得法語，也就是以法語為學校中教學和交談的語言。這種課程確實比傳統教授第二語言的課程有效。兒童不僅保存了英語，而且法語的學習比其他同齡的英語兒童好。

研究發現，雙語對兒童有負面影響，雙語兒童在語言、認知、智力、教育的發展上表現次於單語兒童（例如：Tireman, 1955; Jones & Stewan, 1951; Darcy, 1946; Kelley, 1936; Sare, 1923）。只有少數研究發現沒有影響或有正面影響。但是後來學者（Peal & Lambert, 1962）檢視早期的研究，發現這些研究所得的負面結果是因為研究者沒有遵循標準的實驗程序，例如：沒有控制兩組兒童的社經地位。皮爾和藍巴特（Peal & Lambert, 1962）並且進一步發現雙語兒童的智力、思考彈性、創造力優於單語兒童，而且對以該第二語言為母語的人態度較友善。所以雙語似乎可以使人從兩種角度看事情，因而促進創造力和解決問題的能力（Reynolds & Flagg, 1983）。

然而更近的研究批評先前的研究在選擇受試者方面（搭配單語兒童和雙語兒童），仍不免有缺失，例如：麥克納柏（MacNab, 1979）指出皮爾和藍巴特選擇雙語兒童的標準過嚴。必須通過四個測驗的均衡雙語者，其兩種語言同樣好，才獲選。這樣在364個十歲兒童中，只有89個被認為是均衡雙語者，而有75個被認為是單語者。所以，這樣有可能選出來的雙語兒童本來就比較聰明。

一個比較接近理想實驗情境的研究（Barlk & Swain, 1976）發現，雙語兒童和單語兒童在認知發展上並無很大差別。越來越多的學者相信雙語對兒童的發展並沒有很大的影響──不管是正面的或負面的（Grosjean, 1982）。

綜上所述，我們不敢說雙語對兒童一定有正面影響，但至少可以肯定雙語對兒童發展沒有不良影響。而且多學會一種語言，等於是多了一把開啟其他世界的鑰匙！

第六節 啓示與應用

從本章的討論，可有以下的啟示：

1. 雙語的學習對兒童沒有不良影響，也不會加重兒童負擔。過去有些學者反對在小學教英語，原因之一是怕影響母語的學習（例如：陳玉婕，1987）。這個顧慮可能是多餘的，兒童有能力同時學習兩種語言，只不過必須注意方法、教材、學習態度的適切性。假如只是逼迫兒童記一堆無意義的單字和文法，不注重語言的溝通性和趣味性，又或者是存崇洋媚外的心理，自然會加重兒童的心理負擔和影響母語的學習。

在今日，說雙語（或多語）已是世界潮流，多一種語言能力是多了一種與人溝通的工具，同時能直接了解他種文化，對他種民族因而較友善，不會有故步自封、夜郎自大的心理。因此雙語使人可以從兩種角度看事情、思考較有彈性，是很可能的。所以雙語的學習應值得鼓勵。

2. 兒童學習第二語言的優勢是不怕犯錯，心理負擔輕、較能專注，同時容易獲得正確的腔調、語音，所以青春期以前學習第二語言效果較好。至於幾歲學習，同時獲得或接續獲得和兒童的雙語程度沒有很大關係。最重要是兒童覺得環境中有需要說第二語言，才容易維持雙語。兒童很容易忘記較弱的語言，所以一旦讓兒童開始學習第二語言，應持續下去，不可中斷。否則因為沒有語言環境，兒童很快忘記，豈不徒勞無功？而且因為兒童容易獲得正確的腔調、語音，因此教學時宜提供正確的語音。常見有些家長只要子女學英語，卻不注意子女是否學到正確的發音。兒童一旦學了錯誤的發音，要改正就很費事，而先跑也就未蒙其

利，反受其害。

3.旅居國外的父母要維持孩子的母語是非常困難的事。然
採用越不自然的策略越容易失敗。最重要是讓兒童覺得有需要說
雙語。因此有機會可讓子女常回祖國，或接觸只會說母語的人。

4.有些國家因為境內太多種族，有必要統一語言。然而由
於各種族的自覺，也有必要維持方言。但是若過分強調方言，會
妨礙國人之間的溝通，有礙國家的統一。所以筆者認為教育上仍
應以國家語言為主，方言課程可視環境需要列為過渡課程或選修
課程。事實上，為維持兒童的方言，較有效的做法是如前所述，
讓兒童覺得在環境中有說方言的需要。非正式的學習方式要比正
式的學習方式有效。

本章摘要

1.雙語的狹義定義是對兩種語言的操控有相等的流利度。但
是真正的均衡雙語者可能是例外，不是常態。所以雙語的
定義宜為「屬於、有關或以兩種語言表達」。

2.根據雙語的獲得方式，可分三種類型的雙語者：對等類
型、複合類型和從屬類型。有研究者將複合類型和從屬類
型合併為複合類型，並加以驗證。由於實驗證據矛盾，再
加上這樣分法的一些缺點，如今這樣的區分已不再盛行。

3.雙語者的內在語彙是一個或兩個曾引起相當大的爭論，各
有研究支持。後來學者發現這些研究都存在著一些問題，
因此裴瑞帝斯提出三個貯存的假設。裴氏的模式雖需更多
的實驗支持，但能解釋一些矛盾的研究結果，是解決雙語
者語彙問題的較佳方式。

4. 雙語者能將兩種語言分開，又能從一種語言轉至另一種語言，其內在的機制為何？學者提出一個開關模式和兩個開關模式。一個開關模式不夠充分，有較多的研究證據支持兩個開關模式。但是兩個開關模式的一些假設仍然遭受批評。應該是一種語言的某些方面是開，某些方面是關，而不是完全開或關。

5. 兒童因為不同的環境因素而成為雙語者，但很容易因為環境轉換而失去弱勢語言。父母為維持兒童的雙語，使用各種策略。越不自然的策略越容易失敗。唯有讓兒童覺得有需要說弱勢語言，才容易成功。

6. 兒童因為動機、態度等心理社會因素，學習第二語言比成人或青少年容易成功。融合動機因比功利動機強，因此容易獲得語言。同時獲得或接續獲得兩種語言和兒童的雙語程度沒有很大關係。因此只要動機強，在任何年紀皆可成為雙語者。只是在青春期以後學習第二語言，不易學得正確腔調。

7. 同時獲得雙語的兒童在剛開始時有一段混合的語言時期，然後慢慢區別兩種語言。強勢語言和弱勢語言常會隨環境而易位。雙語兒童能為人翻譯，也會視環境因素選擇使用的語言，還有為某些目的而轉換語言。

8. 根據教育的目的，各國語言教育大致可分兩大類：一為促使語言與文化同化的教育，一為促進語言與文化多樣化的教育。促使語言與文化同化的教育大致有兩種做法：單語教育和過渡期雙語課程，都是為統一國家、同化少數民族，故雙語並不是教育目標。促進語言與文化多樣化的教育大致上也有兩種做法：維持課程和浸入課程，目的是培

育國民成為雙語、雙文化者，故是真正的雙語教育。

9. 早期研究發現雙語兒童在語言、認知、智力等許多方面的發展不如單語兒童。後來研究批評早期研究的缺失，反過來發現雙語兒童的發展優於單語兒童。不過最近的研究也批評先前的研究缺失，發現雙語兒童和單語兒童在認知發展上實在沒有很大區別。所以雙語的學習對兒童不一定有正面影響，但肯定沒有不良影響。

10. 在啓示方面：小學教英語若注意方法、教材、學習態度的適切性，不一定會加重兒童負擔，影響母語學習。青春期以前學習第二語言效果較好，但需注意一旦開始學習，必須持續下去，不可中斷，否則很容易忘記。還有必須注意是否學習正確的腔調、語音。旅居國外的父母宜讓子女有常回祖國或接觸只說母語的人的機會，如此才容易維持子女的母語。方言的維持有必要，但若過分強調，有礙國家統一，所以教育上仍宜以國語為主，方言課程可視需要列為過渡課程或選修課程。事實上，方言的學習以非正式的方式學習較有效。

重要名詞

雙語（bilingualism）

均衡雙語者（balanced bilinguals）

不均雙語者（nonbalanced bilinguals）

對等類型（coordinative type）

複合類型（compound type）

從屬類型（subordinative type）

語彙（lexicon）

共同貯存（common storage）

相倚貯存（interdependent storage）

獨立貯存（independent storage）

語言特定貯存（language-specific storage）

一個開關模式（one-switch model）

兩個開關模式（two-switch model）

輸出開關（an output switch）

輸入開關（an input switch）

語言轉換（code-switching）

融合動機（integrative motivation）

功利的動機（instrumental or utilitarian reasons）

同時獲得（simultaneous acquisition）

接續獲得（successive acquisition）

少數民族語言（minority language）

多數民族語言（majority language）

沈沒法（submersion）

主流課程（mainstream program）

維持課程（maintenance programs）

浸入課程（immersion programs）

問題討論

1. 試為雙語下一個合適的定義並辯護你的定義。

2. 為什麼均衡雙語者可能是例外，不是常態？

3. 以對等—複合來區分雙語者有哪些問題？

4.何種模式較能說明雙語者的內在語彙？為什麼？

5.一個和兩個開關模式各有何問題？

6.你希望你的子女是單語者或雙語者？為什麼？

7.假如你希望你的子女是雙語者，你要何時讓他開始學第二語言？為什麼？你要如何維持他的弱勢語言？

8.請比較「沈沒課程」和「浸入課程」的異同，及其對兒童的影響。

第十一章　後設認知與認知發展

【本章內容細目】

後設認知（metacognition）一詞自從1970年代出現後，就引起學者相當廣泛的討論與研究。雖然「後設認知」一詞是新的，但是其概念有歷史的淵源，也由於淵源的不同，使後設認知的涵義相當混淆，有許多問題仍待心理學家進一步的探討釐清。再加上後設認知的概念對許多領域的學習都非常重要，使得各領域的學者紛紛探討後設認知的應用。因此，後設認知的研究已蔚為一時風尚。本章的第一部分嘗試介紹後設認知的涵義、源起、重要性以及應用，俾讓讀者對後設認知概念有初步的了解，並對學習有所啟發。

除了皮亞傑（Piaget）的認知發展論，有許多心理學家也對人的一生思考是如何改變的產生興趣，他們研究**認知發展**（cognitive development），探討心智技能如何隨著生理的成熟和經驗的增加（學習）而建立和改變。他們研究不同年紀人們的差異及相似性，嘗試發現人們在一生中的不同時候如何及為什麼思考和行為不同。這些差異和相似是基因、環境，以及兩者交互作用的結果（Plomin, 1999）。雖然有些認知發展心理學家強調成熟（先天）的重要，有些則強調學習（後天）的重要，但大部分的心理學家都同意發展上的改變是成熟和學習交互作用的結果。認知發展牽涉思考上質的改變，以及量的改變，如知識和能力的增加。所以，認知發展的研究對於教育有很大的涵義，我們是否在什麼時候提供適當的學習以助益認知發展。因此本章的第二部分擬介紹認知發展的通則、主要理論取向，以及重要認知技能的發展，以供讀者參考。

第一節　後設認知

一、後設認知的涵義與相關問題

後設認知，國內有學者譯為「統合認知」（劉錫麒，1989），或**認知的認知**（cognition about cognition）（鄭昭明，1988），其涵義相當分歧，在此擬介紹兩種最常被提及的定義：弗拉福（John H. Flavell）和布朗（Ann Brown）的觀點（其他家觀點，有興趣的讀者可參考楊宗仁，1991；陳李綢，1990）。

㈠弗拉福的觀點

1.定義

弗拉福（Flavell, 1976）將後設認知定義為「一個人對自己認知過程、結果的覺知及自我調整」，在另一篇文章中（Flavell, 1987）又將後設認知定義為「有關任何認知的知識和認知」，並將後設認知分為**後設認知知識**（metacognitive knowledge）和**後設認知經驗**（metacognitive experience）。以下分別說明。

⑴**後設認知知識**：指的是一個人獲得有關認知（或心理）事件的知識，可分為三類：人的變項、工作的變項和策略變項的知識：

①**人的變項**（person variables）：是指獲得有關人類是認知的（情意的、動機的、知覺的……等）有機體之知識。又可細分為三個變項：**個體內**（intraindividual）、**個體間**（interindividual）和**普遍性**（universal）。**個體內變項**是指一個人相信他在某方面能力較佳，某方面能力較差，是屬於一個人自

己的比較。**個體間變項**則是指人與人之間的比較，如一個人判斷自己比某人聰明，某人又比別人體貼……等。**普遍性變項**是有關人類認知或心理的普遍性知識。隨著一個人成長，很少沒有發展一些有關人類心智的直覺，譬如：一個人隨著年紀增長，會直覺到短期記憶的有限性和易犯錯。

②**工作變項**（task variables）：是指一個人學到訊息（或工作）性質會影響或限制一個人的處理之知識。譬如：經驗告訴我們非常困難和緊湊的訊息是很麻煩處理的，要理解和有效地處理這樣的訊息必須小心緩慢和深層地處理。而且一個人也學到不同的工作對個體有不同的訊息處理要求，如我們知道記故事的大綱要比逐字背誦容易。如此，一個人學到若要達到工作目標，必須將工作的需求列入考慮，據而行動。

③**策略變項**（strategy variables）：是指一個人學到為達各種目標的有關認知策略的知識。認知策略和後設認知策略的區別在**認知策略**是想法讓一個人達到目標，而**後設認知策略**讓一個人有絕對的自信目標已達到。例如：求一列數字的和，其認知策略很明顯地是將這些數字加起來；而後設認知策略則可能是將這些數字加第二次以確定答案正確。又如：有時一個人讀得很慢只是為學習內容（認知策略），有時很快讀過是想要知道即將學習的內容是困難或容易（後設認知策略）。所以一個人學習認知策略是為使認知進步，而後設認知策略則為監控認知的進步。

最後強調的是人、工作、策略變項是互動的。例如：我可能感覺我，而非我兄弟，使用策略A會比策略B要做得好，因為工作性質是這一種，而非那一種。

(2)**後設認知經驗**：是對認知和情意的有意識經驗。例如：假如一個人突然感覺到焦慮，他不了解某事而卻需要去了解它，

則這樣的感覺就是後設認知經驗。所以當一個人覺得某事很難知覺、理解、記憶或解決時，他就是在經歷後設認知經驗。當然正面的感覺，如覺得目標近了或覺得材料比前一刻鐘容易了，也都是。因此，後設認知經驗可以是指導每天認知生活的任何有效的有意識經驗。隨著一個人的成長，人學會如何詮釋並恰當地對這些經驗反應；兒童則可能不知道這些經驗的意義和暗示。

2.相關問題

根據以上定義，弗拉福提出一些相關問題，例如：後設認知的發展需要什麼先前基礎或先決條件？後設認知的哪些方面是天生的、非常早期獲得的，或是在兒童期、青少年期、成年期才獲得的？各種類型的後設認知是如何發展的？又我們什麼時候最可能有後設認知經驗？……等。

這些問題中有的已部分被回答，例如：多作計畫，聯繫過去、現在、未來事件能促進後設認知發展；為兒童示範或讓兒童直接練習後設認知活動，會幫助兒童調整和監控自己的認知……等。然而一個詳細、有系統地探討後設認知的各成分之模式有待未來心理學家的提出！

㈡布朗的觀點

1.定義

布朗（Brown, 1987）認為後設認知一般被視為包括兩個分離卻相關的領域：一為**認知的知識**（knowledge about cognition），一為**認知的調整**（regulation of cognition）。說明如下：

⑴**認知的知識**：指的是人們對自己認知歷程的知識，通常具有穩定、可陳述、可能會錯、且較晚發展的特性。是屬於傳統

上所謂「知道某事」（knowing that）的陳述性知識。例如：一個學習者覺察到自己的優缺點以及學習情境的要求；一個人反思自己的認知歷程，並和別人討論它……等。

(2)**認知的調整**：由用來調整和監督學習的活動所組成。包括計畫活動（預測結果、安排策略和各種形式的嘗試錯誤等）、學習中的監控活動（監控、測試、修正和重新安排學習策略），以及查核結果（評估各種策略行動的結果是否符合效能與效率的標準）。這些活動具有不穩定、不一定可陳述和獨立於年齡之外（age independent）等特性。雖然成人常採用這些技能，但在簡單問題上就未必，所以這些技能不一定是穩定的。知道如何做某事並不一定能將它說出來，所以這些活動通常是不可陳述的。還有只要是主動的學習者就會使用自我調整，所以幼童也會監控和調整自己的活動。

2.相關問題

布朗（Brown, 1987）也根據上述定義，討論一些相關問題。她首先指出，什麼是後設，什麼是認知，很難區分。譬如：在閱讀方面，有許多活動原來只稱策略，現在卻都是後設認知技能，如建立閱讀目的、根據目的修正閱讀、找出重點、激發先備知識、評估文章的完整性和一致性、補救理解失敗和評估自己的理解程度……等。這些活動中哪些是後設認知並不清楚。還有認知的知識和調整雖然有相關，但是卻是兩種各有不同歷史淵源（參見下節）和不同問題的活動。如今以相同的術語，後設認知一詞冠之，難免產生困擾。例如：當探討後設認知的性質時，對「後設認知是較晚發展的嗎？」和「後設認知是有意識的嗎？」……等問題，其回答必須視所指的是何種知識或歷程而定。因此，布朗強烈質疑使用籠統的後設認知一詞代表不同的理

論和各種層次的分析。

有研究者嘗試解決上述的問題,例如:蔡(Chi, 1987)在區分後設和認知方面,強調後設認知的知識必須是第二層次的,也就是規則的規則(rules about rules)。也有研究者建議將後設認知一詞限於指認知的知識。所以在未來的研究上,學者有必要釐清後設認知所代表的概念,或者使用更精確的詞(例如:預先計畫、錯誤改正、假設考驗……等)代表。

二、後設認知的源起

自從弗拉福在1971年引進**後設記憶**(metamemory)一詞之後,帶動研究,使得「後設認知」一詞在1975年左右開始流行(Brown, 1987)。弗拉福(Flavell, 1976)也是最早發展後設認知理論概念的學者之一。雖然「後設認知」是一個新的詞,其實它所代表的概念早在本世紀初就出現在閱讀的文獻中。當時學者(例如:Dewey, 1910; Huey, 1908, 1968; Thorndike, 1917)就認為閱讀是牽涉計畫、檢核、推理、思考、監控及評估等今日視為後設認知的活動。這些概念在當時沒有得到很大重視,因學者的建議通常太籠統,不夠清楚,使得教師無法將學者的理念付諸實行(Kendall & Mason, 1982)。因此在1940年代,行為主義興起後,漸趨式微。

其實後設認知中,反思自己思考的概念可更遠溯至柏拉圖和亞里斯多德。柏拉圖早就認為人類對其認知有認知(cognizing about cognition);而亞里斯多德也認為在真正的看和聽之上,有一分離力量,使得我們的心靈知道我們在做什麼(引自Brown, 1987;楊宗仁,1991)。

另外根據布朗(Brown, 1987),後設認知概念有四大歷史

淵源：

1. 以口語報告為認知歷程（verbal reports as cognitive processes）的傳統

從內省法到現在的放聲思考法都是以口語報告一個人自己的認知歷程，其假設就是人能夠反思自己的思考。

2. 訊息處理模式的執行控制（executive control）概念

大部分的訊息處理模式將強有力的運作歸因於一個能智慧評估自己運作的中央處理器、詮釋者、督導者或執行系統。訊息處理論在1960年代中期伴隨著對電腦能力和機器模擬思考的漸增興趣一起出現。許多心理模式的發展深受此種人造智慧的理論和術語所影響，電腦的暗喻掌控了人類認知的理論。藉著賦予中央處理器或執行系統有神奇力量的概念，發展心理學家得到一個強有力的類比，可以考量有效學習的發展。

3. 皮亞傑（Piaget）的自我調整（self regulation）理論

任何主動的學習牽涉經由自我調整歷程而不斷的行動調整。傳統上對於成長和改變機制有興趣的心理學家一直對自我調整歷程很關注，因為有很多學習是在沒有外力作用下發生。學習者對自己的行動作調整和修飾，有時是回應有關錯誤的回饋，但很多時候沒有這樣的回饋也作。他們能將自己的思考歷程當作思考和檢驗的對象，而予以修正，表現出來。

後設認知一詞近年已經擴展到包括諸如錯誤偵測和改正的調整功能，其歷史根源可在大部分的主要發展理論中發現，尤其是皮亞傑的**自我調整論**。皮亞傑（Piaget, 1976）區別了三種主要的自我調整：**自主的**、**主動的**和**有意識的**調整。

自主的調整（autonomous regulation）是與生俱來任何「知的行為」（「knowing act」）的一部分。不管學習者多小，

行動多簡單，學習者不斷地調整他們的表現及行動。這是發展進程中最初始的階段，屬於無意識的調整。接下來，**主動的調整**（active regulation）是類似嘗試錯誤，兒童開始能夠經由具體行動（嘗試錯誤）建構和測試行動中的理論（theories-in-action）。雖然缺乏學習者有意識的監管，此主動的調整能導致成功的問題解決。即使學習者無法描述是如何完成的，行動還是能成功完成。當兒童在真實事件中能夠反思自己的行動，有意識的歷程就開始出現。**有意識的調整**（conscious regulation）是學習者能在心理上形成假設，並經由想像的確定證據或反例予以考驗。在最成熟的層次，學習者進入形式運思期，整個思考過程可在心理上進行。學習者能有意識地創造、考驗、修飾和類化理論，並和別人討論這些運思。理論能經由建構心理考驗、衝突的嘗試，或思考的實驗而被證實或駁斥。這是科學推理的本質，也是兒童在皮氏發展進程中成為科學家的最後階段。

4. 維高斯基（Vygotsky）的他人調整（other-regulation）理論

雖然自我調整的歷程對學習很重要，但無庸諱言，很多學習是在他人活動的幫助下產生，例如：父母、師長、同儕等的引導，使生手逐步邁向熟練。

維高斯基（Vygotsky, 1978）的內化理論，主張所有的心理歷程在剛開始是社會性的、與人分享的，尤其在兒童和成人之間；然後透過經驗，思考由基本的人際間性質轉移至個人內的過程。亦即，發展的歷程是逐漸內化及個人化原是社會性的活動，學習牽涉執行控制由專家轉移至兒童。首先，成人（父母或師長等）控制並引導兒童的活動；逐漸地成人和兒童一起分享問題解決的責任，以兒童為主導而成人只在兒童膽怯或動搖時予以指正及引導；最後，成人放棄控制給兒童，只作為一個支持與體諒的

觀眾。所以，簡而言之，兒童透過和成人互動學到各種認知技能，其發展是由他人調整進步到自我調整。

在以上這四種歷史淵源中，「認知的知識」源自第一種，「認知的調整」源自其餘三種。由於有不同的歷史淵源，可知「認知的知識」和「認知的調整」為兩種不同的活動，也因而造成後設認知概念的混淆。

三、後設認知的重要與發展

儘管後設認知的定義分歧，但是基本上其所代表的概念對各領域的學習都非常重要。一個人必須知道自己認知歷程的種種，例如：自己有何認知資源、不同工作有不同需求、自己相對於工作需求的能力以及什麼時候如何使用何種策略……等，如此才能作最有效率的學習。而在學習時能監控、調整自己的學習，準確評估自己的學習程度，以及在意識到困難時能採取補救措施……等，才有成功的學習。在許多領域，研究者都強調後設認知扮演了非常重要的角色，例如：閱讀理解（Brown & Smiley, 1978; Cross & Paris, 1988）、寫作（Biggs & Telfer, 1987，第六章）、數學（Garofalo & Lester, 1985；劉錫麒，1989）、科學（Baird & Mitchell, 1986）、記憶（Brown, 1975; Flavell & Wellman, 1977）、注意力（Miller & Bigi, 1979）、問題解決（Hayes, 1976）和第二語言閱讀（Block, 1986; Miller & Perkins, 1989）……等。我國學者，張景媛（1990, 1991）也發現大學生的後設認知能力（對測驗成績評估的準確度）和學業成績有關係。所以後設認知的重要性幾乎可以在任何學習或工作上發現。由於閱讀是許多學習的基礎，而且後設認知在閱讀領域得到相當多的探討，因此在此擬以閱讀為例，說明後設認知的重要與發

展。

在後設認知知識方面，有許多研究比較優秀和差的，或年長的和年幼的讀者，發現年幼的及差的讀者比較不知道閱讀目的（Canney & Winograd, 1979; Myers & Paris, 1978），他們將閱讀視為解字的過程，而不是獲得意義的過程。還有年幼的學生對段落的語意結構，以及不了解時的補救策略比年長的學生較不敏感（Myers & Paris, 1978）。

在後設認知監控方面，也有許多研究發現年幼和差的讀者比較不能監控理解。例如：馬克曼（Markman, 1977）發現一年級學生比三年級學生較不能評估他們對作業說明的了解。一年級學生必須真正嘗試去做，才知道作業說明中缺乏足夠的訊息，而三年級學生在做之前就比較能夠看出需要更多的訊息。迪衛斯特（DiVesta, Hayward, & Orlando, 1979）等人也發現年幼和差的讀者比較不會有效地利用後文來監控理解。另外格林克夫（Golinkoff, 1975-1976）則發現優秀的讀者能有效地利用補充的上下文，還有根據閱讀目的調整閱讀。假如告知閱讀目標，他們能以最經濟的方式處理訊息。他們會比較注意和目標有關的訊息，而忽略不能用來達到目標的訊息。除此之外，有研究者報告更多優秀讀者的特徵：他們能比較有效地應用背景知識，比較有效地推論，展示比較好的摘要技巧，使用文章組織促進回憶；而且知道他們什麼時候不了解，知道不了解的時候該怎麼做，以及知道修正的策略，什麼時候使用這些策略等（引自Jolley, 1985）。

綜上所述，後設認知和閱讀理解有很大的關係。後設認知能力佳的，閱讀理解佳；後設認知能力差的，閱讀理解差。可見後設認知對閱讀理解的重要。雖然後設認知技能可能隨著年齡

自然發展出來，但是成人甚至大學生也不乏後設認知知識缺乏者（Gambrell & Heathington, 1981），所以許多研究者主張，利用恰當的教學幫助學生充分發展後設認知技能（Burley & Others, 1985）（這牽涉後設認知的應用，詳情留待下節再述）。至於後設認知是如何自然發展出來的？有研究者（Armbruster & Others, 1983）根據文獻探討，認為後設認知的發展是知識在控制之前；而另外有研究者（Hall & Esposito ,1984）則認為在某些情況下是表現在知識之前。假如根據布朗（Brown, 1987）對後設認知的定義（參見第一節），認知的調整是獨立於年齡之外，幼童也會監控和調整自己的認知活動（有研究發現一年級優秀讀者會利用自我修正錯誤，在朗讀時監控理解，Weber, 1970），而認知的知識是較晚發展的，那麼調整的發展應在知識之前。然而是否所有調整技能的發展都在知識之前？很難說。因此有待未來有系統的研究。而由於認知的調整通常是不可陳述的，造成後設認知評量以及研究的困難，雖然近年有不少嘗試編製後設認知評量工具，但仍缺乏普及性及接受性。

第二節　認知發展

一、認知發展的通則

研究者（Sternberg & Powell, 1983）審視認知發展的研究，儘管有不同的理論取向（參見下一小節），但可歸納出一些認知發展的通則：

1. 在發展過程中，人們對於自己的思考和學習似乎越有老練的掌控。隨著年齡的增長，他們在思考和行為之間越能有複雜的互動。

2.隨著年齡增長，人們能從事較完整的訊息處理。年紀較大的兒童比年紀小的兒童從問題中編碼較多訊息，所以較能準確地解決問題。即使成年後，人們仍持續累積知識終其一生。

3.發展過程中，人們變得越能理解越來越複雜的關係。

4.隨著時間，人們在使用策略和訊息上變得較有彈性。隨著年齡增長，人們變得較不限於只在單一的脈絡中使用訊息，他們學習在較多樣的脈絡中如何應用訊息。人甚至變得更有智慧——能洞察自己及周遭的世界。

二、認知發展的主要理論取向

有許多有關認知發展的理論，無法盡述，在此根據史登柏格（Sternberg, 2003）所歸納，簡介一些較有影響的理論，如表11-1所示。**皮亞傑**（Piaget）和**維高斯基**（Vygotsky）的理論是一般較熟悉的，其他尚有**第五期理論者**（fifth-stage theorists），屬於**新皮亞傑理論者**（neo-Piagetian theorists），在皮亞傑認知發展四期之後再增加第五期——**後形式思考期**（postformal thinking），指能處理模糊及矛盾以解決問題的能力；**凱斯**（Case）和**費雪**（Fischer）的理論較少見，和皮亞傑一樣都屬認知發展階段論者，只是說法略異；**訊息處理論者**（information-processing theorists）和維高斯基一樣不持階段論，認為認知發展是逐漸增進的能力和知識。雖然有這麼多理論，我們或許可以發現各有優缺點，沒有單一的理論可以解釋認知發展的所有面向。

表11-1　主要的認知發展理論

理論者	出生到一歲	一至二歲	二至四歲	四至六歲	六至八歲	八至十歲	十至十二歲	十二至十六歲
皮亞傑 (Piaget)	感覺動作：特徵是以反射動作為基礎，且行動是為維持或重複有趣的感覺（主要成就：物體恆存）		前運思：特徵是有意的試驗物質的對象，牽涉對物質對象逐漸有思考的計畫和內在表徵；有困難去集中化，以致一次無法考慮超過一個特徵（主要成就：語言和概念的發展）		具體運思：特徵是逐漸老練的心理操弄具體物件的內在表徵；能去集中化，以致一次能考慮超過一個特徵（主要成就：量的守恆）			形式運思：抽象思考和邏輯推理
第五期理論者 （fifth-stage theorists)	感覺動作（參見皮亞傑）		前運思（參見皮亞傑）		具體運思（參見皮亞傑）			形式運思（參見皮亞傑）＊
凱斯 （Case)	感覺動作（參見皮亞傑）		關係性的結構：特徵是逐漸了解物體和概念間的關係		向度性的結構：特徵是逐漸了解物體和概念的向度			抽象的結構：抽象概念可以無需具體物件被了解
費雪 （Fischer)	感覺動作（參見皮亞傑）		表徵的					抽象的
維高斯基 （Vygotsky)	逐漸的內化及在可能發展區內漸增的能力							
訊息處理論者 （information processing theorists)	逐漸複雜的編碼、組合、知識獲得、自我監控、回饋，及自我修正的產出系統；漸增的區別表象和事實的能力；漸增的語辭流暢和理解；漸增的量的掌控；漸增的對於記憶的知識、控制和能力；漸增的在心理上操弄空間中物體的能力；漸增的對於問題解決策略的控制；漸增的演繹、歸納和類比推理的能力							

＊第五期理論者提倡在形式運思期之後有另一認知發展階段。這個階段，在某些理論中，是後形式思考期，指的是能處理模糊及矛盾以解決問題的能力。

註：取自Sternberg, R. J. (2003). *Cognitive psychology* (3rd ed.) (p.447). Belmont, CA: Wadsworth/Thomson Learning.

三、重要認知技能的發展

㈠思考的發展

1.皮亞傑的理論

皮亞傑經由對兒童的觀察及分析兒童推理上的錯誤，認為兒童思考的邏輯系統有別於成人的邏輯系統。假如我們想要了解發展，就必須找出這些系統及其顯著的特徵。他還認為智力的功能是幫助個體適應環境。**適應**（adaptation）的方式形成一種連續，從較不智慧的方式，如習慣和反射動作，到相當有智慧的方式，如應用洞察、複雜的心理表徵和心理上的操弄象徵等（Piaget, 1972）。和適應的強調相符，他相信認知發展是伴隨著對環境逐漸複雜的反應（Piaget, 1972）。

適應包括同化和調適兩個歷程。**同化**（assimilation）是個體使用已存的基模（心理結構）或能力去處理環境中問題的歷程。**調適**（accommodation）是個體必須改變已存的基模去回應環境要求的歷程。適應是藉由同化與調適達到內在平衡。在面對新訊息時，個體若能將其同化進已存在的基模中，就維持一種**平衡**（equilibrium）的狀態；若不能同化，則**失衡**（disequilibrium）的狀態產生。失衡導致調適，個體改變現存的基模或建立新的基模來適應環境，將該訊息同化進來，達到平衡。例如：兩歲的小孩學到「狗狗」是指四條腿毛絨絨的動物，那麼當他看到無論是大型狗的大丹狗或小型狗的馬爾濟斯，媽媽說那是狗狗，他都能將其同化進「狗狗」的基模中，沒有問題。假如他看到貓、牛或羊……等，他以為是狗狗，但媽媽說「不，那不是狗狗，那是貓咪（或牛、羊……等）。」此時，他不能將這些動物同化進「狗狗」的基模（不平衡產生），他必須修改

「狗狗」的基模（除了四條腿、有毛，可能還必須加上叫聲……等），並且建立新的不同動物基模以同化各動物（恢復平衡）。智力就在平衡—失衡狀態交替出現中成長，而經由同化和調適的歷程，基模漸趨複雜，思考也漸趨複雜成熟。個體適應的層次提升。

　　所以，根據皮亞傑，同化和調適的平衡歷程解釋了和認知發展有關的所有改變。雖然他認為平衡的歷程是連續的貫穿童年期只要兒童不斷適應環境，但他也認為發展牽涉分開、明顯的階段。在他看來，不平衡在階段轉移期間特別容易產生。他將認知發展分為四個主要的階段（Piaget, 1969, 1972），各有其思考特徵，略述如下：

　　⑴**感覺動作期**（sensorimotor stage）：約出生到二歲

　　此期嬰兒以身體的動作及由動作獲得的感覺，去認識周遭的世界，故稱**感覺動作期**。嬰兒最早以手的抓取及口的吸吮等反射動作，為探索世界的主要動作；逐漸地才發展出有意識、有意圖的控制動作。早期，嬰兒尚未發展出**物體恆存**（object permanence）的概念，物體不在眼前（被藏起來），嬰兒不會尋找。此期末期，嬰兒發展出物體恆存的概念，知道物體雖然從眼前消失，但依然存在（例如：九個月以上的嬰兒可能會尋找藏在毛毯下的娃娃）。要有物體恆存的概念需要能內在表徵物體，即使物體不在眼前。所以幼兒開始有**表徵性思考**（representational thought）的特徵——能內在表徵外在刺激。

　　⑵**前運思期**（preoperational stage）：約二到七歲

　　從感覺動作期末期開始，兒童主動發展內在的心理表徵。逐漸地兒童能運用語言、文字、圖形等符號從事思考活動，只是思考常不合邏輯，故稱此時期為**前運思期**。思考不合邏輯主

要是受限於三種因素：**知覺集中傾向**、**不可逆性**和**自我中心主義**。**知覺集中傾向**（perceptual centration）是指兒童此時一次只能注意事物的單一層面（或向度），無法顧及其他層面，難免導致對問題的錯誤解釋。所以此期兒童沒有守恆（或保留）（conservation）的概念。**不可逆性**（irreversibility）是指兒童無法在心理上作回轉動作，這也是兒童沒有守恆概念的原因之一。**自我中心主義**（egocentrism）是指此期兒童在面對問題時，只能從自己的觀點著眼，不能考慮別人的不同看法（例如：在皮亞傑的三山實驗中，兒童以為對面的娃娃和他看到的一樣，都是兩座小山在大山的背後，不能設身處地從對面娃娃的立場看問題）。皮亞傑發現七歲以下兒童的思考方式都具有自我中心傾向。由於有表徵性思考，所以能使用語言與人溝通，只是溝通常是自我中心的，兒童說出心中所想，不管別人說什麼。隨著發展，兒童積極試驗語言及環境中的物體，導致語言和概念的大量成長，也逐漸能考慮別人說什麼，為下一階段具體運思期的發展奠定了基礎。

(3)**具體運思期**（concrete-operational stage）：約七到十一或十二歲

此期兒童能在心理上操弄前運思期形式的內在表徵，思考已具邏輯性，只是需以具體的事物為基礎，故稱**具體運思期**。其思考特徵是已具有前期所沒有的能力，例如：

①**去集中化**（decentration）——能注意事物的不同層面。

②**可逆性**（reversibility）——能在心理上作回轉動作。

③**守恆**（conservation）概念——因為思考已能去集中化，且具有可逆性，所以具有守恆的概念；守恆概念的發展是此期主要的成就特徵；典型量的守恆實驗是，讓兒童看兩個同樣大小的

寬口杯盛同樣高度的水，將一寬口杯的水倒進一窄口杯，結果窄杯中的水高度上升，問兒童：「哪個杯中的水多？」前運思期的兒童會回答「窄杯的水多」，具體運思期的兒童就會回答「一樣多」；這就是因為具體運思期的兒童不只能注意杯中水的高度，也能注意杯子的寬度（去集中化），而且能在心中想像將窄杯的水倒回寬杯中（可逆性）。

④**非自我中心**（non-egocentrism）──能設身處地從別人的立場看問題；在形成自己的評論和回答時，能考慮別人所說。

⑤**類包含**（class inclusion）能力──分類思考時能區別主類與次類間的關係，例如：問兒童「紅花多還是白花多？」及「紅花多還是花多？」前運思期兒童只能正確回答第一個問題，不能回答第二個問題，具體運思期的兒童才能正確回答第二個問題（引自張春興，1996）。

⑷**形式運思期**（formal-operational stage）：約十一或十二歲以上

青少年此時思考能力漸趨成熟，能抽象思考，不需具體事物為基礎；能邏輯推理，形成假設，有系統地解決問題。

總而言之，皮亞傑的認知發展論是階段論，階段的發生大約在相同年紀的兒童，而且每個階段植基於前一階段，有一定的順序，是不可逆的。亦即，一旦兒童進入一個新的階段，不論工作的性質或領域，他的思考就全面具有那個階段的特徵，不再具有前面階段的特徵。有許多理論者（例如：Beilin, 1971; Gelman, 1969）並不同意此觀點，認為不同工作領域的認知發展進程可能頗有彈性，不會一樣。史登柏格（Sternberg, 2003）就歸納了幾點對皮亞傑理論的批評：

⑴研究者質疑皮亞傑主張兒童認知的改變主要來自成熟歷程

的結果。雖然皮亞傑觀察到發展的歷程來自兒童對環境的適應，但他認為內在的成熟歷程，而非環境的事件，決定認知發展的進程。有許多環境影響力的證據（例如：Fischer & Bidell, 1991; Gelman, 1972; Gottfried, 1984）顯示，特別的經驗、訓練或其他環境因素可能改變兒童在皮亞傑式工作上的表現。

(2)許多發展理論家質疑皮亞傑的基本主張——認知發展是固定順序的間斷階段，且跨工作領域。很多理論者（例如：Brainerd, 1978）認為認知發展是連續的歷程，而非間斷的發展階段。另外，有許多證據（例如：Beilin, 1971; Case, 1992）顯示，在特定的發展階段內，兒童展現的並不總是符合階段的程度表現。兒童的生理及社會環境、先前某工作任務及材料的經驗、甚至實驗者呈現工作的方式等許多方面，都可能導致認知發展的不均勻。

(3)一些理論家和研究者質疑皮亞傑對造成兒童在某些皮亞傑式工作上的困難之詮釋。皮亞傑的理論強調演繹和歸納推理的發展，而且皮亞傑認為是兒童推理能力的限制造成兒童在解決某些認知工作上的困難。然而，不同的理論家主張有不同的限制至少部分影響兒童在皮式工作上的表現，例如：兒童的動作協調（Mandler, 1990）、工作記憶容量（Bryant & Trabasso, 1971; Kail, 1984; Kail & Park, 1994）、記憶策略（Chen & Siegler, 2000; Siegler, 1991）或對問題的口語理解（Sternberg, 1985）。舉例來說，有些研究者認為兒童可能沒有了解皮亞傑的問題，以致他的實驗並沒有引出兒童完全的能力。例如：前述的類包含能力，兒童可能並不了解「紅花多還是花多」的問題，以為研究者要他們比較的是紅花和白花，兩個次類何者多的問題，以致答錯。因此，皮亞傑似乎低估了語言的重要及發展。

⑷許多理論者質疑皮亞傑估計兒童能精熟皮式工作的年齡之準確性。雖然皮亞傑自己強調發展順序的重要,而非估計的年齡。一般來說,皮亞傑低估了兒童的認知能力,兒童在較早的年齡就已具備了某些能力。例如:皮亞傑的「三山實驗」,有研究者(Cohen, 1983)將其改成「警察捉小偷」較生活化的問題,研究結果就不同。研究中,以交叉隔板隔開A、B、C、D四個不相通的區域,將一個警察玩偶置於隔板的一端,然後將一個小偷玩偶交給兒童,並問:「你看小偷躲在哪裡,才不會被警察發現?」(參見張春興,1996)。結果三歲半至五歲的兒童都能將玩偶放在正確的位置。若增加一個警察玩偶,使問題變得更複雜,然後再問同樣的問題,仍然有高達90%的三歲半至五歲的兒童答對。此研究結果顯示兒童不須等到七歲就已具有「設身處地」的認知能力(非自我中心)。

另外,皮亞傑高估了青少年的思考能力。有許多研究發現在很多情況下青少年和成人並沒有展現形式運思的能力(Dasen & Heron, 1981; Neimark, 1975)。他們似乎是聯想式思考,而非邏輯式(Sloman, 1996)。在1972年,皮亞傑修正自己的理論,承認形式運思期可能比較是個人領域特定專長,依據經驗的結果,而非認知發展的成熟歷程。

⑸精熟特定認知工作年齡上的變化,顯示我們大部分人表現的範圍很大,因此我們最能夠做的很多時候可能和我們真正做的不同。所以,我們一般情境中的認知表現可能無法真正反映我們最能夠完成的,反之亦然。一個解決這些矛盾的方法是將皮亞傑的理論主要視為**能力理論**(competence theory)── 一個描述不同年齡人們最能做什麼的理論。其他的理論者則比較喜歡將認知發展視為**表現理論**(performance theory)── 一個描述

不同年齡人們在日常生活中自然做什麼的理論（參見Davidson & Sternberg, 1985）。

2. 新皮亞傑理論

有許多理論植基於皮亞傑的認知發展論，稱**新皮亞傑理論**（neo-Piagetian theories）。雖然這些理論不盡相同，但大部分的新皮亞傑理論者①接受皮亞傑的認知發展階段說；②強調認知發展的科學或邏輯層面；③保留認知發展是經由平衡發生的說法（Sternberg, 2003）。有些新皮亞傑理論在形式運思期之上提出認知發展的第五階段，稱**第五期理論者**。不過，第五期的說法各異，以下略述一些為例（Sternberg, 2003）：

⑴有研究者（Arin, 1975）認為認知發展的第五期是**發現問題**（problem finding）。在這一期，個體要精熟的工作是去想出他們到底面對的是什麼問題，決定哪個問題最重要，以及是否值得付出努力去解決。例如：為學期報告選擇報告的主題就是發現問題的一個例子；真正寫報告則是問題解決的例子。

⑵一些理論者認為在形式運思期邏輯推理之上的第五期是**辯證性思考**（dialectical thinking）。辯證性思考承認生命大多數時候，沒有最後、正確的答案，而是一種信念的演進——起先我們提出某種理論，然後看其相反論點，最後在兩者之間取得某種綜合，之後這又作為後續思考演化的新論點。例如：成人使用辯證性思考是當考慮一個極端時，然後另一個極端，然後只吸取每一極端的最佳成分。

⑶另有些心理學家（例如：Kramer, 1990; Labouvie-Vief, 1980, 1990; Pascual-Leone, 1984; Riegel, 1973）主張在形式運思期之後是**後形式思考期**（postformal thinking）。在此期，我們承認思考的不斷開展和演進。後形式思考使得成人能在心理上操

弄每日情境的不可捉摸和不一致，而在其中簡單、不含糊的答案是不太可得的。經由後形式思考，我們可在多個選項之間考慮和選擇，知道其他選項可能提供我們所選擇的所沒有的利益。我們也可以考慮我們作決定的社會文化脈絡。

3. 維高斯基的理論

英年早逝的前蘇聯心理學家維高斯基（Lev Vygotsky, 1896-1934）所提出的認知發展論對認知發展領域的重要性，是僅次於皮亞傑的理論。然而，皮亞傑的理論早在1960和1970年代就已盛行，維高斯基的理論卻直到1970年代末和1980年代才受到重視。不過，其影響力持續至今。維高斯基理論的兩個最重要的概念是：內化和可能發展區（Sternberg, 2003）。

在皮亞傑的理論，認知發展的進行主要是經由成熟「由內而外」（from the inside out）。環境雖然可以幫助或阻礙發展，但皮亞傑強調生物、成熟面對發展的影響。維高斯基（Vygotsky, 1934/1962, 1978）則持完全不同的觀點，強調環境對兒童智力發展的影響。維高斯基認為認知發展主要是「由外而內」（from the outside in），經由**內化**（internalization）從環境中吸收知識，所以其理論重視社會文化因素，而非生物的影響。他認為兒童的很多學習是經由兒童在環境中和他人互動，然後內化而來，如前節所述的，由他人調整進步到自我調整。

和這種互動式學習有關的是維高斯基（Vygotsky, 1934/1962, 1978）的第二個主要概念──**可能發展區**（zone of proximal development，簡稱ZPD），有時也稱**潛在發展區**（zone of potential development）。ZPD指的是介於兒童實力所表現的水平（performance），到兒童潛在能力（competence），經由別人協助可以達到的水平，兩者之間的差距。此情形下別人所提

供的協助稱**鷹架作用**（scaffolding），意指有支持兒童促進發展的作用。當兒童學會後，鷹架撤除。

維高斯基主張我們不只要重新思考有關兒童的認知能力，而且要思考如何評量它們。傳統上，我們在**靜態的評量情境**（static assessment environment）下測驗兒童，不管兒童回答正確與否，施測者繼續下一道題目。維高斯基和皮亞傑一樣，不只對兒童正確的反應，也對錯誤的反應，感到興趣。兒童答錯有認知程度上的差異，有人可能具有部分知識，有人可能一無所知，若一概不予計分，並不公平。因此，維高斯基建議我們應在**動態的評量情境**（dynamic assessment environment）下測驗兒童，當兒童答錯時，施測者給予兒童漸進的提示，幫助兒童解決問題，並給予部分分數。所以，施測者扮演的角色是教師也是測驗者。這就是近年學者（例如：Campione & Brown, 1987）根據ZPD概念所發展的**動態評量**（dynamic assessment）。兒童使用提示的能力是測量ZPD的基礎，因為這個能力顯示兒童可以超越他測驗時表現的程度。

ZPD的概念是認知發展心理學中很令人興奮的概念，因為它讓我們可以探索超越兒童目前表現的能力，而且測驗和教學的組合讓我們可以有效促進兒童認知能力的發展。

㈡記憶的發展

記憶的發展也有年齡趨勢（age trends），會隨著兒童年齡的增長而增進。年紀大的兒童比年紀小的兒童記憶較佳。然而，到底記憶的哪些層面會隨年齡而改變？這可從記憶的成分及歷程兩方面探討（Byrnes, 2001）：

1. 記憶成分的改變

我們發現很小的嬰兒（例如：四個月大）可能就有能力將訊息保留在感官緩衝器中（即感官記憶），因為他們展示了**慣性**（habituation）現象（Bjorklund, 1999）。嬰兒天生有注意環境中的新奇及變化的傾向。假如重複呈現同一圖片給嬰兒看，嬰兒會越來越不愛看，好像他們知道他們以前看過。這種反應上的減少稱為**慣性**。所以慣性的現象顯示嬰兒能短暫保留訊息於感官緩衝器中，只是我們還不太知道嬰兒的感官緩衝器容量是多大，以及訊息在這些緩衝器中保留多久。

兒童必須發展了語言，才能使用語言複述訊息。然而在皮亞傑物體恆存的實驗中，九個月大的嬰兒可能就會尋找在他眼前藏起來的物體，顯示工作記憶（短期記憶）的視覺——空間（visuo-spatial）編碼發展要早於語言（verbal）編碼。不過，在語言和空間的工作記憶表現都會持續進步到青春期。

至於長期記憶，當嬰兒開始會認人，就顯示嬰兒已有長期記憶。因為嬰兒所學的大多是技能，屬程序性記憶，所以程序性記憶的發展要早於陳述性記憶（以語言碼為主）。不過，嬰兒期後，此兩種記憶隨年齡持續成長進步。第四章所述的幼兒失憶症，可知幼兒並不是沒有記憶，而是因為諸多因素，使得三、四歲的幼兒短期內還記得事件的發生，時間久了就遺忘了。在大腦和語言的發展成熟後，兒童的長期記憶就大大的增進了。

2. 記憶歷程的改變

兒童何時有**再認**（recognition）和**回憶**（recall）的能力？而這些記憶歷程如何隨年齡而改變？研究顯示嬰兒就已能再認和回憶。如前所述，嬰兒展示慣性現象，對相同的刺激越來越不愛看，就顯示他們能再認。嬰兒期後，在再認技能方面研究者只發

現很小的年齡差異（Kail, 1990）。

不像再認能力出現得很早且隨年齡改變很小，回憶的能力似乎須等到嬰兒一歲末期才出現，而且隨年齡有很大的改變（Bjorklund, 1999）。在皮亞傑的物體恆存實驗中，嬰兒知道不在眼前的物體還是存在會去尋找，顯示嬰兒有回憶的能力。不過，這只是簡單的回憶能力，不像會背一首詩、一篇課文等複雜，兒童年齡越大能回憶的訊息越多，十歲以上的兒童就比年紀小的兒童能回憶更多訊息。

為什麼會有上述這些年齡趨勢，學者（Byrnes, 2001）從發展上的**近因**（proximal causes）和**遠因**（distal causes）來解釋。**近因**指的是能使記憶增進的兒童特徵，**遠因**則是在較大文化脈絡下能促進近因的兒童特徵。如下所述：

1. 年齡趨勢的近因

記憶隨年齡成長的近因有**策略的使用**、**知識**及**訊息處理的速度**。

⑴**策略的使用**

年長兒童較年幼兒童記憶較佳的一個很重要原因是，年長兒童在策略使用上的優勢。可分三方面來說，首先，從策略獲得的階段來看。學者（Flavell, Miller, & Miller, 1993）指出任何策略的獲得大致遵循四個階段：①**無策略期**（strategy not available phase），兒童不會自發使用策略，也不能被教得很好；②**產出不全期**（production deficiency phase），兒童還是不會自發使用策略，但能被教會，只是教會後需要被提醒使用策略；③**使用不全期**（utilization deficiency），兒童開始沒有提示能自發使用策略，但卻獲益很少，因為他們必須花很多注意在使用策略，以致剩很少心理資源去注意材料；④**成熟策略使用期**（mature strategy use），兒童能自發使用策略，並且做得很好。進步到成熟策略使用期的兒童會比前面三期的兒童回憶得較好。

其次，即使都在成熟策略使用期，年長的成熟策略使用者經常比年輕的成熟策略使用者較有效地執行策略。舉複述的策略來說，八歲兒童可能只會複述聽到的最近項目，而十三歲兒童則會較有效的累積式複述：

實驗者說：「貓……樹……卡車……等。」

八歲兒童說：「貓，貓，貓……樹，樹，樹……卡車，卡車，卡車……等。」

十三歲兒童說：「貓，貓，貓……貓－樹，貓－樹，貓－樹……貓－樹－卡車，貓－樹－卡車，貓－樹－卡車……等。」

最後，有些策略似乎比其他策略較早獲得。兒童似乎在六到八歲獲得複述策略，八到十歲獲得組織策略，十到十三歲獲得精密化策略。所以，年長兒童有較豐富的策略庫，能使用多重策略處理相同訊息，因此記憶較佳。例如：兒童可能將總共二十張的圖片先分五類（使用組織），然後一組一組複述，最後可能使用某種意象將一組四張的圖片聯結起來（使用精密化）。

(2)**知識**

記憶發展的第二個近因是知識。年長兒童比年幼兒童累積較多知識，可以幫助他們將訊息作有意義的分組（或意元集組），擴充短期記憶；也可以幫助他們對新訊息作精密化編碼，增進長期記憶。

(3)**訊息處理的速度**

記憶發展的第三個近因是訊息處理的速度。在訊息從工作記憶中消失之前，能快速完成運思是很重要的。例如：看以下七個數字，然後將目光移開並在腦中將它們加起來。假如你已會複述並能快速心算，就能在它們消失之前，完成工作。

8 3 6 4 5 2 1

研究者發現年長兒童比年幼兒童能較快速完成許多心智運思的工作（Kail, 1991, 1996）。因此，年長兒童能同時處理較多訊息而記得較多。

2. 年齡趨勢的遠因

為什麼會有上述三種記憶發展的近因？促進這些近因的遠因為何？以下就三種近因分別解釋：

⑴就策略的使用而言，有兩種解釋。一為後設記憶的增進。年長兒童的後設記憶較佳，知道他們有時會遺忘（記憶是不完美的），而且知道較多有關策略的事（例如：在什麼情境使用什麼策略），因此較會使用策略幫助記憶。相反地，年幼兒童往往以為他們有較好記憶，而不知使用策略。另一解釋為文化和情境脈絡的要求。大部分學校會對年長兒童要求較多家課及較困難的作業。而且家長和老師會替年幼兒童記憶事情，年長兒童則被期待自己記憶事情。還有，假如年長兒童有遺忘發生，其後果也較嚴重。所以，在這些情形下，年長兒童的明智之舉是使用策略幫助自己記憶。

⑵就知識的改變而言，兒童隨年齡不斷暴露在重複且有意義的環境中，導致知識的增加，即使沒有使用策略。而假如在學校使用策略，知識成長的速度更快。

(3)就訊息處理的速度而言，有兩個可能遠因。一種說法是兒童隨年齡發展出各種專業技能（例如：閱讀技能、運動技能等），如同專家般，經由不斷練習與廣博的知識，能快速處理訊息。另一種說法是在出生和青春期之間，生理逐漸成熟，神經細胞發展完成，能快速處理訊息。

(三)量的技能發展

有許多研究顯示小於一歲的嬰兒能辨別一和二及二和三個物品（Antell & Keating, 1983; Starkey & Cooper, 1980; Strauss & Curtis, 1981）。當嬰兒被呈現不同數目的物品時，觀察他們注視多久。結果發現當新的呈現包括不同數目的物品時，嬰兒會注視較久。這顯示嬰兒有注意到不同，不過這只限於很小的數目。嬰兒似乎能辨別二和三個物品，卻不能辨別五和六個物品（Anderson, 1990）。

兒童到四歲大部分已學會數數。研究者（Gelman & Gallistel, 1978）指出會數數的兒童已熟練了五種技能：

(1)**一對一原則**（the one-to-one principle）：被數的每個項目只能有一個數目。很小的兒童還沒學會這個技巧，會跳過或重複數某些項目。

(2)**穩定次序原則**（the stable order principle）：被指派的數目有固定的次序。同樣的，很小的兒童會假裝在數，但卻胡亂跳著數。

(3)**基數原則**（the cardinal principle）：被數到的最後一個數目是整組物品的數量。兒童傾向會在最後數目數最大聲，顯示他們知道那是那組物品的數量。

(4)**抽象原則**（the abstraction principle）：相同的原則適用任

何物品組。所以，當兒童精熟數數時，他們會將其應用在玩具、蘋果和柳丁數，或他們穿過房間的步數。

⑸**次序不相關原則**（the order irrelevance principle）：不管用什麼次序來數，都會有相同的數目。例如：要求兒童以非傳統的方式從中間物品開始數。這個新的方式兒童會覺得相當困難，但到四歲時大部分兒童能調整他們數的方式，先從中間物品開始數而且所有物品都會數一遍且只數一遍。

很多學前兒童已會算和小於10的加法問題。研究者（Siegler & Shrager, 1984）觀察四和五歲的兒童算這樣的問題，發現他們有時候用手指頭數，有時候沒用手指頭數，有時候直接講答案。假如兒童用數的，他們會比較正確，但花的時間要長一點。對於「1+1」，幾乎沒有兒童會用數的；對於「4+5」，則有50%的兒童會用數的。研究者解釋這樣的現象，是因為兒童對於小的加法問題已經算很多次，所以記得答案，但對於較大的問題較少遇到，所以還必須用數的來回答問題。研究者（Siegler, 1986）因此質疑教育上因為數手指頭是比較沒效率的方法而不鼓勵兒童用的做法。他認為這樣做會逼兒童在還沒學得很好的時候，嘗試直接提取答案，有錯誤較多的風險。他認為最好讓兒童使用比較可靠的數指頭方法，直到他們對答案學得很好。事實上，兒童會自動放棄數指頭而改為直接提取。

第三節 啓示與應用

一、後設認知

如前節所述，後設認知的研究使許多研究者發現，後設認知在許多領域的學習中扮演很重要的角色，學習差的學生往往缺乏

某後設認知技能。因此,研究者紛紛探討後設認知技能或策略應用於教學是否可促進學生的後設認知,並因而促進學習。以下仍以閱讀為例,說明後設認知策略應用於教學的情形。

後設認知在閱讀過程中一般可指三種技能:**覺知**(awareness)、**監控**(monitoring)及**開展補救策略**(Carrell, 1988)。**覺知**指知道自己的認知資源,知道不同閱讀目的(或不同閱讀材料)有不同的需求,知道自己相對於閱讀工作的能力,以及知道什麼時候如何使用某種策略……等。**監控**指監控理解,就是判斷自己了解的品質,建立計畫或目標,發展假設,驗證假設,評估結果,以及必要時採取補救策略等的能力。**開展補救策略**則是當意識到理解失敗或遇問題時,有補救的策略可用。

許多研究者發現閱讀前先瀏覽文章標題、次標題、圖表、介紹、摘要、前後問題等可以增進對文章組織、要求的覺知,還有根據標題引發相關背景知識及預測作者意圖可以促進理解(Malena & Coker, 1987; Tomlinson, 1987; Greenwald, 1985; Kendall & Mason, 1982)。因此教師應鼓勵學生利用先備知識去了解文章或預測作者意圖,如此可以增進覺知和監控理解。

在閱讀中,研究者發現監控理解的一個很有效方法是**自我發問**。許多種自我發問都能促進理解,譬如:澄清文中含糊處的自我發問(Palincsar, 1982)和能查得理解失敗的自我發問(Baker, 1979)。教師教導學生提出恰當的問題澄清文中含糊處,可使得武斷的訊息變得較有意義,容易理解和回憶。譬如:武斷的訊息如「那個飢餓的人坐進了車」,學生假如能自問,「那個飢餓的人為什麼要坐進車?」然後引發先備知識,解釋為「那個飢餓的人坐進車要開到餐館去」,則該句變得較有意義且容易記住(引自Wong, 1985)。為監控理解是否失敗,則可教學生自問諸如這

樣的問題：「這段有任何我不了解的地方嗎？」「這段在說些什麼？」「這段的主旨是什麼？」「這節裡的觀念和前節的怎麼關聯？」……等。王（Wong, 1985）曾檢視27個有關自我發問的研究，其中有14個研究成功地增進學生的散文處理，9個失敗，5個有混合結果。然而根據王的進一步分析，負面結果的研究是由於一些方法上的問題，諸如：訓練不夠、時間因素……等。所以一般說來結果是成功的。閱讀時能利用上下文線索推測字義也是有效閱讀的特徵，如前節所述，迪衛斯特（DiVesta et al., 1979）等人和格林克夫（Golinkoff, 1975-1976）發現優秀的讀者較會有效地利用上下文監控理解。

閱讀後**作摘要**是很重要的後設認知策略之一，它迫使學習者深層次地處理文中較重要的訊息，並使學習者能察覺學到什麼（Tei & Stewart, 1985）。許多研究者在**相互教學法**中讓學生作摘要、提問題、澄清困難處和預測考試問題等，發現能促進學生的理解（Rush & Milburn, 1988; Dermody, 1988; Palincsar, 1985; Braun & Others, 1985; Palincsar & Brown, 1983）。

以上是閱讀過程中一些促進後設認知的方法，教師要有效地教給學生還必須藉助有效的教學法。有兩種方法是研究者證實相當有效的，那就是**示範**（modeling）和**相互教學**（reciprocal teaching）。無論教師要教給學生何種後設認知策略，教師都必須示範或明白地解釋過程，再讓學生練習，才容易奏效（Duffy, Roehler, & Herrmann, 1988; Roehler & Others, 1987; Palincsar, 1985; Jolley, 1985; Kendall & Mason, 1982）（這點正如前文提及之維高斯基的他人調整理論）。**相互教學法**是由學生在兩人小組、大組或全班中輪流擔任教師的角色。一般的進行是讓學生在家中預讀指定課文，使用符號劃下重點和支持細節等；在上課

時，隨機抽出一名學生作相互教學（在這之前，教師必須示範整個教的過程）。被抽中的學生說出摘要或以自己的話重述內容大意，討論理解困難，預測考試問題……等。教師和其他學生則隨時給予回饋（Cohen, 1985）。相互教學使學生在閱讀時存著教的心理，因此更認真、更主動地閱讀，有許多研究證實相互教學是促進理解和監控理解的有效活動（Palincsar, 1987; Braun & Others, 1985; Palincsar, 1985; Palincsar & Brown, 1983）。

根據以上的研究發現，筆者也曾綜合引發先備知識、自我發問、利用上下文推測字義、摘要、示範和相互教學……等方法，略為修正作為改進學生後設認知，促進大一英文閱讀理解的方法（鄭麗玉，1991）。結果發現後設認知策略閱讀教學可以促進大一學生的英文閱讀理解。所以可見應用後設認知策略於閱讀教學有相當的效果。

從以上後設認知的研究，我們可以得到一些教育上的啟示：

1. 後設認知技能對學生的學習非常重要，但並非每個學生都能隨年齡發展出來，因此教師有必要幫助學生發展他們的後設認知能力。教師可將這些技能或策略融入教學中，藉著示範，使學生明白監控和調整自己學習的重要，並能應用出來，改進學習。不只在閱讀領域，在許多領域，教師皆可應用後設認知的概念，幫助學生成為自己學習的主宰者。

2. 教師可藉著注意優秀學生的後設認知策略，作為幫助成績差的學生改進學習的參考。如此教師的教學也改進了（Hall & Esposito, 1984）。

二、認知發展

從重要的認知發展理論及認知技能發展的探討，可有如下的

啟示與應用：

　　1. 雖然皮亞傑的理論強調成熟對認知發展的重要，不重視環境因素，因此對教育而言是啟示性大於實用性，而且也受到不少批評，尤其是他低估兒童的認知能力，卻高估青少年的思考能力。不過，他的理論對教育仍具有很大的參考價值：⑴教師必須能夠評估兒童的認知發展層次及了解學科所需要的能力種類，在教學上配合並據以計畫學習的活動；⑵提供學生很多材料操作及自己學習的機會；⑶利用一些方法促進兒童失衡感的產生（如指出其思考不合邏輯處），使兒童為重建平衡感而有學習動機；⑷允許社會互動，使兒童能互相學習（如將成熟的思考者與較不成熟的分一組）（參見鄭麗玉，2005）。

　　2. 維高斯基的理論近年受到學界很大的重視，在教育上有很多的應用：⑴教學或學習最佳效果產生在可能發展區。教學提供給學生的教材難度宜稍高於學生實際表現的程度，讓學生和認知發展稍高一級的學生一起學習，這樣學生最易產生進步。⑵適時輔導學生是教學成功的關鍵。針對學生的困難，適時提供他需要的協助（鷹架），待其能力增加就逐漸減少協助，最後讓其獨立解決問題，就像建物完成撤除鷹架一樣。⑶動態評量的應用改進了傳統評量方式的缺點，不僅能區分部分知識，也能測量學生的最大可能發展（鄭麗玉，2005），而且測驗和教學的組合讓我們可以有效促進學生認知能力的發展。近年國內外有許多有關動態評量的研究（例如：Budoff & Corman, 1974; Campione, 1989; Campione & Brown, 1990; Carlson & Wiedl, 1978, 1979; Feuerstein, 1979;吳國銘、洪碧霞、邱上真，1995；江秋坪、洪碧霞、邱上真，1996；莊麗娟、邱上真、江新合，1997），都有相當肯定的研究結果。由於動態評量早先的研究多採臨床式介

入，需要個別施測，太昂貴了，因此只適用於弱勢族群和一些核心問題，不適用一般兒童（鄭麗玉，2000）。不過，近年有許多研究為克服此問題，利用電腦化動態評量或研發團體式的教學介入（例如：林素微、洪碧霞，1997；許家吉，1994；黃淑津、鄭麗玉，2004），以方便用於一般兒童，使動態評量有更廣泛的應用。

　　3. 從記憶發展的近因和遠因來說，年長兒童比年幼兒童記憶較佳是因為年長兒童會使用策略，累積較多知識，及訊息處理較快。所以，欲增進兒童記憶，可從這三方面著手，有如下的啟示：⑴適時教導兒童使用有效的策略。在教策略之前，須先讓兒童明白記憶是不完美的，人會遺忘，所以需要使用策略來幫助記憶（提昇學習動機）。教策略時，也要讓兒童知道是何時什麼情況下使用（提昇後設記憶）。剛開始，兒童可能處於無策略期或產出不全期，不會自發使用策略，因此須耐心教導並多予練習和提醒。當兒童開始能自發使用策略但還不能應用自如（使用不全期），仍須多提供練習並給予鼓勵。當兒童已能熟練使用策略，有時也須檢核兒童是否使用有效策略（如前述是否使用較有效的累積式複述）。另外，也須逐漸賦予兒童記憶的任務，讓兒童有必要使用策略幫助記憶。⑵幫助幼兒累積知識。二、三歲的幼兒對環境充滿好奇心，喜歡問為什麼，成人宜有耐心解釋，適時充實幼兒知識。幼兒此時也需要不斷的重複刺激以增強記憶，所以成人宜提供豐富且不斷重複的刺激，例如：重複播放卡通影片，重複為其閱讀圖畫書或說故事等。⑶讓兒童多練習運思以加快訊息處理速度。除了教兒童有效的記憶策略，若能讓兒童多練習運思，對訊息處理的速度也有幫助，例如：多練習心算則兒童的心算速度會加快。

4. 針對兒童量的技能發展，須讓二、三歲兒童練習數數，並循著一對一原則、穩定次序原則、基數原則、抽象原則及次序不相關原則等練習。數數技能的純熟是奠定將來算術的基礎。數數熟練後，可讓兒童練習簡單的加法問題。剛開始，兒童假如需用手指頭數，不需予以禁止；只要多提供練習，兒童會自動放棄數指頭而改用直接提取。

本章摘要

1. 後設認知由於歷史淵源的不同，涵義相當分歧。一般對後設認知的定義是：一個人對其認知的知識和調整。

2. 後設認知的概念早在本世紀初就出現在閱讀文獻中。另根據布朗，其概念有四大歷史淵源：以口語報告為資料、執行控制、自我調整論和他人調整論。

3. 後設認知對各領域的學習都很重要，研究者往往發現後設認知能力強的，成績就好；後設認知能力差的，成績就差。

4. 後設認知的發展仍有待研究者有系統的研究。

5. 後設認知雖然可能隨著年齡發展出來，但是年紀大的學生也不乏後設認知知識缺乏者，所以有必要利用恰當的教學幫助學生充分發展後設認知技能。在閱讀領域中，研究者發現應用後設認知於教學有肯定的結果。

6. 後設認知的研究給教師的啟示是：將後設認知技能或策略融入教學中，幫助學生改進學習。

7. 認知發展的通則是：發展過程中，隨著年齡增長，人們對於自己的思考和學習越有老練的掌控，人們能從事較完整

COGNITIVE PSYCHOLOGY

的訊息處理，人們變得越能理解越來越複雜的關係，以及人們在使用策略和訊息上變得較有彈性。

8. 認知發展的主要理論有：皮亞傑、第五期理論者、凱斯、費雪、維高斯基、訊息處理論者等理論。

9. 有關思考的發展，皮亞傑的理論是以個體為適應環境須不斷進行同化和調適以維持內在平衡的歷程，來說明思考和智力的成長。皮亞傑根據兒童的思考特徵，將認知發展分為四個主要階段：(1)感覺動作期──此期末期兒童開始有表徵性思考，發展出物體恆存的概念。(2)前運思期──兒童能運用語言、文字、圖形等從事思考，但思考因受限於知覺集中傾向、不可逆性、自我中心主義而常不合邏輯。(3)具體運思期──思考已具邏輯性，但需以具體事例為基礎；思考特徵有去集中化、可逆性、守恆概念、非自我中心、類包含能力等。(4)形式運思期──能抽象思考和邏輯推理。

10. 對於皮亞傑理論的批評有：(1)皮亞傑過分重視成熟因素對認知發展的影響，而忽略環境因素。(2)主張認知發展是固定順序的間斷階段，且跨工作領域。(3)對於兒童在皮式工作上的困難之詮釋不完全正確。(4)錯估兒童精熟皮式工作的年齡，即低估兒童的認知能力，卻高估青少年的思考能力。(5)皮亞傑的理論是一種能力理論，而非表現理論。

11. 新皮亞傑理論者主張在皮亞傑的形式運思期之上有認知發展的第五階段，所以又稱第五期理論者。第五期的說法各異，主要有三種：發現問題、辯證性思考、後形式思考。

12. 維高斯基的理論強調社會文化因素對認知發展的影響。兩個最重要的概念是內化和可能發展區。認知發展主要是經由

兒童在環境中和他人互動，內化知識和經驗而來。可能發展區指介於兒童實力表現水平到經由別人協助可以達到的水平（潛在能力）之間的差距。此時別人提供的協助稱鷹架作用。可能發展區的概念導致動態評量的發展，改進傳統評量無法區分部分知識的缺點。

13. 記憶的發展也有年齡趨勢，年長兒童比年幼兒童記憶較佳。這可從記憶的成分和記憶的歷程兩方面探討。在記憶的成分方面，兒童的感官記憶、工作記憶和長期記憶會隨年齡增長。在記憶的歷程方面，兒童的再認能力隨年齡進步較小，回憶能力則進步較大。

14. 記憶隨年齡成長的近因有：年長兒童比年幼兒童⑴會使用策略，⑵累積較多知識，及⑶處理訊息較快。造成這些近因的遠因是：⑴年長兒童的後設記憶較佳且有記憶任務的要求；⑵知識隨年齡、經驗增加；⑶年長兒童發展出各種專業技能，能快速處理訊息，或兒童生理隨年齡逐漸成熟，神經細胞發展完成，能快速處理訊息。

15. 在量的技能發展方面，嬰兒似乎就能注意到很小數目的不同。兒童大約四歲就學會數數且精熟五種技能：一對一原則、穩定次序原則、基數原則、抽象原則、次序不相關原則。很多學前兒童已會算很小的加法問題。對於「1＋1」等簡單的問題，兒童可能直接講答案；對於「4＋5」等較難問題，兒童則可能用手指頭數。只要多予練習，兒童會自動放棄數指頭而直接提取答案。

16. 皮亞傑的理論在教育上是啟示性大於實用性，維高斯基的理論則在教育上有很多的應用，尤其是動態評量的發展。

17. 記憶發展的近因和遠因對於教育的啟示是：教導兒童使用

策略，幫助幼兒累積知識，及多讓兒童練習運思。

18. 量的技能發展的啟示是：讓二、三歲幼兒先練習數數，數數純熟後再練習簡單加法問題，並允許兒童用手指頭數。

重要名詞

後設認知（metacognition）

認知的認知（cognition about cognition）

後設認知知識（metacognitive knowledge）

後設認知經驗（metacognitive experience）

人的變項（person variables）

工作變項（task variables）

策略變項（strategy variables）

認知的知識（knowledge about cognition）

認知的調整（regulation of cognition）

後設記憶（metamemory）

口語報告為認知歷程（verbal reports as cognitive processes）

執行控制（executive control）

自我調整（self regulation）

自主的調整（autonomous regulation）

主動的調整（active regulation）

有意識的調整（conscious regulation）

他人調整（other-regulation）

第五期理論者（fifth-stage theorists）

新皮亞傑理論者（neo-Piagetian theorists）

後形式思考期（postformal thinking）

適應（adaptation）

同化（assimilation）

調適（accommodation）

平衡（equilibrium）

失衡（disequilibrium）

感覺動作期（sensorimotor stage）

物體恆存（object permanence）

表徵性思考（representational thought）

前運思期（preoperational stage）

知覺集中傾向（perceptual centration）

不可逆性（irreversibility）

自我中心主義（egocentrism）

具體運思期（concrete-operational stage）

去集中化（decentration）

可逆性（reversibility）

守恆（conservation）

非自我中心（non-egocentrism）

類包含（class inclusion）

形式運思期（formal-operational stage）

能力理論（competence theory）

表現理論（performance theory）

新皮亞傑理論（neo-Piagetian theories）

發現問題（problem finding）

辯證性思考（dialectical thinking）

後形式思考期（postformal thinking）

COGNITIVE
PSYCHOLOGY

內化（internalization）

可能發展區（zone of proximal development, ZPD）

潛在發展區（zone of potential development）

鷹架作用（scaffolding）

靜態的評量情境（static assessment environment）

動態的評量情境（dynamic assessment environment）

動態評量（dynamic assessment）

慣性（habituation）

無策略期（strategy not available phase）

產出不全期（production deficiency phase）

使用不全期（utilization deficiency）

成熟策略使用期（mature strategy use）

一對一原則（the one-to-one principle）

穩定次序原則（the stable order principle）

基數原則（the cardinal principle）

抽象原則（the abstraction principle）

次序不相關原則（the order irrelevance principle）

覺知（awareness）

監控（monitoring）

示範（modeling）

相互教學（reciprocal teaching）

問題討論

1.試對後設認知下一定義並說明。

2.後設認知概念有哪四大歷史淵源？為何會造成後設認知概

念的混淆？

3. 請舉一例說明後設認知的重要性，並說明在該情況中教師應如何幫助學生改進其後設認知技能（非閱讀的例子）？

4. 身為教師，你要如何促進學生的後設認知策略以增進閱讀理解？

5. 認知發展的通則為何？

6. 認知發展的主要理論中，哪些是屬於認知發展階段論？哪些不是？請略述其內涵。

7. 皮亞傑如何解釋智力和思考的成長？其認知發展階段各有何思考特徵？

8. 對於皮亞傑理論的批評有哪些？你認同嗎？

9. 新皮亞傑理論的認知發展第五期，有哪些說法？你認同哪一種？

10. 維高斯基和皮亞傑對認知發展的解釋有何不同？

11. 可能發展區的概念在教育上有何應用？

12. 在記憶的發展，記憶的成分和歷程會隨年齡的增加產生什麼樣的改變？其近因和遠因為何？對教育有何啟示？

13. 量的技能發展趨勢為何？在教育上有何啟示？

14. 皮亞傑的理論對教育有何啟示？

COGNITIVE
PSYCHOLOGY

第十二章　智力的本質

　　智力的定義是什麼？心理學家的看法頗為分歧，原因是智力非單一因素，而智力應包括哪些能力就引發一些爭議。智力的概念性定義有指個人適應環境的能力、學習的能力和抽象思考的能力（Freeman, 1962），也有操作性定義指智力測驗所要測量的能力（Kimble & Garmezy, 1968）。而認知心理學家對智力的定義則如壽叟（Solso, 1991）所言，智力是獲得、回憶和使用知識去了解具體、抽象概念和物體之間的關係，以及以有意義方式使用知識的能力（p.460）。從這個定義，可見認知心理學家偏重以訊息處理歷程來解釋智力。

　　智力的內容應包括前面各章所探討的能力，例如：知覺、記憶、概念形成、推理、問題解決、語言能力……等。然則智力上的個別差異是如何造成的？本章擬介紹認知心理學家對此問題的探討和解釋，並介紹兩種新的智力理論，最後則從人工智慧來比較人類智力，俾對智力的本質有更佳的認識。

第一節　從訊息處理看智力的個別差異

　　在心理學界，遺傳或環境決定智力的爭論由來已久，跟隨而至的問題是智力可否改變。因為若遺傳決定智力，那麼智力當然不可改變；若環境決定智力，那麼智力就可改變。從前面各章的探討，相信大家會同意遺傳和環境都很重要。我們不可否認遺傳會影響智力，但人類智力也由許多知識的累積和文化的刺激而成。所以問題不是遺傳對環境（nature versus nurture），而是遺傳加上環境共同影響。如此，智力當有某些改變的空間。

　　傳統上，智力測驗的結果主要用來預測學業成就，所以重視的是結果的獲得和比較，並不考慮歷程的問題。認知心理學以

訊息處理論研究個別差異，重視的則是**歷程**因素。從歷程探討個別差異更能知道差異的癥結所在，同時若能補救，才能幫助學生改進（或促進）智力。智力包括哪些因素？許多心理學家利用**因素分析**（factor analysis）的方法歸納出不同的因素理論。史匹爾曼（Spearman, 1927）認為智力是由一個g**因素**（general factor）和許多個s**因素**（specific factors）所組成。g因素是涵蓋所有心理功能的共通因素，而s因素則是某特殊工作或能力所必須的因素。塞斯通（Thurstone, 1938）則認為智力是由許多個因素，包括語文理解、語詞流暢、推理、空間關係、數字運算、聯想記憶、知覺速度等所組成。基爾弗（Guilford, 1966, 1982）更將智力細分成由三個向度（內容、過程或運作、形式或成品）組成的一百二十個因素，後更擴至一百五十個因素，甚至一百八十個因素之多。卡泰爾（Cattell, 1965）則將智力分成**流體智力**（fluid intelligence）和**晶體智力**（crystallized intelligence）。流體智力指的是推理和在新情境中問題解決的能力，晶體智力則是和知識的獲得與累積有關的能力。安德生（Anderson, 1990）根據這些理論，歸納出最基本的三個因素：推理、語文和空間。以下就這三個因素，看訊息處理取向如何探討個別差異。

一、推理能力

一般的智力測驗只在乎一個人答案的對錯，而訊息處理分析正相反，審視一個人得出答案的步驟以及完成每一步驟所需的時間，例如：史登柏格和賈德納（Sternberg & Gardner, 1983）分析人們如何處理各種推理問題。圖12-1呈現其中的一個類比問題。C和D的關係就如A和B的關係，所以受試者必須根據A和B的關係，推論C和D_1或D_2的關係。研究者分析作這樣類比所需經

歷的步驟。有兩個關鍵性步驟是推理和比較。推理步驟牽涉找
出A和B之間每一個改變的特徵，然後將其應用到C。如圖，A和
B之間的改變是由點子裝改成條子裝，因此C和D的關係也該是
由點子裝變成條子裝。如此，預測得D。然後比較步驟，比較預
測到的D和D_1、D_2。每一個特徵都被比較，直到找出不同的特徵
（D_2沒戴黑帽）。根據該特徵作出選擇（黑帽的特徵使得受試者
拒絕D_2，而接受D_1）。

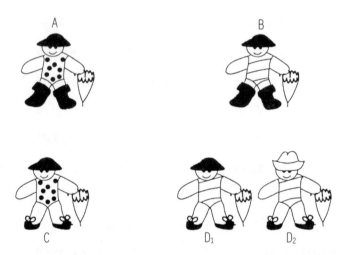

**圖12-1　史登柏格和賈德納（Sternberg & Gardner, 1983）所使用的一個
類比問題例子**

> 註：取自Anderson, J. R. (1990). *Cognitive psychology and its implications* (3rd
> ed.) (p.440). New York: W. H. Freeman and Company.

研究者估計這兩個步驟所需的平均時間（分別是0.28秒和
0.60秒），然後計算每一位受試者所花時間和推理測驗分數之相
關係數。發現測驗分數和推理時間的相關是.79，和比較時間的
相關是.75。這意味著受試者在推理和比較方面緩慢的話，測驗
成績也低。如此，研究者利用訊息處理分析，找出影響智力測驗
之推理能力的重要成分。

二、語文能力

是什麼歷程區別人們的語文能力，是許多認知心理學家有興趣探討的。高柏格等人（Goldberg, Schwartz, & Stewart, 1977）曾比較高語文組和低語文組，在判斷各種字的能力方面是否有差異。有三種判斷工作，一種是簡單地判斷字組是否完全相同，例如，對下列的字組，他們須回答「是」：

bear, bear

另一種工作則是判斷字組是否發音相同，例如，下列的字組，他們須回答「是」：

bear, bare

第三種工作是判斷字組是否屬於同一類別，例如，下列的字組，他們須回答「是」：

lion, bear

圖12-2呈現高語文組和低語文組作這三種判斷所需時間的差異。如圖所示，高語文組在三種判斷工作上都優於低語文組，尤其是發音和類別的判斷。可見高語文組優於低語文組的能力，從字形判斷的層次就開始，逐漸累積在發音和意義判斷層次更加顯著。其實高語文組和低語文組的差異從字母層次就已開始。韓特和他的同事（Hunt, Lunneborg, & Lewis, 1975; Hunt, 1978;

Hunt & Lansman, 1982）由大一學生中依入學測驗（SAT）語文分數，取高語文組和低語文組學生，然後比較他們對語文訊息的處理有何差異。其中一個測驗是要受試者決定兩個字母是否配合。有一種情況是判斷字母的外形是否配合，例如：A—A，受試者須按「是」的鍵；A—a，則按「否」的鍵（字母以電腦呈現）。另一種工作是判斷字母的名稱是否配合，例如：A—A或A—a，受試者須按「是」的鍵；A—B，A—b，則按「否」的鍵。結果發現在字母外形是否配合的工作上，高語文組和低語文組的反應時間沒什麼差異；但在字母名稱的配合上，高語文組則顯著比低語文組所需的時間短。雖然相差的時間極短，在25到50釐秒之間，但在閱讀文章時，必須處理千萬個字母和字，其累積影響就不可忽視。

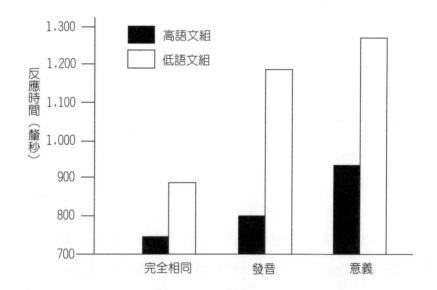

圖12-2　高語文組和低語文組受試在判斷三種字組相似性的反應時間

　　註：取自Goldberg, R. A., Schwartz, S., & Stewart, M. (1997). Individual differences in cognitive processes. *Journal of Educational Psychology*, *69*, 9-14.

在字母外形配合的情況中，受試者只須保留刺激於短期記憶，做決定，再執行反應。而在名稱配合的情況中，受試者則需將刺激保留於短期記憶，然後從長期記憶中提取字母的名稱，再做決定，最後執行反應。所以，可見高語文組和低語文組的差異，在於低語文組在長期記憶的搜尋速度上落後。另外的實驗則發現，高語文組在短期記憶的儲存能力和運作速度上都優於低語文組。

如此，根據訊息處理分析，可以找出語文能力差異的基本原因。低語文能力者欲改進語文能力，恐需從一些非常基本的層次開始著手。

三、空間能力

測驗空間能力有時使用心智旋轉工作。如圖12-3所示，受試者必須判斷各組圖形是否相同，因此在心智上必須旋轉這些圖形。這是雪帕和馬滋樂（Shepard & Metzler, 1971）在他們研究中所使用的刺激。賈斯特和卡本特（Just & Carpenter, 1985）利用這種心智旋轉工作，比較高空間能力和低空間能力受試者的差異。圖12-4畫出兩組受試者旋轉不同角度圖形所需的時間。如圖所示，低空間能力受試者不僅在工作的完成上較慢，而且隨著角度的偏離，反應越慢。這顯示低空間能力受試者的心智旋轉速率較慢。

第二節　新智力理論

前述傳統的智力理論都是採用因素分析的方法，來決定智

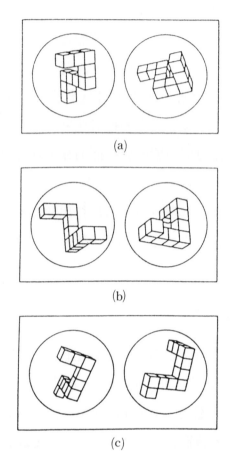

(a)

(b)

(c)

圖12-3　雪帕和馬滋樂（Shepard & Metzler, 1971）在研究中所使用的心智旋轉刺激

註：取自Shepard, R. N. & Metzler, J. (1971). Mental rotation of three-dimensional objects. *Science*, *171*, 701-703.

力的構成因素，以下要介紹的兩種新興智力理論，雖然也主張智力由多種能力組成，但反對以因素分析法研究智力。對智力有更廣義的、新的詮釋。

一、智力多元論

賈德納（Gardner, 1983）提出**智力多元論**（或多元智慧論）

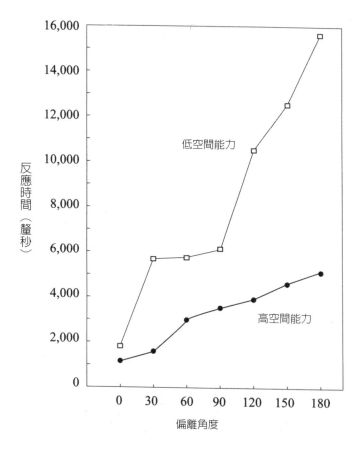

圖12-4　兩組受試者旋轉不同角度圖形所需的平均時間

註：引自Anderson, J. R. (1990). *Cognitive psychology and its implications* (3rd ed.) (p.444). New York: W. H. Freeman and Company.

（the theory of multiple intelligences，簡稱MI），主張人類具有七種智力，後又增加第八種（Gardner, 1999）[註12-1]。MI所包括的多種智力，如下所述（參見鄭麗玉，2002）：

　　語文智力（linguistic intelligence）——善用口頭語言（例如：說故事者、演說家、政論家、節目主持人）或書寫文字的能

C**OGNITIVE**
P**SYCHOLOGY**

註12-1　有說有第九種——存在智力，以後也可能再增加其他種智力，但最後數字不是MI的重點，最重要是MI的基本觀點——認為人都有多種智力，有的較發達，有的普通，有的則較不發達。

圖中文字：

反應時間（釐秒）

低空間能力

高空間能力

偏離角度

力（例如：詩人、作家、主編、記者）。

邏輯─數學智力（logical-mathematical intelligence）──善用數字和推理的能力（例如：數學家、科學家、統計學家、電腦程式員、邏輯學家）。

空間智力（spatial intelligence）──準確感覺視覺空間（例如：獵人、偵察員、嚮導），在腦中操控知覺並表現出來的能力（例如：建築師、室內裝潢、藝術家）。

肢體─動覺智力（bodily-kinesthetic intelligence）──善用身體表達想法和感覺（例如：演員、運動員、舞者），以及用雙手靈巧地生產或改造事物的能力（例如：工匠、雕刻家、機械師、外科醫生）。

音樂智力（musical intelligence）──察覺、辨識、改變及表達音樂的能力（例如：音樂愛好者、音樂評論家、作曲家、演奏家）。對節奏、音調、旋律或音色具敏感性。

人際智力（interpersonal intelligence）──察覺並區分他人情緒、意向、動機及感覺的能力。對他人臉部表情、聲音、動作及人際互動的暗示具敏感性，並能適當反應。

內省智力（intrapersonal intelligence）──了解自我的情緒、意向、動機、脾氣、欲求和優缺點，並能適當的反應與抒發等自知、自律與自尊的能力。

自然觀察智力（naturalist intelligence）──觀察與辨識動植物、自然景物或人造成品的能力（例如：生物學家、考古學家、收藏家、獵人）。

賈德納不採用因素分析法來決定這些構成元素，而使用許多證據支持他的理論，諸如：這些智力有單獨的神經中心，有些人只在其中某一領域有特殊天分，每一種智力有單獨的發展歷史，

這些能力的展現具有跨文化的普遍性，每一種智力有個別的符號系統……等。

語言智力由八、九章的探討可知，其有單獨的神經中心，語言也具有跨文化的普遍性、個別的發展歷史和符號系統。賈德納並將那些偉大的詩人和作家視為具有特殊語言天分的人。空間智力也有單獨的神經中心處理空間訊息，從前節中也知有分開的空間能力。賈德納並將無所不在的跨文化視覺藝術視為空間智力存在的證據。在心理測驗中，數學能力和空間能力有很高的相關，所以數學智力的單獨提出稍嫌薄弱。同時數學能力除數數的系統外，各文化有其獨特性，不像語言那麼具有普遍性。所以或許將數學智力視為一般性的推理能力較恰當。

其他種智力並非典型的認知能力，所以許多研究者強烈質疑賈德納使用「智力」來形容它們。但是他爭辯個別差異當超越純認知的，如音樂能力，很明顯的有個別差異存在。音樂當然也具有文化普遍性，而且賈德納舉出音樂能力是由右腦負責，相對於語言由左腦負責。肢體—動覺智力指的是有技巧的使用肢體。有些人顯然較擅長於運動或肢體的運用。肢體移動在腦部也有特殊的神經中心。賈德納將工具製造的普遍性和舞蹈視為人類獨有的肢體移動能力。至於內省智力和人際智力，一種是有關自我了解，一種是有關社交成功的能力。賈德納認為世界各地的人們在人格的開展上，都反映出一種非常明顯的、普遍的發展歷史，由襁褓的依附母親期到尋求獨立的叛逆青少年期……等。

雖然不是每一種智力都有足夠的證據，而且MI的不同智力在很多情況下顯示相關，不是獨立的能力，而有些智力也可以分離出超過一種能力，但賈德納提出的證據也有其道理。同時智力多元論給我們的啟示是：我們不宜像從前一樣，說某人比某人聰

明，因為智力不是單一的概念。

二、智力三元論

　　對傳統智力理論提出挑戰，且具相當影響力的另一新興智力理論，是由史登柏格（Sternberg, 1984, 1985）提出的**智力三元論**（triarchic theory of intelligence）。史登柏格以訊息處理的觀點來分析認知活動中所需要的能力，認為智力上的個別差異，是由個體面對刺激環境時，不同的訊息處理方式所造成。他將人類的智力視為由三種智力組成的統合體，三種智力構成智力統合體的三邊，三邊長度因人而異（擅長何種智力因人而異），這就形成智力的個別差異。這三種智力成分是：

㈠組合型（或成分）智力行為（componential intelligent behavior）

　　包括三種訊息處理成分：⑴學習如何做事，⑵計畫做什麼事以及如何做，⑶真正去做。所以這是個體在問題情境中，分析思考、判斷、推理資料以解決問題的能力。有此能力的人通常是擅長考試和分析思考的人，但不一定很有創造力。

㈡經驗型智力行為（experiential intelligent behavior）

　　是指個體在面對新情境時，能以頓悟的方式結合新舊經驗，有創意地解決新問題的能力。有此能力的人在傳統智力測驗上的得分不一定最高，但是相當有創造力的思考者。這樣的能力通常能預測在某領域中的成功，不管是商業、醫藥或木匠業。

㈢環境型智力行為（contextual intelligent behavior）

　　指⑴適應目前環境，⑵選擇較個體目前所在接近理想的環

境，⑶改變目前環境以符合自己興趣和價值觀等的能力。環境型智力使一個人藉著改變環境或自己或兩者，以對環境有最好的適應。有此能力的人知道如何操弄環境，測驗分數不是最高，但在任何情境下都能不錯過關。

根據史登柏格的智力三元論，傳統智力測驗所得的智商不能代表智力，它只能代表三元論中的組合型智力，所以傳統的智力測驗編製方式有待商榷。智力三元論雖不免遭受一些批評，譬如：艾森克（Eysenck, 1984）認為它較像一種行為理論，而非智力理論，但是它和智力多元論和其他的新興智力理論擴大智力的內涵，改變我們對智力只是知識測量的狹隘看法。當然這些新興的智力理論仍不是智力的最後模式，我們對智力的看法也可能再改變，但是它們已提供編製智力測驗和研究智力的新方向。

我國學者陳李綢和林清山（1991）就曾根據史登柏格的智力三元論發展一「多重智力理論模式」，並據以編製一「多重智力測驗」，大大地擴充了智力測驗的範疇。其共包括二十二種分測驗，分別用來測量內在（成分智力）、中介（經驗智力）及外在（環境智力）等三層面智力。經研究施測，驗證了多重智力測驗具有高的內部一致性及建構效度。唯多重智力測驗因包括二十二種分測驗之多，其實用性與對學業的預測力仍待更多的研究支持。除此之外，他們也發現可以從認知歷程來探討智力，並且可以使用認知反應時間和認知成分（例如：領悟力、創造歷程……等）為依變項進行研究。陳李綢（1991）在另一研究中還驗證了新智力理論所強調──智力可以經由訓練而改進。她使用「學如何學」和「後設認知」兩種策略訓練大學生，發現能促進大學生內在智力的「知識獲得成分」（包括字彙推理、影射推理、算術邏輯）和「後設認知成分」（包括確認問題、相關知

識、自我知識、方法應用、理解監控），尤其是後設認知成分；但是對「實作表現成分」（包括語文分類、語文系列、圖形推理、圖形類比、圖形分類、圖形系列）卻沒有顯著影響。如其所言，實作表現成分可能與普通因素有關，因此是否意味著普通因素的智力不易改變，有待進一步探討；而且此研究只探討了認知策略訓練對內在智力的影響，對中介和外在智力的影響也有待更進一步的研究。

第三節　人工智慧

　　自1940年代，電腦問世且經過一些改進後，在1956年有一群科學家聚在一起討論發展有智慧電腦的可行性。約翰•麥卡西（John McCarthy）後來在MIT創立一個**人工智慧**（artificial intelligence，簡稱AI）實驗室，是首先稱此新科學為人工智慧的人。人工智慧簡單的定義就是創造有智慧的機器，研究的範圍包括相當廣泛，例如：問題解決、推理、語言處理、知覺、型態辨認、空間推理和學習……等。有許多主題我們在前面的章節中已討論過，其中有些術語和概念是取自AI，所以AI和認知心理學的關係密不可分，互相影響。

　　僅管AI的目標是發展有智慧的機器，而且電腦模擬（參見第七章第五節）的目標正是模擬人類的思考，但是電腦真的能夠具有像人類一樣的智慧嗎？也就是，電腦真的會思考嗎？這是個爭辯已久的問題。有些程式確實能夠做人能做的事。例如：有些**專家系統**（expert systems）是專門設計來配合某領域的人類專家，這些領域可能是醫學診斷、下棋或決定在哪裡開採油田……等。建立專家系統的一般做法，是蒐集某特定領域專家的知識，

將其輸進電腦，使電腦能應用那些知識。而最後人類能夠利用電腦作出像專家的決策或解決問題。

一、MYCIN

MYCIN就是修特立夫（Shortliffe, 1976; Buchanan & Shortliffe, 1984）和同事在史坦福大學所發展的一種專家系統，用來診斷和治療傳染病。他們訪問了許多專家醫師，觀察他們如何診斷，並問他們為什麼如此判斷……等。將這些知識輸入MYCIN，再請問專家對MYCIN歷程的看法，加以修改。如此完成後，將必要的訊息和檢驗資料輸入，電腦就能診斷出病因並給予治療忠告。另外的醫學專家評量MYCIN，認為MYCIN所作的建議和史坦福傳染病學家所作的一樣好。所以似乎電腦程式可以像人類一樣聰明。

然而MYCIN的智慧畢竟太有限，對許多人不具有說服力。它終究比不上那些史坦福醫學家對醫藥的廣博知識。雖然在人工智慧中也有**學習系統**（learning systems），可以自動地獲得知識（Marcus, 1988），但是安德生（Anderson, 1990）認為根本不可能將人一生的經驗給予機器，使得它能獲得人類知識。電腦就是無法像人一樣地沈浸於文化之中，所以如何能像人類一樣有智慧？智慧是相對於文化的。

二、深思與深藍

人工智慧中另一發展得相當深入的領域是電腦下棋，卡內基美侖大學（Camegie Mellon）曾發展一名為**深思**（Deep Thought）的程式，它是下棋程式中最好的一個，可以下贏大部分的人。但在1989年10月22日還是輸給西洋棋世界棋王（Gary

Kasparov），而且它下棋的方式和人類的非常不同（Anderson, 1990）。在移動棋子時，它考慮的系列移動比人類多得多。它綜合相當的知識與特殊目的的計算能力，從眾多的可能移動中選擇一個最好的。人類則是綜合相當的知識和敏捷有效的型態配對（非搜尋）。雖然深思最後敗給人類，但IBM研發的**深藍**（Deep Blue）在軟硬體都有更大的改善下，在1997年5月12日終於打敗西洋棋世界棋王（Gary Kasparov）。深藍每秒鐘可以評估2億步的移動，可說將人類380年的思考壓縮在三分鐘。除此驚人的計算速度，深藍還能管理複雜的搜尋組合。所以深藍是結合了軟體的定程式法（algorithms）和硬體的策略以打敗棋王（參見Hamilton & Garber, 1997）。雖然棋王自己認為深藍採取的是人類的移動，但深藍強大的計算能力畢竟非人腦所能及，而人腦的彈性和適應性又非電腦所能及，所以電腦和人腦是不同的。

過去電腦和人腦表現上的差異，有一個原因是電腦通常以逐次的方式處理訊息，而人腦通常以平行的方式處理訊息（Solso, 1991）。有些AI科學家已經開始克服這種結構差異。希利斯（Hillis, 1987）曾發展一種「聯繫機器」（connection machine），將問題分解成小問題，然後平行（即同時）處理它們。一般電腦只有一個中央處理器並且依序地處理訊息，但是希利斯的聯繫機器卻有65,536個處理器同時處理一個問題。每個處理器不是很有力，但是同時運作，效果就很驚人。希利斯的目標是建立有十億處理器平行運作的機器。最近在型態辨認的發展上，日本已經發明能夠閱讀手寫漢字（正楷）的電腦程式；而我國也已發明了智慧型中文手寫電腦軟體，會學習不同使用者的書寫習慣，不僅可以閱讀正楷字，還可以辨識草書、行書等字體。

三、AlphaGo（阿爾法圍棋）

之前電腦深藍打敗人腦的是西洋棋，圍棋比西洋棋要複雜困難得多，事隔近20年，Google的DeepMind（深度思維）研究團隊所研發的人工智慧圍棋軟體AlphaGo（Go為日文「碁」字發音轉寫，是圍棋的西方名稱），在2015年以5：0打敗歐洲圍棋冠軍樊麾（專業二段旗手），又在2016年以4：1打敗世界圍棋冠軍李世乭（專業九段棋手）（參見AlphaGo—維基百科，2019）。

AlphaGo除了平行處理及軟硬體進步等強大運算功能，使用**蒙地卡羅樹搜尋**（Monte Carlo tree search）[註12-2]，結合**深度學習**（deep learning）[註12-3]於兩種類似人腦的深度神經網路：**價值（或估值）網路**（value network）用來評估大量選點，與**策略（或走棋）網路**（policy network）用來選擇落點。剛開始，AlphaGo模仿人類玩家，嘗試職業棋士過往棋局的走法，資料庫中含約3,000萬步的棋著；後來達到一定的熟練度後，開始自我對奕，使用**增強式學習**（reinforcement learning）[註12-4]不斷改善而進步（參見AlphaGo—維基百科，2019）。如此可見AlphaGo的學習能力很強，往往新上手一個遊戲，只要玩上幾局就能獲得比世界最屬害的選手還要強的實力（科技新報，2016）。

AlphaGo Master是2016年底DeepMind研究團隊根據AlphaGo對戰李世乭曾失誤輸了一局所犯的錯誤而作的小幅調整與改進的

註12-2　蒙地卡羅樹搜尋簡單說是一種用於決策過程的啟發式搜尋演算法，是一種遊戲樹，通常用於電腦圍棋程式，也用於其他棋盤遊戲、即時電子遊戲……等（蒙地卡羅樹搜尋—維基百科，2019）。

註12-3　深度學習是多層的人工神經網路和訓練它的方法，像辨識物體、標註圖片一樣。

註12-4　增強式學習源於行為主義理論，即有機體的行為在環境中是導致獎勵或處罰，會逐步形成對刺激的預期，產生能獲得最大利益的習慣性行為。

版本。基本方法是將深度學習和增強式學習的能力再加強,如:把原先13層的網路增加到40層;把策略網路和價值網路結合成**雙重網路**(dual network),讓直覺和判斷力一起訓練……等(李柏鋒,2017)。Master因此打敗了中、日、韓、台頂尖棋手,包括世界棋王柯潔。

AlphaGo Zero是2017年DeepMind發表的版本。之前的AlphaGo版本主要是以數千盤人類棋手對戰的棋譜進行訓練,但AlphaGo Zero完全不需要人類的圍棋知識(即從零出發),只有規則知識,透過大量自我對戰(40天自我對弈2,900萬次)的增強式學習而能自我學習。它除了有更強大運算資源的硬體,還內建了更強大搜尋能力的神經網路,能不斷調整與更新,以預測棋子的落點(陳曉莉,2017)。所以深度學習與增強式學習都更強大了。AlphaGo Zero在自我學習3天後打敗了曾擊敗李世乭的AlphaGo Lee,在21天達到AlphaGo Master的水平,並在40天超越了之前所有的版本而成為最強的版本(AlphaGo—維基百科,2019;陳曉莉,2017)。

雖然AlphaGo Zero之後宣布退役,但市面上仍有其他許多圍棋程式,如:日本的DeepZenGo,中國的絕藝(Fine Art),國立交通大學的CGI(Computer Games and Intelligence)……等,參與對戰比賽或在圍棋網路平台上接受對弈公測。

四、問題與疑慮

AlphaGo從最初模擬人腦思考,用人工神經網路希望能重現人類智慧,輸入數千盤棋譜學習人類下棋方式,到最後AlphaGo Zero不需人類任何圍棋的先備知識,只需規則知識就能自我學習,此時發展出的可能是和人類不一樣的思維方式。然不管電腦

是否能像人腦一樣思考，電腦已經戰勝人腦！

不僅在下棋領域，AI在其他領域，如：智慧控制、機器人、自動化技術、語言和圖像理解、遺傳編程、法學資訊系統、醫學領域等，在近年都有很大的發展和進步（人工智慧－維基百科，2019）。雖然AI在各領域的發展為人類生活帶來許多便利性，例如：無人機、無人商店、無人工廠、無人駕駛公車、各種機器人服務……等的出現，但同時產生的問題和疑慮是AI是否會取代人腦，造成許多人失業？這確有可能發生。日本與英國的研究學者合作調查指出，十至二十年後，日本有約235種職業可能會被機器和AI取代而消失（引自人工智慧－維基百科，2019）。

面對這樣的衝擊，人類要如何因應？很多工作的性質變了，例如：圍棋程式的蓬勃發展，很多人在電腦上和電腦對弈學習，那麼棋士和指導教師的工作就沒必要了，但若是他們發展語言表達能力，就可以擔任解說棋局及為何要這樣下的工作。當然可能還有很多新工作會取代舊工作，人們就必須改變就業方向。但是假如處理不當，社會上太多人因無法轉職而失業，就會造成社會動盪不安。所以馬雲認為各國應該強制規定AI機器只能用於人類不能做的工作，避免短時間人類被取代的失業潮，但他並未提出這種世界性規定要如何落實及遵守的細節方案（引自人工智慧－維基百科，2019）。

另一個很重要的問題和疑慮是倫理管理問題。AI若在許多方面超越人類智慧，不斷更新，自我提昇，進而取得控制管理權，人類是否有能力及時停止AI並保有最高掌控權？如：AI科技產生「自主武器」軍備競賽，有些國家（如：英國、以色列、挪威）都已部署自主飛彈與無人操控的無人機，具「射後不理」

（fire-and-forget）能力的飛彈，且這些飛彈還可互相溝通，分享找到攻擊目標。這些武器雖還未被大量投入，但可能不久就會出現在戰場上，且並非使用人類設計的程式，而是完全利用機器自行決策。專家們認為恐將發展到無法控制的局面，造成無法挽救的災難，因為機器無法區別敵人和平民，也常失控導致人員傷亡，因此想引用聯合國公約限制某些特定武器的研發（參見人工智慧—維基百科，2019）。

除了以上兩大問題與疑慮，最近還出現了另一大問題。AI因具深度學習的能力，能辨識人臉，現在更能偽製人臉，稱為**深偽**（Deepfake）。有不肖業者竟利用深偽偽製一女星的臉在色情影片中。深偽成為變臉、換臉的神器。這不免令人擔心深偽若被濫用在栽贓陷害、製造事端等犯罪行為，以後將不再只有知名人物是被借臉的少數受害者，人人都可能成為受害者。眼見不為憑，有圖也不一定有真相了！

除了上述問題，可能還有許多疑慮，所以AI的發展到底是福是禍？便利之餘，是否衍生更多問題與疑慮？這是人類需慎重思考的，因此各國紛紛研擬人工智慧的相關準則。我國科技部為避免AI的濫用，本著AI核心價值是以人為本、永續發展及多元包容，發展過程中要能維護人權和維持人類尊嚴等原則，針對AI核心技術、人才訓練和標準等訂出八項指引，包括：共榮共利、公平性與非歧視性、自主權與控制權、安全性、個人隱私與數據治理、透明性與可追溯性、可解釋性及問責與溝通等，是全世界第一個給研發人員的AI指引（自由時報電子報，2019；林志成，2019）。希望藉這些努力人類終能自制，善用AI！

第四節 啟示與應用

從本章的討論，歸納出下列啟示與應用：

1. 從訊息處理觀點研究智力，使我們更能知道歷程中造成個別差異的原因所在，如此對學生較有助益。因為若能補救，我們知道該從何處著手幫助學生增進智力。

2. 新興的智力理論擴大智力的內涵，改變我們對智力的狹隘看法，正符合我們中國人所謂「天生我材必有用」的說法，對許多人而言比較公平。我們不可輕易說誰比誰聰明，因為智力不再是單一的概念。

3. 雖然賈德納並沒有詳細說明要如何應用MI於學校，但國內外有許多教育工作者嘗試將MI應用於教學，所以對於MI的詮釋與應用方式有很大的不同。主要可分兩類：(1)單科多元智慧統整——在單一學科內設計多種智慧的活動，或以多種智慧的方式呈現主題；(2)跨學科多元智慧統整或學習中心式的主題教學——以主題統整不同學科（代表不同智慧），或是以各種智慧的學習中心進行主題教學（參見鄭麗玉，2002）。雖然MI的應用方式有所不同，但基本精神是相通的，那就是兒童有其強勢智慧和弱勢智慧，要讓每個兒童的強勢智慧有發展（或展現）的機會，使其對學習有信心，然後能以強勢智慧帶起弱勢智慧的發展，達到某些均衡。

MI的教學成果因方式不同而有異，主要的優點有：由於學生可以選擇自己喜愛的方式來呈現主題或所學，所以學習動機、興趣和自信心都提升，喜愛學習也快樂學習；學習了解多元智慧的意義，會發掘自己的潛能，也懂得尊重別人的強勢智慧，一些

行為問題減少了，人際關係、師生感情都增進了；教師為計畫多元的學習方式，自己的思考和學習也變得較有創意和多元，專業成長進步了……等（引自鄭麗玉，2002）。

雖然MI教學有上述的一些正面發現，也得到許多學者和教育工作者的讚許，但也不免有些缺點和批評，例如：無法和升學結合，學生要花費較多課餘時間準備課程，不適合國三課業壓力大的學生；無法立即看出實效；教師的負擔加重；家長質疑教學品質；以及多元智慧學習活動需時很久，卻教給兒童很少的訊息，教學深度不夠……等（引自鄭麗玉，2002）。

4. 新的智力理論提供編製智力測驗的新方向。史登柏格（Sternberg, 1986）就嘗試應用他的智力三元論編製智力的認知測驗，而我國學者陳李綢和林清山也編製了一多重智力測驗，唯新智力測驗的實用性和學業預測力等有待更進一步的考驗。

5. 人工智慧和電腦模擬的研究，比較電腦和人腦的差異，使我們更能了解智力的本質。而人工智慧中專家系統的發展，是最實用的領域，不僅可以有效利用專家的專業知識，同時因為電腦不像人類會疲倦、會犯錯、會抱怨、會要求加薪，而且是絕對服從，所以深受企業界的喜愛。

6. AI的發展雖還無法完全像人類一樣思考，但在許多領域，尤其是下棋領域，表現已超越人腦。所以很多人擔憂AI會遭到濫用，衍生許多問題和憂慮。世界各國，也包括我國，紛紛研擬AI相關準則以因應。「水能載舟，亦能覆舟。」人類若能善用AI，將它用在幫助人類無法做到的事，或和人類合作，則AI的發展是有益的，可期待的。如：一輛和真人警察連線的AI無人警察巡邏車，可補警力不足，24小時在街上巡邏。AI巡邏車看到不法分子想行竊，可發聲阻止並提醒行人注意；看到走失

的小孩，可請路人暫時照顧，等到警察來處理；在深夜有夜歸婦女遭人尾隨，可按巡邏車上的按鈕報警，此時立即上報指揮中心，請婦女隨著巡邏車到指定地點等警察到來，並發聲警告尾隨者已被錄像下來，最好趕快離開。如此，AI無人警察巡邏車和真人警察合作，共同打擊犯罪，有效保障人民安全。另一個AI和人類合作的例子是AI智慧菜園。AI可監控菜園的哪一區有病蟲害或需要除草……等，人們依此去處理，可節省許多人力，更有效生產。在醫療領域甚至有AI無人小型醫院的產生。患者進入一小間由AI簡單問診一分鐘，若有進一步問題則和真人醫生連線問診，也可開藥由患者在旁邊的販賣機購買。如此，小病不必跑醫院，節省醫師和病人很多時間和人力。除了以上的例子，還有許多領域都有AI和人類合作的例子，在此無法盡述。所以AI是否有益人類，端看研發它的人類是否有真的智慧善用它了！

本章摘要

1. 以訊息處理論研究智力的個別差異，重視是歷程因素。在推理能力方面，史登柏格和賈德納發現受試者在解決某種類比問題時，有推理和比較兩個關鍵性步驟，這兩步驟使用的時間和推理測驗分數呈高相關。在語文能力方面，認知心理學家發現高語文組和低語文組的差異可降至字母層次的名稱配合上，低語文者欲改進語文能力可能需從一些非常基本的層次開始。在空間能力方面，研究者發現低空間能力者在心智旋轉圖形的速率較慢。

2. 賈德納的智力多元論認為人類有多種智力——語言、音樂、

邏輯─數學、空間、肢體─動覺、人際、內省、自然觀察等智力。史登柏格的智力三元論將智力分為三種──組合型智力行為、經驗型智力行為、環境型智力行為。這些新興的智力理論皆不贊成採用因素分析研究智力。它們將智力內涵擴大，智力不再只是知識的測量。

3. 人工智慧和認知心理學的關係非常密切，互相影響。人工智慧和電腦模擬的發展，引發電腦是否真的會思考的問題。電腦有時確實能做人做的事情，但是由於電腦不可能像人一樣沈浸於文化之中獲得知識，而且電腦處理問題的程序往往和人類不同，電腦在某些工作表現上比人類好，人類也在某些工作上表現比電腦好，所以可知電腦和人腦是不同的。

4. **AlphaGo** 原先是模仿人類圍棋的走法，資料庫中儲存大量棋著，藉著蒙地卡羅樹搜尋，結合深度學習和增強式學習的強大學習力，打敗世界圍棋冠軍。**AlphaGo Master** 在稍加調整與改進後，也打敗了世界棋王。到 **AlphaGo Zero** 不再需要人類圍棋知識，只需規則知識，透過大量自我對戰的增強式學習而能自我學習，在短時間內超越之前的版本，成為最強版本。

5. **AI** 近年的發展雖還無法像人腦一樣思考，但在許多領域，尤其複雜的圍棋，表現已超越人腦。**AI** 機器雖為人類生活帶來便利性，卻也衍生很多問題和疑慮，如：**AI** 是否取代人類，造成很多人失業；**AI** 科技產生自主武器軍備競賽，人類恐失去掌控權，造成無法挽救的傷亡災難；**AI** 的深偽技術恐被濫用來換臉製造假新聞影片，陷人於罪，造成人人恐慌……等。許多國家意識到問題的嚴重性，紛紛開始研擬 **AI** 的相關

準則，我國也訂出全世界第一個給研發人員的AI指引。希望
藉由這些努力，人類能自制並善用AI！

重要名詞

因素分析（factor analysis）

g因素（general factor）

s因素（specfic factors）

流體智力（fluid intelligence）

晶體智力（crystallized intelligence）

智力多元論（theory of multiple intelligences, MI）

語文智力（linguistic intelligence）

邏輯—數學智力（logical-mathematical intelligence）

空間智力（spatial intelligence）

肢體—動覺智力（bodily-kinestheic intelligence）

音樂智力（musical intelligence）

人際智力（interpersonal intelligence）

內省智力（intrapersonal intelligence）

自然觀察智力（naturalist intelligence）

智力三元論（triarchic theory of intelligence）

組合型智力行為（componential intelligent behavior）

經驗型智力行為（experiential intelligent behavior）

環境型智力行為（contextual intelligent behavior）

人工智慧（artificial intelligence, AI）

專家系統（expert systems）

學習系統（learning systems）

「深思」電腦下棋程式（Deep Thought）

深藍（Deep Blue）

AlphaGo（阿爾法圍棋）

蒙地卡羅樹搜尋（Monte Carlo tree search）

深度學習（deep learning）

價值網路（value network）

策略網路（policy network）

增強式學習（reinforcement learning）

雙重網路（dual network）

深偽（Deepfake）

問題討論

1. 從訊息處理的觀點研究智力的個別差異和傳統方法有何不同？請舉例說明。

2. 新興的智力理論（例如：智力多元論、智力三元論）和傳統的智力理論有何不同？對智力的概念或智力測驗的編製有何啟示？你贊同這種改變嗎？為什麼？

3. 電腦和人腦有何不同？你認為人工智慧的發展方向應如何？

4. AlphaGo不同版本間有何異同以贏得人腦？對人類有何啟示與貢獻？

5. AI的發展雖為人類生活帶來便利性，相對的衍生了哪些問題和疑慮？人類要如何努力避免並善用AI？

參考文獻

一、中文部分

AlphaGo一維基百科（2019）。（https://zh.wikipedia.org）

Atkinson, R. L., Atkinson, R. C., Smith, E. E., & Bem, D. J.／孫名之等譯（1994）。*心理學導論*。台北：曉園。

Best, J. B. (1989)／黃秀瑄、林瑞欽（編譯）（1991）。*認知心理學*。台北：師大書苑。

PingWest（2016-03-10）。擊敗了李世乭的圍棋人工智慧「AlphaGo」究竟是什麼。*科技新報*。（https://technews.tw）

人工智慧一維基百科（2019）。（https://zh.wikipedia.org）

朱曼殊等（1979）。幼兒口頭言語發展的調查研究，幼兒簡單陳述句句法結構發展的初步分析。*心理學報*，3。

江秋坪、洪碧霞、邱上真（1996）。動態評量對國語資源班學童鑑別與協助效益之探討。*中國測驗學會測驗年刊*，43，115-140。

吳國銘、洪碧霞、邱上真（1995）。國小學童在動態評量中數學解題學習歷程與遷移效益之探討。*中國測驗學會測驗年刊*，42，61-84。

吳靜吉等（1986）。*心理學*。台北：國立空中大學。

李柏鋒（2017-11-10）。黃士傑：AlphaGo Zero只用了三天，就走過人類幾千年圍棋研究的歷程。*INSIDE*。（https://www.inside.com.tw）

林志成（2019-09-23）。防止AI災難，科技部訂「人工智慧科研發展指引」。*中時電子報*。（https://chinatimes.com）

林素微、洪碧霞（1997）。國小六年級學童數學解題彈性思考動態測量之研究。*教育測驗新近發展趨勢學術研討會*，173-191。

洪碧霞、黃瑞煥、陳婉玫（譯）（1984）。*認知心理學*。高雄：復

文。

張春興（1988）。知之歷程與教之歷程：認知心理學的發展及其在教育上的應用。*教育心理學報*，21，17-38。

張春興（1991）。*現代心理學*。台北：東華。

張春興（1996）。*教育心理學——三化取向的理論與實踐*。台北：東華。

張景媛（1990）。不同後設認知能力的大學生在學業成績與認知適應上之差異。*測驗年刊*，中國測驗學會，37，143-162。

張景媛（1991）。大學生認知風格、動機與自我調整因素，後設認知與學業成績關係之研究。*教育心理學報*，24，145-161。

莊麗娟、邱上真、江新合（1997）。國小六年級浮力概念動態評量的效益分析。*中國測驗學會測驗年刊*，44(1)，71-94。

許家吉（1994）。*電腦化動態圖形歸類測驗發展之研究*。國立台南師範學院初等教育研究所碩士論文。

陳玉婕（1987）。先跑的孩子，不一定贏——談兒童學英語的功效。*師友月刊*，元月，6-8。

陳李綢（1990）。近代後設認知理論的發展與研究趨勢。*資優教育季刊*，37，9-12。

陳李綢（1991）。思考模式、學術經驗與認知策略訓練對大學生後設認知與智力的影響。*教育心理學報*，24，67-90。

陳李綢、林清山（1991）。多重智力理論模式的驗證與應用。*教育心理學*，24，31-66。

陳曉莉（2017-10-19）。誰能擊敗AlphaGo？答案是具備自我學習能力的AlphaGo Zero。*iThome*。（https://www.ithome.com.tw）

黃淑津、鄭麗玉（2004）。電腦化動態評量對國小五年級學生閱讀理解效能之研究。*國民教育研究學報*，12，167-201。

楊宗仁（1991）。後設認知的源起及其理論。*資優教育季刊*，38，16-25。

蒙地卡羅樹搜尋－維基百科（2019）。（https://zh.wikipedia.org）

劉英茂（1977）。心像記憶法的研究——英文字彙的習得。*科學發展*，5，987-999。

劉英茂（1977）。高中生使用心像記憶法習得英語字彙研究。*中華心理學刊*，19，31-38。

劉錫麒（1989）。國小高年級學生數學解題歷程及其相關因素的研究。*花蓮師院學報*，3，21-90。

鄭昭明（1988）。認知與教學。載於*台灣區省市立師範學院七十六學年度兒童發展與輔導學術研討會專題演講手冊*。台南：台南師範學院，121-174。

鄭麗玉（1991）。大一英文閱讀教學研究——後設認知策略的應用。*台灣省第二屆教育學術論文集*，596-635。

鄭麗玉（1995）。華語語意和語法的發展。*嘉義師院學報*，9，1-14。

鄭麗玉（2000）。*認知與教學*。台北：五南。

鄭麗玉（2002）。多元智慧論在教學上的應用與省思。*教師之友*，43(2)，19-30。

鄭麗玉（2005）。*教育心理學精要*。台北：考用。

簡惠茹（2019-09-23）。避免AI濫用，科技部訂出世界第一個給研發人員的AI指引。*自由時報電子報*。（https://news.ltn.com.tw/news/life/breakingnews/2923939）

二、英文部分

Abelson, R. P. (1981). Psychological status of the script concept. *American Psychologist, 36*, 715-729.

Adams, M. J., & Collins, A. (1979). A schema-theoretic view of reading. In R. O. Freedle (Ed.), *New direction in discourse processing.* Norwood, NJ: Ablex.

Alba, J. W., & Hasher, L. (1983). Is memory schematic? *Psychological Bulletin, 93,* 203-231.

Anderson, J. R. (1976). *Language, memory, and thought.* Hillsdale, NJ: Erlbaum.

Anderson, J. R. (1980). Concepts, propositions, and schemata: What are the cognitive units? *Nebraska Symposium on Motivation, 28,* 121-162.

Anderson, J. R. (1983). *The Architecture of Cognition.* Cambridge, MA: Harvard University Press.

Anderson, J. R. (1990). *Cognitive psychology and its implications* (3rd ed.). New York: W. H. Freeman and Company.

Anderson, J. R. (1991). The adaptive nature of human categorization. *Psychological Review, 98,* 409-429.

Anderson, J. R. (1996). ACT: A simple theory of complex cognition. *American Psychologist, 51,* 355-365.

Anderson, J. R., & Bower, G. H. (1973). *Human associative memory.* Washington, DC: Winston.

Anderson, J. R., & Fincham, J. M. (1996). Categorization and sensitivity to correlation. *Journal of Experimental Psychology: Learning, Memory, and Cognition, 22,* 259-277.

Antell, S. E., & Keating, D. P. (1983). Perception of numerical invariance in neonates. *Child Development, 54,* 695-701.

Arlin, P. K. (1975). Cognitive development in adulthood: A fifth stage? *Developmental Psychology, 11,* 602-606.

Armbruster, B. B., & Others (1983). *The role of metacognition in reading to learn: A developmental Perspective.* (Reading Edu. Report No. 40). Cambridge, Mass.: Bolt, Beranek and Newan, Inc.; Urbana: Illinois Uni., Center for the Study of Reading.

Atkinson, R. C. (1975). Mnemotechnics in second-language learning. *American Psychologist, 30,* 821-828.

Atkinson, R. C., & Raugh, M. R. (1975). An application of the mnemonic keyword method to the acquisition of a Russian vocabulary. *Journal of Experimental Psychology: Human Learning and Memory, 104,* 126-133.

Atkinson, R. C., & Shiffrin, R. M. (1968). Human memory: A proposed system, and its control processes. In K. W. Spence & J. T. Spence (Eds.), *The Psychology of Learning and motivation: Advances in research and theory,* Vol. 2. New York: Academic Press.

Averbach, E., & Coriell, A. S. (1961). Short-term memory in vision. *Bell System Technical Journal, 40,* 309-328.

Baddeley, A. D., & Dale, H. C. A. (1966). The effect of semantic similarity on retroactive interference in long-and short-term memory. *Journal of Verbal Learning and Verbal Behavior, 5,* 417-420.

Bahrick, H. P. (1984). Semantic memory content in permastore: Fifty years of memory for Spanish learned in school. *Journal of Experimental Psychology: General, 113,* 1-24.

Baird, J., & Mitchell, I. (Eds.) (1986). *Improving the quality of teaching and learning: An Australian case study-The peel project.* Clayton, Vic.: Monash Uni. Printery.

Baker, L. (1979, July). *Do I understand or do I not understand: That is the question.* (Reading Education Rep. No. 10). Urbana: Uni. of Illinois, Center for the Study of Reading.

Bancroft, W. J. (1981). *Suggestopedia and Soviet sleep-learning.* Canada: Ontario.

Barik, H., & Swain, M. (1976). A longitudinal study of bilingual and cognitive development. I*nternational Journal of Psychology, 11,* 251-263.

Bartlett, F. C. (1932). *Remembering: A study in experimental and social psychology.* London: Cambridge University Press.

Bates, A., McNew, S., MacWhinney, B., Devescovi, A., & Smith, S. (1982). Functional constraints on sentence processing: A cross-linguistic study. *Cognition, 11,* 245-299.

Beilin, H. (1971). Developmental stages and developmental processes. In D.

R. Green, M. P. Ford, & G. B. Flamer (Eds.), *Measurement and Piaget* (pp.172-197). New York: McGraw-Hill.

Bellugi, U. (1964). *The emergence of inflections and negation systems in the speech of two children.* Paper presented at New England Psychological Association meetings.

Best, J. B. (1999). *Cognitive psychology* (5th ed.). Belmont, CA: Wadsworth.

Bever, T. G. (1970). The cognitive basis for linguistic structures. In J. R. Hayes (Ed.), *Cognition and the Development of Language.* New York: Wiley.

Biederman, I. (1985). Human image understanding: Recent research and a theory. *Computer Vision, Graphics, and Image Processing, 32,* 29-73.

Biederman, I. (1987). Recognition-by-components: A theory of human image understanding. *Psychological Review, 94,* 115-147.

Biederman, I. (1993). Visual object recognition. In A. I. Goldman (Ed.), *Readings in philosophy and cognitive science* (pp.9-21). Cambridge, MA: MIT Press. (Original work published 1990.)

Biggs, J. B., & Telfer, R. A. (1987). *The process of learning.* (2nd ed.). Sydney: Prentice-Hall of Australia.

Bjorklund, D. F. (1999). *Children's thinking: Developmental function and individual differences* (3rd ed.). Belmont, CA: Wadsworth.

Block, E. (1986). The comprehension strategies of second language readers. *TESOL Quarterly, 20,* 463-494.

Bloomfield, L. (1933). *Language.* New York: Holt, Rinebart and Winston.

Bohannon, J. (1988). Flashbulb memories for the space shuttle disaster: A tale of two theories. *Cognition, 29*(2), 179-196.

Boomer, D. S. (1965). Hesitation and grammatical encoding. *Language and Speech, 8,* 148-158.

Bourne, L. E., & Guy, D. E. (1968). Learning conceptual rules: I Some inter rule transfer effects. Journal of Experimental Psychology, 76, 423-429.

Bower, G. H. (1972). Mental imagery and associative learning. In L. W. Gregg (Ed.), *Cognition in learning and memory* (pp. 51-88). New York: Wiley.

Bower, G. H. (1973). How to...Uh...Remember! *Psychology Today, 7,* 64-65.

Bower, G. H. (1981). Mood and memory. *American Psychologist, 2,* 129-148.

Bower, G. H., Clark, M. C., Lesgold, A. M., & Winzenz, D. (1969). Hierarchical retrieval schemes in recall of categorized word lists. *Journal of Verbal Learning and Verbal Behavior, 8,* 323-343.

Bowerman, M. (1977). Semantic factors in the acquisition of rules for word use and sentence construction. In D. Morechead & A. Morehead (Eds.), *Directions in normal and deficient child language.* Baltimore: University Park Press.

Brainerd, C. J. (1978). The stage question in cognitive-developmental theory. *Behavioral and Brain Sciences, 1,* 173-182.

Bransford, J. D., & Johnson, M. K. (1973). Consideration of some problems of comprehension. In W. G. Chase (Ed.), *Visual information processing.* New York: Academic Press.

Bransford, J. D. (1979). *Human cognition: Learning, understanding and remembering.* Belmont, CA: Wadsworth.

Bransford, J. D., & Johnson, M. K. (1972). Contextual prerequisites for understanding: Some investigations of comprehension and recall. *Journal of Verbal Learning and Verbal Behavior, 11,* 717-726.

Bransford, J. D., Barclay, J. R., & Franks, J. J. (1972). Sentence memory: A constructive versus interpretive approach. *Cognitive Psychology, 3,* 193-209.

Bransford, J. D., Nitsch, K. E., & Franks, J. J. (1977). Schooling and the facilitation of knowing. In R. C. Anderson, R. J. Spiro, & W.

E. Montague (Eds.), *Schooling and the acquisition of knowledge.* Hillsdale, NJ: Lawrence Erlbaum Associates.

Braun, C., & Others (1985). *A conference approach to the development of metacognitive strategies.* Paper presented at the annual meeting of the National Reading Conference, San Diego, CA.

Brown, A. L. (1975). The development of memory: Knowing, knowing about knowing, and knowing how to know. In H. W. Reese (Ed.), *Advances in child development and behavior.* New York: Acadetmic Press.

Brown, A. L. (1987). Metacognition, executive control, self-regulation, and other more mysterious mechanisms. In F. E. Weinert & R. H. Kluwe (Eds.), *Metacognition, motivation, and understanding.* Hillsdale, NJ: Lawrence Erlbaum.

Brown, A. L., & Smiley, S. S. (1978). The development of strategies for studying texts. *Child Development, 49,* 1076-1088.

Brown, J. S., & Burton, R. R. (1978). Diagnostic models for procedural bugs in basic mathematical skills. *Cognitive Science, 2,* 155-192.

Brown, R. (1973). *A first language: The early stages.* Cambridge, Mass.: Harvard University Press.

Brown, R., & Hanlon, C. (1970). Derivational complexity and order of acquisition in child speech. In J. R. Hayes (Ed.), *Cognition and the development of language.* New York: Wiley.

Brown, R., & Kulik, J. (1977). Flashbulb memories. *Cognition, 5,* 73-99.

Brown, R., & Lenneberg, E. H. (1954). A study in language and cognition. *Journal of Abnormal and Social Psychology, 49,* 454-462.

Bruce, D., & Crowley, J. J. (1970). Acoustic similarity effects on retrieval from secondary memory. *Quarterly Journal of Experimental Psychology, 9,* 190-196.

Bruner, J. S., Goodnow, J. J., & Austin, G. A. (1956). *A study of thinking.*

New York: Wiley.

Bryant, P. E., & Trabasso, T. (1971). Transitive inferences and memory in young children. *Nature, 232,* 456-458.

Buchanan, B. G., & Shordiffe, E. S. (1984). *Rule-based expert systems: The MYCIN experiments of the Stanford Heuristic Programming Project.* Reading, MA: Addison-Wesley.

Budoff, M., & Corman, L. (1974). Demographic and psychometric factors related to improved performance on the Kohs learning potential procedure. *American Journal of Mental Deficiency, 78,* 578-585.

Burley, J. E., & Others (1985). *Metacognition: Theory and application for college readers.* Paper presented at the annual meeting of the International Reading Association, New Orleans, LA.

Burling, R. (1978). Language development of a Garo and English speaking child. In *Second Language Acquisition,* ed. E. Hatch. Rowley, Mass.: Newbury House.

Byrnes, J. P. (2001). *Cognitive development and learning in instructional contexts* (2nd ed.). Needham Heights, MA: Allyn & Bacon.

Campione, J. C. (1989). Assisted assessment: A taxonomy of approaches and an outline of strengths and weaknesses. *Journal of Learning Disabilities, 22,* 151-165.

Campione, J. C., & Brown, A. L. (1987). Linking dynamic assessment with school achievement. In C. S. Lidz (Ed.), *Dynamic assessment: An interactional approach to evaluation learning potential* (pp.82-115). New York: Guiford Press.

Campione, J. C., & Brown, A. L. (1990). Guided learning and transfer: Implications for approaches to assessment. In N. Frederiksen, R. Glaser, A. Lesgold, & M. Shafto (Eds.), *Diagnostic monitoring of skill and knowledge acquisition* (pp.141-172). Hillsdale, NJ: Erlbaum.

Canney, G., & Winograd, P. (1979). *Schemata for reading and reading comprehension performance.* (Tech. Rep. No. 120). Urbana: Uni. of Illinois, Center for the Study of Reading.

Carlson, J. S., & Wiedl, K. H. (1978). Use of testing-the-limits procedures in the assessment of intellectual capabilities in children with learning difficulties. *American Journal of Deficiency, 82,* 599-564.

Carlson, J. S., & Wiedl, K. H. (1979). Toward a differential testing approach: Testing-the-limits employing the Raven matrices. *Intelligence, 3,* 323-344.

Carmichael, L. L., Hogan, H. P., & Walter, A. A. (1932). An experimental study of the effect of language on the reproduction of visually perceived forms. *Journal of Experimental Psychology, 15,* 73-86.

Carrell, P. L. (1988). *Second language reading: reading-language, and metacognition.* Paper presented at the annual meeting of the Teachers of English to Speakers of Other Languages, Chicago, IL.

Case, R. (1992). Neo-Piagetian theories of child development. In R. J. Sternberg & C. A. Berg (Eds.), *Intellectual development* (pp.161-196). New York: Cambridge University Press.

Cattell, R. B. (1965). *The scientific analysis of personality.* Baltimore: Penguin.

Chase, W. G., & Simon, H. A. (1973). The mind's eye in chess . In W. G. Chase (Ed.), *Visual information processing.* New York: Academic Press.

Chase, W. G., & Simon, H. A. (1973a). The mind's eye in chess. In W. G. Chase(Ed.), *Visual information processing.* New York: Academic Press.

Chase, W. G., & Simon, H. A. (1973b). Perception in chess. *Cognitive Psychology, 4,* 55-81.

Chen, Z., & Siegler, R. S. (2000). Intellectual development in childhood. In R. J. Sternberg (Ed.), *Handbook of intelligence* (pp.92-116). New York: Cambridge University Press.

Chi, M. T. H. (1987). Representing knowledge and metaknowledge: Implications for interpreting metamemory research. In F. E. Weinert & R. H. Kluwe (Eds.), *Metacognition, motivation, and understanding.* Hillsdale, NJ: Lawrence Erlbaum.

Chiesi, H. L., Spilich, G. J., & Voss, J. F. (1979). Acquisition of domain-related information in relation to high and low domain knowledge. *Journal of Verbal Learning and Verbal Behavior, 18,* 257-273.

Ching, D. C. (1978). *Reading and the hilingual child.* Newark, Del.: International Reading Association.

Chomsky, A. N. (1957). *Syntactic structures.* The Hague: Mouton.

Chomsky, N. (1965). *Aspects of the theory of syntax.* Cambridge, Mass.: MIT Press.

Clancey, W. J. (1982). Tutoring rules for guiding a case method dialogue. In D. Sleeman & J. S. Brown (Eds.), *Intelligent tutoring systems.* New York: Academic Press.

Clancey, W. J. (1983). The epistemology of a rule-based system: A framework for explanation. *The Journal of Artificial Intelligence, 20,* 215-251.

Clowes, M. (1969). Transformational grammars and the organization of pictures. In A. Graselli (Ed.), *Automatic interpretation and the organization of pictures.* Orlando, FL: Academic Press.

Cohen, D. (1983). Piaget: *Critique and reassessment.* New York: St. Martin's Press.

Cohen, S. F. (1985). *Comprehension monitoring strategies for whole text.* Paper presented at the annual meeting of the College Reading Association, Pittsburgh, PA.

Collins, A. M., & Loftus, E. F. (1975). A spreading activation theory of semantic processing. *Psychological Review, 82,* 407-428.

Collins, A. M., & Quillian, M. R. (1969). Retrieval time from semantic memory. *Journal of Verbal Learning and Verbal Behavior, 8,* 240-247.

Conway, M. A. (1995). *Flashbulb memories.* Hove, England: Erlbaum.

Cooper, L. A., & Shepard, R. N. (1973). Chronometric studies of the ro tation of mental images. In W. G. Chase (Ed.), *Visual information processing.* New York: Academic Press.

Cooper, R. (1971). Degree of bilingualism. In *Bilingualism in the barrio'* ed. J. Fishman, R. Cooper, & R. Ma. Bloomington: Indiana University Press.

Cooper, W. E., & Paccia-Cooper, J. (1980). *Syntax and speech.* Cambridge, MA: Harvard University Press.

Craik, F. I. M., & Lockhart, R. S. (1972). Levels of processing: A framework for memory research. *Journal of Verbal Learning and Verbal Behavior, 11,* 671-684.

Cross, D. R., & Paris S. G. (1988). Developmental and instructional analyses of children's metacognition and reading comprehension. *Journal of Educational Psychology, 80(2),* 131-142.

Curtiss, S. (1979). Genie: Language and cognition. *UCLA Working Papers in Cognitive Linguistics, 1,* 15-62.

Curtiss, S., Fromkin, V., Krashen, S., Rigler, D., & Rigler, M. (1974). The linguistic development of Genie. Language, 50(3), 528-554.

Dale, P. S. (1972). *Language development.* Hinsdale, Ⅲ.: Dryden.

Darcy, N. (1964). The effect of bilingualism upon the measurement of the intelligence of children of preschool age. *Journal of Educational Psychology, 37,* 21-44.

Dasen, P. R., & Heron, A. (1981). Cross-cultural tests of Piaget's theory. In H. C. Triandis & A. Heron (Eds.), *Handbook of cross-cultural psychology* (Vol. 4). Boston: Allyn & Bacon.

Davidson, J. E., & Sternberg, R. J. (1985). Competence and performance in intellectual development. In E. Neimark, R. delisi, & J. H. Newman

(Eds.), *Moderators of competence* (pp.43-76). Hillsdale, NJ: Erlbaum.

de Groot, A. D. (1965). *Thought and choice in chess.* The Hague: Mouton.

Dermody, M. (1988). *Metacognitive strategies for development of reading comprehension for younger children.* Paper presented at the annual meeting of the American Association of College for Teacher Education, New Orleans, LA.

DeRosa, D. V., & Tkacz, D. (1976). Memory scanning of organized visual material. Journal of Experimental Psychology: *Human Learning and Memory, 2,* 688-694.

Deutsch, J. A., & Deutsch, D. (1963). Attention: Some theoretical considerations. *Psychological Review, 70,* 80-90.

Dewey, J. (1910). *How we think.* Boston: Heath.

DiVesta, F. J., Hayward, K. G., & Orlando, V. P. (1979). Developmental trends in monitoring text for comprehension. *Child Development, 50,* 97-105.

Dooling, D. J., & Mullet, R. L. (1973). Locus of thematic effects in retention of prose. *Journal of Experimental Psychology, 97,* 404-406.

Doyle, A., Champagne, M., & Segalowitz, N. (1978). Some issues in the assessment of linguistic consequences of early bilingualism. In *Aspects of bilingualism,* ed. M. Paradis. Columbia, SC: Hombeam Press.

Duffy. G. G., Roehler, L. R., & Hermiann, B. A. (1988). Modeling mental processes helps poor readers become strategic readers. *The Reading Teacher, 41,* 762-767.

Duncker, K. (1945). On problem solving. *Psychological Monographs, 58(5),* Whole No. 270.

Ebbinghaus, H. (1913). Memory: *A contribution to experimental psychology* (H. A. Ruger and C. E. Bussenius, Trans.). New York: Teacher's College, Columbia University. (Original work published 1885.)

Egan, D. E., & Greeno, J. G. (1974). Theory of rule induction: Knowledge acquired in concept learning, serial pattern learning, and problem solving. In L. W. Gregg (Ed.), *Knowledge and cognition.* Potomac Md.: Erlbaum.

Eich, J. E. (1980). The cue-dependent nature of state-dependent retrieval. *Memory and Cognition, 8,* 157-173.

Elstein, A. S., Shulman, L. S., & Sprafka, S. A. (1978). *Medical problem solving.* Cambridge, MA: Harvard University Press.

Epstein, W. (1967). Some conditions of the influence of syntactical structure on learning: Grammatical transformation, learning instructions, and "chunking." *Journal of Verbal Learning and Verbal Behavior, 6,* 415-419.

Ericsson, K. A., & Simon, H. A. (1980). Verbal reports as data. *Psychological Review, 87,* 215-251.

Ernst, G. W., & Newell, A. (1969). *GPS: A case study in generality and problem solving.* New York: Academic Press.

Ervin, S., & Osgood, C. (1954). Second language learning and bilingualism. *Journal of Abnormal and Social Psychology, 49,* 139-146.

Estes, W. K., & DaPolito, F. (1967). Independent variation of information storage and retrieval processes in paired-associate learning. *Journal of Experimental Psychology, 76,* 18-26.

Evans, J. St. B. T., Barston, J. L., & Pollard, P. (1983). On the conflict between logic and belief in syllogistic reasoning. *Memory Cognition, 11,* 295-306.

Eysenck, H. J. (1984). Intelligence versus behavior. *The Behavioral and Brain Sciences, 7,* 290-291.

Feuerstein, R. (1979). The *dynamic assessment of retarded performers: The learning potential assessment device, theory, instrument, and techniques.* Baltimore, MD: University Park Press.

Fichhoff, B. (1977). Perceived informativeness of facts. *Journal of*

Experimental Psychology: Human Perception and Performance, 3, 349-358.

Fillenhaum, S. (1971). On coping with ordered and unordered conjunctive sentences. *Journal of Experimental Psychology, 87,* 93-98.

Fischhoff, B., & Beyth, R. (1975). "I knew it would happen" — Remembered probabilities of once-future things. *Organizational Behavior and Human Performance, 13,* 1-16.

Fischer, K. W., & Bidell, T. R. (1991). Constraining nativist inferences about cognitive capacities. In S. Carey & R. Gelman (Eds.), *Structural constraints on knowledge in cognitive development* (pp.199-235). Hillsdale, NJ: Erlbaum.

Fischhoff, B. (1975). Hindsight ≠ foresight: The effect of outcome knowledge on judgment under uncertainty. *Journal of Experimental Psychology: Human Perception and Performance, 1,* 288-299.

Fivush, R., & Hamond, N. R. (1990). Autobiographical memory across the preschool years: Toward reconceptualising childhood amnesia. In R. Fivush & J. A. Hudson (Eds.), *Knowing and remembering in young children.* New York: Cambridge University Press.

Flavell, J. H. (1976). Metacognitive aspects of problem solving. In L. B. Resnick(Ed.), *The nature of intelligence* (pp. 231-235). Hillsdale, NJ: Lawrence Erlbaum Associates.

Flavell, J. H. (1987). Speculations about the nature and development of metacognition. In F. E. Weinert & R. H. Kluwe (Eds.), *Metacognition, motivation, and understanding.* Hillsdale, NJ: Lawrence Erlbaum.

Flavell, J. H., & Wellman, H. M. (1977). Metamemory. In R. V. Kail & J. W. Hagen (Eds.), *Perspectives on the development of memory and cognition.* Hillsdale, NJ: Lawrence Erlbaurn.

Flavell, J. H., Miller, P. H., & Miller, S. A. (1993). *Cognitive development* (3rd ed.). Englewood Cliffs, NJ: Prentice Hall.

Fouts, R. S., Hirsh, A. D., & Fouts, D. H. (1982). Cultural transmission of a human language in a chimpanzee Mother/Infant relationship. In H. E. Fitzgerald, J. A. Mullins, & P. Page (Eds.), *Psychological perspectives: Child nurturance series,* Vol. IV. New York: Plenum.

Freeman, F. S. (1962). *Theory and practice of psychological testing.* New York: Holt, Rinehart & Winston.

Fromkin, V., Krashen, S., Curtiss, S., Rigler, D., & Rigler, M. (1974). The development of language in Genie: A case of language acquisition beyond the "critical period." *Brain and Language, 1,* 81-107.

Gagné, E. D. (1985). *The cognitive psychology of school learning.* Boston: Little, Brown & Company.

Gagné, E. D., Yekovich, C. W., & Yekovich, F. R. (1993). *The cognitive psychology of school learning* (2nd ed.). New York: Harper Collins College Publishers.

Gambrell, L. B., & Heathington, B. S. (1981). Adult disabled reader's metacognitive awareness about reading tasks and strategies. *Journal of Reading Behavior, 13,* 215-222.

Gardner, H. (1983). *Frames of mind: The theory of multiple intelligences.* New York: Basic Books.

Gardner, H. (1999). *Intelligence reframed: Multiple intelligences for the 21st centry.* New York: Basic Books.

Gardner, R. A., & Gardner, B. T. (1969). Teaching sign language to a chimpanzee. *Science, 165,* 664-672.

Gardner, R. C., & Lambert, W. E. (1959). Language aptitude, intelligence and second-language acquisition. *Canadian Journal of Psychology, 13,* 266-272.

Garofalo, J., & Lester, F. K. (1985). Metacognition, cognitive monitoring, and mathematical performance. *Journal for Research in Mathematics Education, 16,* 163-176.

Gelman, R. (1969). Conservation acquisition: A problem of learning to attend to relevant attributes. *Journal of Experimental Child Psychology, 7,* 167-187.

Gelman, R. (1972). Logical capacity of very young children: Number invariance rules. *Child Development, 43,* 75-90.

Gelman, R., & Gallistel, C. R. (1978). *The child's understanding of numbers.* Cambridge, MA: Harvard University Press.

Genishi, C. (1976). *Rules for code-switching in young Spanish-English speakers: An exploratory study of language socialization.* Ph. D. dissertation. University of California, Berkeley.

Glanzer, M., & Cunitz, A. R. (1966). Two storage mechanisms in free recall. *Journal of Verbal Learning and Verbal Behavior, 5,* 351-360.

Glass, A. L., & Holyoak, K. J. (1986). *Cognition* (2nd ed.) Rutgers U. & U. of Michigan.

Glass, A. L., Holyoak, K. J., & Santa, J. L. (1979). *Cognition.* Reading, MA: Addison-Wesley.

Godden, D. R., & Baddeley, A. D. (1975). Context dependent memory in two natural environments: On land and underwater. *British Journal of Psychology, 66,* 325-332.

Goldberg, R. A., Schwartz, S., & Stewart, M. (1977). Individual differences in cognitive processes. *Journal of Educational Psychology, 69,* 9-14.

Golding, E. (1981). *The effect of past experience on problem solving.* Paper presented at the Annual Conference of the British Psychological Society, Surrey University.

Golinkoff, R. M. (1975-1976). A comparison of reading comprehension processes in good and poor comprehenders. *Reading Research Quarterly, 11,* 623-659.

Gopher, D., & Kahneman, D. (1971). Individual differences in attention and the prediction of flight criteria. *Perceptual and Motor Skills, 33,* 1335-

1342.

Gorman, A. M. (1961). Recognition memory for nouns as a function of abstractness and freguency. *Journal of Experimental Psychology, 61,* 23-27.

Gottfried, A. W. (Ed.) (1984). *Home environment and early cognitive development: Longitudinal research.* San Diego, CA: Academic Press.

Graf, P., Squire, L. R., & Mandler, G. (1984). The information that amnesic patients do not forget. *Journal of Experimental Psychology: Learning Memory and Cognition, 10,* 164-178.

Greenberg, J. H. (1963). Some universals of grammar with particular reference to the order of meaningful elements. In J. H. Greenberg (Ed.), *Universals of language.* Cambridge, MA: MIT Press.

Greenwald, J. (1985). *Improving students' abilities to read and think. Teaching strategies series. Booklet B: Reader-text interaction strategies.* NJ: New Jersey State Dept of Education.

Griggs, R. A., & Cox, J. R. (1982). The elusive thematic-materials effect in selection task. *British Journal of Psychology, 73,* 407-420.

Grosjean, F. (1982). *Life with two languages: An introduction to bilingualism.* Cambridge, Mass.: Harvard University Press.

Guilford, J. P. (1966). Intelligence: 1965 model. *American Psychologist, 21,* 20-26.

Guilford, J. P. (1982). Cognitive psychology's ambiguities: Some suggested remedies. *Psychological Review, 89,* 48-59.

Haberlandt, K. (1997). *Cognitive psychology* (2nd ed.). Needham Heights, MA: Allyn & Bacon.

Hall J. F. (1954). Learning as a function of word frequency. *American Journal of Psychology, 67,* 138-140.

Hall, V. C., & Esposito, M. (1984). *What does research on metacognitive have to offer educators?* Paper presented at the annual meeting of the Northeastern Educational Research Association (Ellenville, NY, October 24-26, 1984).

Hamers, J. F., & Lambert, W. E. (1974). *Visual field and cerebral hemisphere in bilinguals.* McGill University, Montreal, Canada. Unpublished manuscript.

Hamilton, S., & Garber, L. (1997). Deep Blue's hardware-software synergy. *Computer, 30*(10), 29-34.

Hammond, N. R., & Fivush, R. (1991). Memories of Mickey Mouse: Young children recount their trip to Disneyworld. *Cognitive Development, 6,* 443-448.

Harris, B., & Sherwood, B. (1978). Translating as an innate skill. In *Language interpreatation and communication,* ed. D. Gerver & H. Sinaiko. New York: Plenum Press.

Harris, R. J., Dubitsky, T. M., & Bruno, K. J. (1983). Psycholinguistic studies of misleading advertising. In R. J. Harris (Ed.), *Information processing research in advertising.* Hillsdale, NJ: Erlbaum.

Haugen, E. (1969). *The Norweigian language in America: A study in bilingual behavior.* Bloomington: Indiana University Press.

Haviland, S. E., & Clark, H. H. (1974). What's new?Acquiring new information as a process in comprehension. *Journal of Verbal Learning and Verbal Behavior, 13,* 512-521.

Hayes, J. R. (1976). It's the thought that counts: New approaches to educational theory. In D. Klahr (Ed.), *Cognition and instruction.* Hillsdale, NJ: Lawrence Erlbaum.

Haygood, R. C., & Bourne, L. E., Jr. (1965). Attribute and rule-learning aspects of conceptual behavior. *Psychological Review, 72(3),* 175-195.

Heller, J. I., & Greeno, J. G. (1979, January). *Information processing analyses of mathematical problem solving.* Paper presented at the Applied Problem Solving Conference, Evanston, IL.

Hilgard, E. R., Atkinson, R. L., & Atkinson, R. C. (1979). *Introduction to psychology.* New York: Harcourt Brace Jovanovich.

Hillis, W. D. (1987). The connection machine. *Scientific American, 256,* 108-115.

Hockett, C. F. (1960). The origin of speech. *Scientific American, 203*(3), 88-96.

Huey, E. B. (1968). *The psychology and pedagogy of reading.* Cambridge, Mass.: MIT Press. (Originally published in 1908.)

Hunt, E. (1978). Mechanics of verbal ability. *Psychological Review, 85,* 109-130.

Hunt, E. B., & Lansman, M. (1982). Individual differences in attention. In R. J. Stemberg (Ed.), *Advances in the psychology of human intelligence.* Hillsdale, NJ: Erlbaum.

Hunt, E., Lunneborg C., & Lewis, J. (1975). What does it mean to be high verbal *Cognitive Psychology, 7,* 194-227.

Hyde, T. S., & Jenkins, J. J. (1969). Differential effects of incidental tasks on the organization of recall of a list of highly associated words. *Journal of Experimental Psychology, 82,* 472-481.

Jakobovits, L. (1969). Commentary on "How can one measure the extent of a person's bilingual proficiency?" In *Description and measurement of bilingualism,* ed. L. Kelly. Toronto: University of Toronto Press.

James, W. (1890). *The principles of psychology,* Vols. 1 and 2. New York: Henry Holt.

Jenkins, J. G., & Dallenbach, K. M. (1924). Obliviscence during sleep and waking. *American Journal of Psychology, 35,* 605-612.

Johnson, M. K., Bransford, J. D., & Solomon, S. (1973). Memory for tacit implications of sentences. J*ournal of Experimental Psychology, 98,* 203-205.

Johnson, M. K., Doll, T. J., Bransford, J. D., & Lapinski, R. (1974). Context effects in sentence memory. *Journal of Experimental Psychology, 103,* 358-360.

Johnson, N. F. (1970). Chunking and organization in the process of recall. In G. H. Bower (Ed.), *The psychology of learning and motivation.* Vol. 4. New York: Academic Press.

Johnson, N. F. (1972). Organization and the concept of a memory code. In A. Melton & E. Martin (Eds.), *Coding processes in human memory.* Washington, D C: V. H. Winston and Sons.

Johnson-Laird, P. N., Legrenzi, R., & Legrenzi, M. (1972). Reasoning and a sense of reality. *British Journal of Psychology, 63,* 395-400.

Johnston, W. A., & Heintz, S. P. (1978). Flexibility and capacity demands of attention. *Journal of Experimental Psychology: General, 107,* 420-435.

Johnston, W. A., & Heinz, S. P. (1979). Depth of nontarget processing in an attention task. *Journal of Experimental Psychology: Human Perception and Performance, 5,* 168-175.

Johnston, W. A., & Wilson, J. (1980). Perceptual processing of nontargets in an attention task. *Memory & Cognition, 8,* 372-377.

Jolley, J. S. (1985). *Metacognition and reading: Theoretical background and implementation strategies for classroom teachers.*

Jones, W., & Stewart, W. (1951). Bilingualism and verbal intelligence. *British Journal of Psychology, 4,* 3-8.

Just, M. A., & Carpenter, P. A. (1985). Cognitive coordinate systems: Accounts of mental rotation and individual differences in spatial ability. *Psychological Review, 92,* 137-172.

Kahneman, D., & Tversky, A. (1972). Subjective probability: A Judgment of representativeness. *Cognitive Psychology, 3,* 430-454.

Kahneman, D., & Tversky, A. (1973). On the psychology of prediction. *Psychological Review, 80,* 232-251.

Kahneman, D., Ben-Ishai, R., & Lotan, M. (1973). Relation of a test of attention to road accidents. *Journal of Applied Psychology, 58,* 113-115.

Kail, R. V. (1984). *The development of memory in children* (2nd ed.). New York: Freeman.

Kail, R. V. (1991). Developmental changes in speed of processing during childhood and adolescence. *Psychological Bulletin, 109,* 490-501.

Kail, R. V. (1996). Nature and consequences of developmental change in speed of processing. *Swiss Journal of Psychology, 55,* 133-138.

Kail, R. V., & Park, Y. S. (1994). Processing time, articulation time, and memory span. *Journal of Experimental Child Psychology, 57*(2), 281-291.

Keeney, T. J., Cannizzo, S. R., & Flavell, J. H. (1967). Spontaneous and induced verbal rehearsal in a recall task. *Child Development, 38,* 953-966.

Kelley, V. (1936). Reading abilities of Spanish and English speaking pupils. *Journal of Educational Research, 29,* 209-211.

Kendall, J. R., & Mason, J. M. (1982). *Metacognition from the historical context of teaching reading.* (Tech. Rep. No. 263). Urbana: Univ. of Illinois, Center for the Study of Reading.

Kimble, G. A., & Garmezy, N. (1968). *Principles of general psychology* (3rd ed.). New York: Ronald.

Kinney, G. C., Marsetta, M., & Showman, D. J. (1966). *Studies in display symbol legibility,* part XXI. The legibility of alphanumeric symbols for digitized television (ESD-TR-66-117). Bedford, MA: The Mitre Corporation.

Kintsch, W. (1974). *The representation of meaning in memory.* New York: Wiley.

Kintsch, W. (1977). On comprehending stories. In P. Carpenter & M. Just (Eds.), *Cognitive processes in comprehension.* Hillsdale, NJ: Erlbaum.

Kolers, P., & Gonzalez, E. (1980). Memory for words, synonyms and translations. *Journal of Experimental Psychology: Human Learning and Memory, 6,* 53-65.

Kolers, P. (1966a). Interlingual facilitation of short-term memory. *Journal of Verbal Learning and Verbal Behavior, 5,* 314-319.

Kolers, P. (1966b). Reading and talking bilingually. *American Journal of Psychology, 3,* 357-376.

Kolers, P. (1968). Bilingualism and information processing. *Scientific American, 218,* 78-89.

Kramer, D. A. (1990). Conceptualizing wisdom: The primacy of affect-cognition relations. In R. J. Sternberg (Ed.), *Wisdom: Its nature, origins, and development* (pp.279-313). New York: Cambridge University Press.

Krashen, S. (1973). Lateralization, language learning, and the critical period: Some new evidence. *Language Learning , 23,* 63-74.

Krashen, S., & Harshman, R. (1972). Lateralization and the critical period. *Working Papers in Phonetics, 23,* 13-21.

LaBerge, D., & Samuels, S. J. (1974). Toward a theory of automatic information processing in reaching. *Cognitive Bychology, 6,* 293-323.

Labouvie-Vief, G. (1980). Beyond formal operations: Uses and limits of pure logic in life span development. *Human Development, 23,* 141-161.

Labouvie-Vief, G. (1990). Wisdom as integrated thought: Historical and developmental perspectives. In R. J. Sternberg (Ed.), *Wisdom: Its nature, origins, and development* (pp.52-83). New York: Cambridge University Press.

Lahey, B. B. (1992). *Psychology.* Dubuque, IA: Wm. C. Brown.

Lambert, W., Havellka, J., & Crosby, C. (1958). The influence of language acquisition contexts on bilingualism. *Journal of Abnormal and Social Psychology, 56,* 239-244.

Lasaga, J. I., & Lasaga, A. M. (1973). Sleep learning and progressive blurring of perception during sleep. *Perceptual and Motor Skills, 37*(1), 51-62.

Laughlin, P. R. (1968). Focusing strategy for eight concept rules. *Journal of Experimental Psychology, 77,* 661-669.

Laughlin, P. R., & Jordan, R. M. (1967). Selection strategies in conjunctive, disjunctive, and biconditional concept attainment. *Journal of Experimental Psychology, 75,* 188-193.

Lecours, A., & Joanette, Y. (1980). Linguistic and other psychological aspects of paroxysmal aphasia. *Brain and Language, 10,* 1-23.

Lenneberg, E. H. (1967). *Biological foundations of language.* New York: Wiley.

Leopold, W. (1978). A child's learning of two language. In *Second language acquistion,* ed. E. Hatch. Rowley, Mass.: Newbury House.

Linton, M. (1979, July). I remember it well. *Psychology Today,* pp.81-86, 89-98.

Lockhart, R. S., & Craik, F. I. M. (1978). Levels of processing: A reply to Eysenck. *British Journal of Psychology, 69,* 171-175.

Loftus, E. F., & Palmer, J. C. (1974). Reconstruction of automobile destruction: An example of the interaction between language and memory. *Journal of Verbal Learning and Verbal Behvior, 13,* 585-589.

López, M. (1977). Bilingual memory research: Implications for bilingual education. In *Chicano psychology,* ed. J. Martinez. New York: Academic Press.

Luchins, A. S. (1942). Mechanization in problem solving. *Psychological Monographs, 54,* Whole No. 248.

Lynch, S., & Yarnell, P. R. (1973). Retrograde amnesia: Delayed forgetting after conclusion. *American Journal of Psychology, 86,* 643-645.

MacLaughlin, B. (1978). *Second language acquisition in childhood.*

Hillsdale, NJ: Lawrence Erlbaum Associates.

Maclay, H., & Osgood, C. E. (1959). Hesitation phenomena in spontaneous speech. *Word, 15,* 19-44.

MacNab, G. (1979). Cognition and bilingualism: A reanalysis of studies. *Linguistics, 17,* 231-255.

Macnamara, J. (1966). *Bilingualism and primary education.* Edinburgh: Edinburgh University Press.

Macnamara, J. (1967). The bilingual's linguistic performance: A psychological overview. *Journal of Social Issues, 23,* 59-77.

Macnamara, J. (1972). Cognitive basis of language learning in infants. *Psychological Review, 79*(1), 1-13.

Macnamara, J., & Kushnir, S. (1971). Linguistic independence of bilinguals: The input switch. *Journal of Verbal Learning and Verbal Behavior, 10,* 480-487.

Macnamara, J., Krauthammer, M., & Bolgar, M. (1968). Language switching in hilinguals as a function of stimulus and response uncertainty. *Journal of Experimental Psychology, 78,* 208-215.

Maier, N. R. F. (1931). Reasoning in humans II: The solution of a problem and its appearance in consciousness. *Journal of Comparative Psychology, 12,* 181-194.

Maier, N. R. F., & Burke, R. J. (1967). Response availability as a factor in the problem-solving performance of males and females. *Journal of Personality and Social Psychology, 5,* 304-310.

Malena, R. F., & Coker, K. J. A. (1987). Reading "O" ?prehension: The missing elements. *Journal of Developmental Education, 10,* 24-25, 35.

Mandler, J. M. (1990). A new perspective on cognitive development in infancy. *American Scientist, 78,* 236-243.

Marcus, S. (1988). *Automating knowledge acquisition for expert systems.* Boston, MA: Klaver.

Markman, E. M. (1977). Realizing that you don't understand: A preliminary investigation. *Child Development, 48,* 986-992.

Martin, R. C., & Caramazza, A. (1980). Classification in well-defined and ill-defined categories: Evidence for common processing strategies. *Journal of Experimental Psychology: General, 109,* 320-353.

Massaro, D. W. (1970). Preperceptual auditory images. *Journal of Experimental Psychology, 85,* 411-417.

Mayer, R. E. (1977). *Thinking and problem solving: An introduction to human cognition and learning.* Glenview, IL: Scott, Foresman and Company.

Mayer, R. E. (1981). *The promise of cognitive psychology.* San Francisco: W. H. Freeman and Company.

McClure, E. (1977). Aspects of code-switching in the discoures of bilingual Mexican-American children. Technical Report No. 44. Center for the Study of Reading, University of Illinois at Urbana-Champaign.

Mckay, D. G. (1973). Aspects of the theory of comprehension, memory and attention. Quarterly, 22-40.

McNeill, D. (1966). Developmental psycholinguistics. In F. Smith & G. A. Miller (Eds.), *The genesis of language: A psycholinguistic approach.* pp.15-84. Cambridge, MA: MIT Press.

Miller, G. A. (1956). The magical number seven, plus or minus two: Some limits on our capacity for processing information. *Psychological Review, 63,* 81-97.

Miller, L. D., & Perkins, K. (1989). *ESL reading comprehension instruction.*

Miller, P. H., & Bigi, L. (1979). The development of children's understanding of attention. *Merrill-Palmer Quarterly, 25,* 235-250.

Milner, B. (1962). Les troubles de la memoire accompagnant des lesions hippocampiques bilaterales. In P. Passonant (Ed.), *Physiologie de l' hippocampe.* Paris: Centre National de la Recherche Scientifique.

Minami, H., & Dallenhach, K. M. (1946). The effect of activity upon learning and retention in the cockroach. *American Journal of Psychology, 59,* 1-58.

Moates, D. R., & Schumacher, G. M. (1980). *An introduction to cognitive psychology.* Belmont, CA: Wadsworth.

Morris, C. D., Bransford, J. D., & Franks, J. J. (1977). Levels of processing versus appropriate processing. *Journal of Verbal Learning and Verbal Behavior, 16* (5), 519-553.

Murdock, B. B., Jr. (1962). The serial position effect in free recall, *Journal of Experimental Psychology, 64,* 482-488.

Muter, P. (1980). Very rapid forgetting. *Memory & Cognition, 8,* 174-179.

Myers, M., & Paris, S. G. (1978). Children's metacognitive knowledge about reading. *Journal of Educational Psychology, 70,* 680-690.

Neimark, E. D. (1975). Intellectual development during adolescence. In F. D. Horowitz (Ed.), *Review of child development research* (Vol. 4). Chicago: University of Chicago Press.

Neisser, U. (1967). *Cognitive psychology.* New York: Appleton-Century-Crofts.

Neisser, V., & Harsch, N. (1993). Phantom flashbulbs: False recollections of hearing the news about Challenger. In E. Winograd & U. Neisser (Eds.), *Affect and accuracy in recall: Studies of "flashbulb" memories* (pp.9-31). New York: Cambridge University Press.

Nelson, T. O. (1971). Savings and forgetting from long-term memory. *Journal of Verbal Learning and Verbal Behavior, 10,* 568-576.

Nelson, T. O. (1977). Repetition and depth of processing. *Journal of Verbal Learning and Verbal Behavior, 16*(2), 151-171.

Nelson, T. O. (1978). Detecting small amounts of information in memory: Savings for nonrecognized items. *Journal of Experimental Psychology: Human Learning and Memory, 4,* 453-468.

Nelson, T. O., Metzler, J., & Reed, D. A. (1974). Role of details in the long-term recognition of pictures and verbal descriptions. *Journal of Experimental Psychology, 102,* 184-186.

Newell, A., & Simon, H. (1972). *Human problem solving.* Englewood Cliffs, NJ: Prentice-Hall.

Nickerson, R. S., & Adams, M. J. (1979). Long-term memory for a common object. *Cognitive Psychology, 11,* 287-307.

Obler, L., & Albert, M. (1978). A monitor system for bilingual language processing. In *Aspects of bilingualism,* ed. M. Paradis. Columbia, SC: Hornbeam Press.

Oyama, S. (1976). A sensitive period for the acquisition of a non-native phonological system. *Journal of Psycholinguistic Research, 5,* 261-285.

Padilia, A., & Uebman E. (1975). Language acquisition in the biligual child. *The Bilingual Review La Revista Bilingue, 1-2,* 34-55.

Paivio, A. U. (1971). *Imagery and verbal processes.* New York: Holt, Rinehart and Winston.

Paivio, A. U. (1975). Perceptual comparisons throught the mind's eye. *Memory and Cognition, 3,* 635-647.

Palincsar, A. S. (1985). *The unpacking of a multi-component, metacognitive training package.* Paper presented at the annual meeting of the American Educational Research Association, Chicago, IL.

Palincsar, A. S. (1982). *Improving the reading comprehension of junior high students through reciprocal teaching of comprehension-monitoring strategies.* Unpublished doctoral dissertation, Uni. of Illinois.

Palincsar, A. S., & Brown, A. L. (1983). *Reciprocal teaching of comprehension-monitoring activities.* (Tech. Rep. No. 269). Urbana: Uni. of Illinois, Center for the Study of Reading.

Palincsar, A. S. (1987). *Collaborating for collaborative learning of text comprehension.* Paper presented at the annual meeting of the American Educational Research Association, Washington, DC.

Palmer, S. E. (1975). The effects of contextual scenes on the identifical of objects. *Memory & Cognition, 3,* 519-526.

Palmer, S. E. (1977). Hierarchical structure in perceptual representation. *Cognitive Psychology, 9,* 441-474.

Paradis, M. (1977). Bilingualism and aphasia. In *Studies in neurolinguistics,* Vol. 3, ed. H. Whitaker & H. Whitaker. New York: Academic Press.

Paradis, M. (1978). *Bilingual linguistic memory: Neurolinguistic considerations.* Paper presented to the Linguistic Society of America, Boston.

Paradis, M. (1980). The language switch in bilinguals: Psycholinguistic and neurolinguistic perspectives. In *Languages in contact and conflict,* ed. P. Nelde. Wiesbaden: Franz Steiner Verlag.

Pascual-Leone, J. (1984). Attentional, dialectic, and mental effort. In M. L. Commons, F. A. Richards, & C. Armon (Eds.), *Beyond formal operations.* New York: Plenum.

Pascual-Leone, J. (1990). An essay on wisdom: Toward organismic processes that make it possible. In R. J. Sternberg (Ed.), *Wisdom: Its nature, origins, and development* (pp.244-278). New York: Cambridge University Press.

Patterson, F. (1978a). Conversations with a gorilla. *National Geographic, 154*(4), 438-464.

Patterson, F. (1978b). Linguistic capabilities of a lowland gorilla. In F. C. C. Peng (Ed.), *Sign language acquisition in man and ape: New dimensions in comparative psycholinguistics.* Boulder, Colorado: Westview Press.

Peal, E., & Lambert, W. (1962). The relation of bilingualism to intelligence. *Psychological Monographs, 76,* Whole No. 546.

Penfield, W. (1959). *The interpretive cortex. Science, 129,* 1719-1725.

Penfield, W. (1959). The learning of languages. In *Speech and brainmechanisms,* ed. W. Penfield & L. Roberts. Princeton: Princeton University Press.

Perfetti, C. A., & Lesgold, A. M. (1977). Discourse comprehension and sources of individual differences. In M. Just & P. Carpenter (Eds.), *Cognitive processes in comprehension.* Hillsdale, NJ: Lawrence Eribaum Associates.

Perner, J. (1991). *Understanding the representational mind.* Cambridge, MA: MIT Press.

Perner, J. (1992). Grasping the concept of representation: Its impact on 4-year-olds' theory of mind and beyond. *Human Development, 35,* 146-155.

Peterson, L. R., & Peterson, M. J. (1959). Short-term retention of individual verbal items. *Journal of Experimental Psychology, 58,* 193-198.

Piaget, J. (1963). Le language et les opérations intellectuells. In *Problèmes de psycho-linguistique.* (Symposium de l' association de psychologie scientifique de langue francaise.) Paris: Presses Universitaires de France, pp.51-72.

Piaget, J. (1969). *The child's conception of physical causality.* Totowa, NJ: Littlefield, Adams.

Piaget, J. (1972). *The psychology of intelligence.* Totowa, NJ: Littlefield, Adams.

Piaget, J. (1976). *The grasp of conscious: Action and concept in the young child.* Cambridge, MA: Harvard University Press.

Pichert, J. W., & Anderson, R. C. (1977). Taking different perspectives on a story. *Journal of Educational Psychology, 69,* 309-315.

Plomin, R. (1999). Behavioral genetics. In M. Bennett (Ed.), Developmental psychology: *Achievements and prospects* (pp.231-252). Philadelphia: Psychology Press.

Posner, M. I. (1967). Short-term memory systems in human information processing. *Acta Psychologica, 27,* 267-284.

Posner, M. I., & Snyder, C. R. R. (1975). Attention and cognitive control. In R. L. Solso (Ed.), *Information processing and cognition: The Loyola Symposium.* Hillsdale, NJ: Erlbaum.

Pressely, M., & Levin, J. R. (1978). Developmental constraints associated with children's use of the keyword method of foreign language vocabulary learning. *Journal of Experimental Child Psychology, 26,* 359-372.

Pylyshyn, Z. W. (1973). What the mind's eye tells the mind's brain: A critique of mental imagery. *Psychological Bulletin, 80,* 1-24.

Raphael, B. (1976). *The thinking computer.* San Francisco: Freeman.

Reed, S. K. (1988). *Cognition: Theory and applications* (2nd ed.). Pacific Grove, CA: Brooks/Cole.

Reitman, J. S. (1971). Mechanisms of forgetting in short-term memory. *Cognitive Psychology, 2,* 185-195.

Reitman, J. S. (1974). Without surreptitious rehearsal, information in short-term memory decays. *Journal of Verbal Learning and Verbal Behavior, 13,* 365-377.

Reynolds, A. G., & Flagg, P. W. (1983). *Cognitive psychology* (2nd ed.). Boston: Little, Brown and Company.

Richardson, K., Bhavnani, K. K., & Browne, D. (1982). Abstraction of contingency in concept learning. *Current Psychological Research, 2,* 101-109.

Riegel, K. F. (1973). Dialectical operations: The final period of cognitive development. *Human Development, 16,* 346-370.

Roehler, L. R., & Others (1987). *The effects of direct explanation of reading strategies on low-group third graders' awareness and achievement* (Tech. Rep.No. 181). East Lansing: Michigan State Uni., Inst. for

Research on Teaching.

Rosch, E. (1973). On the internal structure of perceptual and semantic categories. In T. E. Moore (Ed.), *Cognitive development and the acquisition of language* (pp. lll-144). New York: Academic Press.

Rosch, E. H. (1973). Natural categories. *Cognitive Psychology, 4,* 328-350.

Rumelhart, D. E., & Siple, P. (1974). Process of recognizing tachisto-scopically presented words. *Psychological Review, 81,* 99-118.

Rush, R. T., & Milburn, J. L. (1988). *The effects of reciprocal teaching of self-regulation of reading comprehension in a postsecondary technical school program.* Paper presented at the annual meeting of the National Reading Conference, Tucson. AZ.

Saer, D. (1923). The effect of bilingualism on intelligence. *British Journal of Psychology, 14,* 25-38.

Schacter, D. L. (1983). Amnesia observed: Remembering and forgetting in a natural environment. *Journal of Abnormal Psychology, 92,* 236-242.

Schaeffer, B., & Wallace, R. (1970). The comparison of word meanings. *Journal of Experimental Psychology, 86,* 144-152.

Schoenfeld, A. H. (1979). Explicit heuristic training as a variable in problem-solving performances. *Journal for Research in Mathematics Education, 10,* 173-187.

Sebrechts, M. M., Marsh, R. L., & Seamon, J. G. (1989). Secondary memory and very rapid forgetting. *Memory & Cognition, 17,* 693-700.

Segalowitz, N. (1977). Psychological perspectives on bilingual education. In B. Spolsky & R. L. Cooper (Eds.), *Frontiers in bilingual education, Rowley,* MA: Newbury House.

Selfridge, O. G. (1955). Pattern recognition and modern computers. *Proceedings of the Western Joint Computer Conference.* New York: Institute of Electrical and Electronic Engineers.

Selfridge, O. G. (1959). Pandemonium: A paradigm for learning. In

Proceedings of a symposium on the mechanization of thought processes. London: Her Majesty's Stationery Office.

Selfridge, O. G., & Neisser, U. (1960). Pattern recognition by machine. *Scientific American, 203,* 60-68.

Shepard, R. N. (1967). Recognition memory for words, sentences, and pictures. *Journal of Verbal Learning and Verbal Behavior, 6,* 156-163.

Shepard, R. N., & Metzler, J. (1971). Mental rotation of three-dimensional objects. *Science, 171,* 701-703.

Shiffrin, R. M., & Atkinson, R. C. (1969). Storage and retrieval processes in long-term memory. *Psychology Review, 56,* 179-193.

Shortliffe, E. H. (1976). *Computer-based consultation MYCIN.* New York: American Elsevier.

Shulman, H. G. (1972). Semantic confusion errors in short-term memory. *Journal of Verbal Learning and Verbal Behavior, 11,* 221-227.

Siegler, R. S. (1986). *Children's thinking: An information processing approach.* Englewood Cliffs, NJ: Prentice-Hall.

Siegler, R. S. (1991). Strategy choice and strategy discovery. *Learning & Instruction, 1*(1), 89-102.

Siegler, R. S., & Shrager, J. (1984). Strategy choices in addition: How do children know what to do? In C. Sophian (Ed.), *Origins of cognitive skills.* Hillsdale, NJ: Erlbaum.

Simon, H. A., & Reed, S. (1976). Modeling Strategy Shifts in a problem-solving task. *Cognitive Psychology, 8,* 86-97.

Sinclair-deZwart, H. (1971). Sensorimotor action patterns as a condition for the acquisition of syntax, In R. Huxley & E. Ingram (Eds.), *Language acquisition: Models and methods.* New York: Academic Press.

Slobin, D. I. (1966). The acquisition of Russian as a native language. In F. Smith & G. A. Miller (Eds.), *The genesis of language,* pp.129-148. Cambridge, MA: MIT Press.

COGNITIVE PSYCHOLOGY

Slobin, D. I. (1973). Cognitive prerequisites for the development of grammar. In C. A. Ferguson & D. I. Slobin (Eds.), *Studies of child language development,* pp. 175-216. New York: Holt, Rinehart and Winston.

Sloman, S. (1996). The empirical case for two systems of reasoning. *Psychological Bulletin, 119,* 3-22.

Slovic, P., & Lichtenstein, S. (1971). Comparison of Bayesian and regression approaches to the study of information processing in judgment. *Organizational Behavior and Human Performance, 6,* 649-744.

Slovic, P., Fischhoff, B., & Lichtenstein, S. (1976). Cognitive processes and societal risk taking. In J. S. Carroll & J. W. Payne (Eds.), *Cognition and social behavior.* Hillsdale, NJ: Erlbaum.

Smith, S. M., Brown, H. O., Toman, J. E. P., & Goodman, L. S. (1947). The lack of cerebral effects of d-Tubercurarine. *Anesthesiology, 8,* 1-14.

Smyth, M. M., Morris, P. E., Levy, P., & Ellis. A. W. (1987). *Cognition in action.* London: Lawrence Erlbaum Associates Ltd.

Snow, C. E. (1972). Mothers' speech to children learning language. *Child Development, 43,* 549-565.

Solso, R. L. (1991). *Cognitive psychology* (3rd ed.). Needham Heights, MA: Allyn and Bacon.

Spearman, C. (1927). *The abilities of man: Their nature and measurement.* New York: Macmillan.

Sperling, G. (1960). The information available in brief visual presentations. *Psychological Mongraphs, 74,* 1-29.

Squire, L. R., & Zola-Morgan, S. (1991). The medial temporal lobe memory system. *Science, 253,* 1380-1386.

Starkey, P., & Cooper, R. S. (1980). Perception of numbers by human infants. *Science, 210,* 1033-1035.

認知心理學—理論與應用

COGNITIVE PSYCHOLOGY

Sternberg, R. J. (1984). Toward a triarchic theory of human intelligence. *Behavioral and Brain Sciences, 7,* 269-315.

Sternberg, R. J., & Gardner, M. K. (1983). Unities in inductive reasoning. *Journal of Experimental Psychology: General, 112,* 80-116.

Sternberg, R. J. (1985). *Beyond IQ: A triarchic theory of human intelligence.* New York: Cambridge University Press.

Sternberg, R. J. (1986). *Intelligence applied.* New York: Harcourt Brace Jovanovich.

Sternberg, R. J. (2003). *Cognitive psychology* (3rd ed.). Belmont, CA: Wadsworth/Thomson Learning.

Sternberg, S. (1966). High-speed scanning in human memory. *Science, 153,* 652-654.

Strauss, M. S., & Curtis, L. E. (1981). Infant perception of numerosity. *Child Development, 52,* 1146-1152.

Strohner, H., & Nelson, K. E. (1974). The young child's development of sentence comprehension: Influence of event probability, nonverbal context, syntactic form, and strategies. *Child Development, 45,* 567-576.

Stroop, J. R. (1935). Studies of interferences in serial verbal reactions. *Journal of Experimental Psychology, 18,* 643-662.

Taylor, I. (1971). How are words from two languages organized in bilinguals'memory? *Canadian Journal of Psychology/Revue Canadienne de Psychologie, 25,* 228-240.

Taylor, M. (1974). Speculations on bilingualism and the cognitive network. *Working Papers in Bilingualism, 2,* 68-124.

Tei, E., & Stewart, O. (1985). Effective Studying from text: applying metacognitive strategies. *Forum for Reading, 16,* 46-55.

The American Heritage Dictionary (2nd college ed.)(1982). Boston: Houghton Mifflin Company.

Thiery, C. (1978). True bilingualism and second language Learning. In D. Gerver & H. Sinaiko (Eds.). *Language interpretation and communication.* New York: Plenum Press.

Thomas, J. C., Jr. (1974). An analysis of behavior in the hobbits-ores problem. *Cognitive Psychology, 6,* 257-269.

Thomdike, E. L. (1917). Reading as reasoning: A study of mistakes in paragraph reading. *Journal of Educational Psychology, 8,* 323-332.

Thompson, R. F. (2000). Memory: Brain systems. In A. E. Kazdin (Ed.), *Encyclopedia of psychology* (Vol. 5, pp.175-178). Washington, DC: American Psychological Association.

Thomson, D. M., & Tulving, E. (1970). Associative encoding and retrieval: Weak and strong cues. *Journal of Experimental Psychology, 86,* 255-262.

Thorndike, E. L. (1917). Reading as reasoning: A study of mistakes in paragraph reading. *Journal of Educational Psychology, 8,* 323-332.

Thurstone, L. L. (1938). *Primary mental abilities.* Psychometric Monographs, No. I. Chicago: University of Chicago Press.

Tireman, L. (1955). Bilingual child and his reading vocabulary. *Elementary English, 32,* 33-35.

Tomlinson, L. M. (1987). *Recognition to recall: Self-questioning to enhance students' metacognition of organization and demands of text.* Paper presented at the annual meeting of the International Reading Association, Anaheim, CA.

Treisman, A. M. (1964). Verbal cues, language, and meaning in selective attention. *American Journal of Psychology, 77,* 206-219.

Tulving, E. (1972). Episodic and semantic memory. In E. Tulving & W. Donaldson (Eds.), *Organization of memory.* London: Academic Press.

Tulving, E. (1983). *Elements of episodic memory.* Oxford: Oxford University .

Tulving, E. (1989). Remembering and knowing the past. *American Scientist, 77,* 361-367.

Tulving, E., & Gold, C. (1963). Stimulus information and contextual information as determinants of tachistoscopic recognition of words. *Journal of Experimental Psychology, 66,* 319-327.

Tulving, E., & Osler, S. (1968). Effectiveness of retrieval cues in memory for words. *Journal of Experimental Psychology, 77,* 593-601.

Tulving, E., & Patkau, J. E. (1962). Concurrent effects of contextual constraint and word frequency on immediate recall and learning of verbal material. *Canadian Journal of Psychology, 16,* 83-95.

Tulving, E., & Schacter, D. L. (1990). Priming and human memory systems. *Science, 247,* 301-306.

Tulving, E., & Thompson, D. M. (1973). Encoding specificity and retrieval processes in episodic memory. *Psychological Review, 80*(5), 352-373.

Tversky, A., & Kahneman, D. (1974). Judgments under uncertainty: Heuristics and biases. *Science, 185,* 1124-1131.

Tversky, A., & Kahneman, D. (1981). The framing of decisions and the psychology of choice. *Science, 211,* 453-458.

Ultan, R. (1969). Some general characteristics of interrogative systems. *Working Papers in Language Universals* (Stanford University), 1, 41-63.

Volterra, V., & Taeschner, R. (1978). The acquisition and development of language by bilingual children. *Journal of Child Language, 5,* 311-326.

von Restorff, H. (1933), Über die wirking von bereichsbildungen im Spurenfeld. In W. Kohler & H. von Restorff, Analyse von Vorgangen im Spurenfeld. I. *Psychologische Forschung, 18,* 299-342.

Vygotsky, L. S. (1962). *Thought and language.* Cambridge, MA: MIT Press. (Original work published 1934.)

Vygotsky, L. S. (1978). *Mind in society: The development of higher* psychological processes. Cambridge, MA: Harvard University Press.

Wallas, G. (1926). The art of thought. New York: Harcourt, Brace.

Wason, P. C. (1966). Reasoning. In B. M. Foss (Ed.), New Horizons in Psychology. Harmondsworth: Penguin.

Watkins, M. J., & Tulving, E. (1975). Episodic memory: When recognition fails. Journal of Experimental Psychology: General, 104(1), 5-29.

Waugh, N. C., & Norman, D. A. (1965). Primary memory. Pychology Review, 72, 89-104.

Weaver, C. A. (1993). Do you need a "flash" to form a flashbulb memory? Journal of Experimental Psychology: General, 122(1), 39-46.

Weber, R. M. (1970). A linguistic analysis of first-grade reading errors. Reading Research Quarterly, 5, 427-451.

Webster's New World Dictionary of the American Language (2nd College ed.)(1972). William Collins and Wold Publishing Co., Inc.

Weinrich, U. (1953). Languages in contact. New York: Linguistic Circle of New York.

Weist, R. M., & Crawford, J. (1977). The development of organized rehearsal. Journal of Experimental Child Psychology, 24, 164-179.

Wheeler, D. D. (1970). Processes in word recognition. Cognitive Psychology, 1, 59-85.

Whorf, B. L. (1956). Language, thought, and reality. Cambridge, MA: MIT Press.

Wickelgren, W. A. (1967). Exponential decay and independence from irrelevant associations in short-term recognition memory for serial order. Journal of Experimental Psychology, 73, 165-171.

Wickelgren, W. A. (1974). Strength/resistence theory of the dynamics of memory storage. In D. H. Krantz, R. C. Atkinson, R. D. Luce, & P. Suppes (Eds.), Contemporary developments in mathematical psychology. San Francisco: Preeman.

Wilson, B. A. (1987). *Rehabilitation of memory.* New York: Guilford Press.

Wong, B. Y. L. (1985). Self-questioning instructional research: A review. *Review of Educational Research, 55,* 227-268.

Wright, P. (1968). Sentence retention and transformation theory. *Quarterly Journal of Experimental Psychology, 20*(3), 265-272.

Yates, F. A. (1966). *The art of memory.* London: Routledge & Kegan Paul.

COGNITIVE PSYCHOLOGY

索　引

一、中英對照

一畫

二畫

三畫

四畫

▌五畫

六畫

九畫

┃十畫

十一畫

┠十二畫

COGNITIVE PSYCHOLOGY

├十三畫

COGNITIVE
PSYCHOLOGY

▋十五畫

COGNITIVE PSYCHOLOGY

二、英中對照

A

B

C

COGNITIVE PSYCHOLOGY

D

E

COGNITIVE PSYCHOLOGY

K

L

M

S

T

COGNITIVE PSYCHOLOGY

U

V

W

Z

COGNITIVE PSYCHOLOGY

國家圖書館出版品預行編目資料

認知心理學：理論與應用／鄭麗玉著. -- 四
版. -- 臺北市：五南圖書出版股份有限公
司，2020.01
　　面；　公分
ISBN 978-957-763-721-5（平裝）

1.認知心理學

176.3　　　　　　　　　　108017193

1B16

認知心理學——理論與應用

作　　　者 ─	鄭麗玉（383.1）
發 行 人 ─	楊榮川
總 經 理 ─	楊士清
總 編 輯 ─	楊秀麗
副總編輯 ─	王俐文
責任編輯 ─	李敏華、許子萱
封面設計 ─	王麗娟
出 版 者 ─	五南圖書出版股份有限公司
地　　　址：	106台北市大安區和平東路二段339號4樓
電　　　話：	(02)2705-5066　傳　　　真：(02)2706-6100
網　　　址：	https://www.wunan.com.tw
電子郵件：	wunan@wunan.com.tw
劃撥帳號：	01068953
戶　　　名：	五南圖書出版股份有限公司
法律顧問	林勝安律師

出版日期　1998年 4 月初版一刷
　　　　　2006年 3 月二版一刷
　　　　　2006年10月三版一刷
　　　　　2020年 1 月四版一刷
　　　　　2024年 2 月四版二刷

定　　　價　新臺幣520元

經典永恆・名著常在

五十週年的獻禮 —— 經典名著文庫

五南，五十年了，半個世紀，人生旅程的一大半，走過來了。

思索著，邁向百年的未來歷程，能為知識界、文化學術界作些什麼？

在速食文化的生態下，有什麼值得讓人雋永品味的？

歷代經典・當今名著，經過時間的洗禮，千錘百鍊，流傳至今，光芒耀人；

不僅使我們能領悟前人的智慧，同時也增深加廣我們思考的深度與視野。

我們決心投入巨資，有計畫的系統梳選，成立「經典名著文庫」，

希望收入古今中外思想性的、充滿睿智與獨見的經典、名著。

這是一項理想性的、永續性的巨大出版工程。

不在意讀者的眾寡，只考慮它的學術價值，力求完整展現先哲思想的軌跡；

為知識界開啟一片智慧之窗，營造一座百花綻放的世界文明公園，

任君遨遊、取菁吸蜜、嘉惠學子！